蹈海赴国丹心志

——广西归侨口述录

主　编　林晓东

副主编　陈永升

中国华侨出版社

序

　　中国是一个海外侨胞众多的国家，哪里有海水，哪里就有华侨华人。长期以来，远渡重洋的华侨华人，在异国他乡谋求生计、创基立业的过程中，与当地人民和睦相处，以自己的勤劳、智慧，为居住国家和地区的经济发展与社会进步发挥了重要作用。同时，华侨华人关心着祖（籍）国的强盛与进步，从辛亥革命到抗日战争，从解放战争到新中国诞生，从维护中国主权完整、民族独立到改革开放、振兴中华，他们都以不同的方式作出了重要的贡献。

　　开展对华侨华人的研究工作，具有重要的学术价值和积极的现实意义。这不仅有利于让世人更多地了解华侨华人团结互助、艰苦创业的奋斗史，有利于了解他们对居住国经济发展和社会进步的成就史，有利于了解他们爱国爱乡，为祖（籍）国革命、建设和改革开放、现代化建设的贡献史，有利于了解他们与当地人民和睦相处、融入主流社会的发展史；而且更有利于我国总结开展侨务工作的历史经验与教训，探索华侨华人生存发展的特点与规律，了解华侨华人面临的困难与问题，从而为党和国家制定侨务方针政策与法律、法规提供参考和借鉴，更有针对性地为华侨华人提供帮助和服务，以推进侨务工作的向前发展。

对华侨华人的研究，已经走过了百年的历程。就国外而言，华侨华人问题作为一个与国际经济和政治发展相关的移民问题，于 20 世纪初就引起了国际学术界的兴趣和关注。特别是 20 世纪 80 年代，中国实行改革开放政策以来，中国经济迅速发展，华侨华人与祖（籍）国的密切往来，形成了双赢的局面和相互的联系，更引起国际学术界的关注，而成为热点研究的问题。就国内而言，华侨华人的研究工作可追溯到 20 世纪初，但发展、繁荣则是在改革开放后的 20 世纪八九十年代。世纪之交，中国学术界对华侨华人的研究进入了一个崭新的阶段。这个阶段体现了四个特点：一是研究人员队伍的不断壮大，年轻一代专家学者在继承的基础上崭露头角，为研究带来兴旺的景象；二是新的研究机构相继成立，学术交流更加频繁，相互协作更加密切；三是学术研究成果显著，文章和著作数量繁多，研究水平和质量显著提高；四是研究领域不断拓宽，冲破了传统观念的束缚，更加注重现实侨情的研究，而且广泛涉及到华侨华人政治、经济、文化、教育、宗教、人口等领域，形成了多学科交叉、综合性研究的趋势。

作为全国性的民间学术团体——中国华侨历史学会，自 1981 年成立以来，在历任学会领导和历届侨联负责同志、侨界前辈、专家学者的关心支持下，学会的各方面工作都有了很大进展，不仅发挥了全国性侨史研究学术团体组织协调的龙头作用，而且推进了地方历史学会工作的开展，尤其是在资料收集、研究编撰、著书立说等方面，成绩显著、硕果累累，较好地发挥了侨史研究"以史为鉴"、"资政育人"的作用。

　　21 世纪以来，随着华侨华人在世界政治、经济舞台上
发挥越来越大的作用，国内外学术界也越来越重视华侨华
人的研究。为适应这种形势发展的需要，中国华侨历史学
会编辑出版《中国华侨历史学会文库》，旨在为海内外华侨
华人研究学者提供展示研究成果的阵地和开展学术交流的
平台。

　　采访老归侨，征集、出版老归侨口述历史是中国华侨华
人历史研究所两年前开展的一项重要规划，这项规划得到了
中国侨联主席林兆枢和其他各位副主席的关心和支持。目前，
已在山西、天津、广西、海南、广东和福建进行了采访活动。
《滔海赴国丹心志——广西老归侨口述录》是继《回首依旧
赤子情》、《风雨人生报国路》之后中国华侨华人历史研究所
开展的老归侨口述历史活动的又一新成果。该书依据口述录
音资料整理而成，它记录了 39 位老归侨不平凡的人生经历。
他们大多是建国初期回国的老华侨，几十年来，他们都在各
自的岗位上兢兢业业，勤奋工作，为社会主义建设事业贡献
了自己宝贵的人生。在他们中，既有大学教授、地方市长，
也有普通的工厂技术员、农场工人；既有人大代表、政协委
员，也有全国劳模和优秀党员……他们退休后有的仍然笔耕
不辍，有的仍在原来的科研岗位上奋战，有的仍在为社会的
公益事业而奔走……他们的人生经历虽然不同，但他们的爱
国之情和为社会奉献的精神是相同的！为了真实反映他们的
心路历程，弘扬他们的爱国主义精神，宣传他们在本职岗位
做出的杰出贡献，我们将本书作为《中国华侨历史学会文库
之九》出版。

　　在此，我衷心希望：《中国华侨历史学会文库》的问世，有利于将华侨华人的研究从理论到实践，推向一个更高的层次，从而走向世界，走向未来。

林明江

2007 年 12 月

目 录

不同的岗位，一样的热情

——陈如荣 口述

被采访者简介：陈如荣，男，1933年12月22日生于越南康海，祖籍广西防城，1947年回国。早年在越南海防读书，后随父回国，考入防城中学，因家贫仅读到初一，解放后在防城街参加青年组业余学习和社会活动。1952年入团，1954年被抽调参加全年小学教育工作队，1956年又被抽调到合浦地委宣传部搞中等学校的肃反、审干工作，同年入党。其后，先后做过县文化馆、新华书店负责人、人民公社革委会主任等职，在社队企业供销公司、县侨联、侨办、台办、统战部等单位工作过。

采访时间：2004年9月23日上午

采访地点：广西防城港市防城区侨联办公室

采 访 者：巫秋玉 张丽琴 吴娟 陈小云等

整 理 者：陈小云

（一）

我在越南康海时正是日本侵略时期，飞机轰炸得很厉害，当时，我年岁尚小，随伯母等人逃到大山里躲避，几乎天天如此，早出晚归。有一次发瘟疫，死的人很多，就连收尸的推车人也会倒在半路上，被后来的人收尸。为了避瘟，全家人就到了海防居住，我就在海防读书。1947 年春，随父亲经河内到芒街回国。过河内时，走过一个桥，叫架勇桥，感觉是世界上好大、好长的桥，至今印象深刻。

回国以后，随父亲在滑石小学读书，后又在防城伯南小学读到毕业，伯南小学是军阀陈济棠在其家乡修建的小学，伯南是他的别名，在伯南小学读了两年书之后，我就开始考中学了。当时，在一百多名考生中，我以第九名的成绩考入了防城中学，但是只读了一年，因为家里贫困，不能读了，就随父亲到钦州做些小工。解放后，在防城街参加青年组业余学习和搞社会活动，对群众宣传党的政策。由于工作表现比较好，政府吸收我教书，从 1951 年 9 月起正式参加教育工作，在茅领初小，教一至三年级，后来，组织上又调我到中心小学教书，这是一所完全小学。1952 年，由于组织的关怀和信任。我加入了共青团。1954 年，被抽调参加全县性整顿小学教育工作队，做了一年多。1956 年，又抽调我到合浦地委搞中等学校的审干工作，同年入党。1957 年，审干工作结束了，组织上又准备调我到防城中学做人事干部，但是我觉得我只有初中文化，怎么能到中学工作呢？所以经反映，组织上就让我去县文教科做人事干部。从此以后，我就离开了教育工作，当时的工作岗位经常变动，先后做了县文化馆负责人，新华书店负责人。人民公社兴起后，我又被调到东兴公社、岗中公社、大录公社等公社党委工作，分管教育、宣传、组织、青年工作等，后又调到贫下中农协会。在东兴公社有一段故事，我被人说是"大地主"、"越南特务"、"走资派"等，被批斗，强制劳动，去拉电线、背木头等，并且经常被打，差一点就没了命了，我感到很悲观，我怎么会是"特务"，是"大地主"，是"走资派"呢？

"文革"后，我被平反了，组织上任命我为贫协会秘书，我说我是"大地主"、"越南特务"、"走资派"，怎么能管贫下中农呢？组织上说，往事就不要再提了，好好继续为党工作吧。我服从组织安排，后来又调到大录公社工作。1979年，我看到广东一些地方搞了分地包干到户，群众的生产积极性很高，有饭吃，于是我就在大录公社党委书记的默许下也搞了分田地，本来搞和挺好，但是不久县委、地委就有人说我这样做是历史的倒退。我想不通，为什么搞得很好的方法会是历史的倒退呢？正好当时县里成立了社队企业供销公司，组织找我谈话，让我去把供销公司搞好。于是，1980年6月我就到了防城县供销公司做经理，那时是属于平调，但是实际上是属于贬了，6月调去，10月，全县就开始全面搞分田单干了。

供销公司刚开始时，经营是很困难的，没有房子，没有钱，我想，就是硬着头皮也得上呀。群众需要什么，我就购进什么，一方面方便群众，一方面公司的利润也很可观。有一年是闰年，群众需要黑布给老人做衣服，纱布公司没有货，我就组织进了一批货，不到三天就全部销售完了；那时收音机属于紧俏商品，是需要批条才能买到的，我看这些东西这么紧张，就去上海、北京购进了许多收音机，回防城后又卖得很好。就这样艰苦奋斗干了四年，取得了一些成绩。上级组织知道了我的工作成绩后，找我谈话，准备调我去做防城镇党委书记，但是我觉得这个工作不适合我。我是归侨，所以我选择了做防城县侨办主任，主要工作是与三十多个国家

陈如荣近照

的华侨联络感情、建立友谊和落实华侨私房工作，几年间总共落实有 1260 多宗侨房，居广西全区首位。1985 年被自治区侨办授予侨办系统先进单位、先进个人。

后来，县里根据中央精神，要成立台办，要调我去做台办主任，当时我感觉自己就像一头开荒牛，哪里需要开荒就派我去哪里，一切服从组织的分配。1986 年，我去了台办，在台办主要做与台胞的联系工作，积极为县里的经济工作穿针引线，取得了一定的成绩。1988 年和 1991 年两次被广西区评为全区对台系统先进工作者。

1993 年，我被调到了县委统战部，1995 年从统战部副部长的岗位上退休。

（二）

我在防城地区做了多年的侨务统战工作，对防城地区的侨务统战工作有一点自己的想法，主要想法归纳为以下两点：

1. 防城籍华侨华人的特点、地位和作用

防城县地处中越边境，与越南一江之隔，山水相连，唇齿相依，历史上同越南就有往来关系，早在咸通年间开凿运河，起自今之江山潭蓬村，拦腰穿越白龙半岛，全长5公里，宽数米。运河通航后"舟楫无滞"，安南储运不乏，至今赖之。随后由于越南地广人稀，利于开发谋生，便陆续有人移居入越南，有的定居越南，有的移居东南亚各国，1978年越南当局推行排华政策，大肆驱赶华侨，迫使华侨移居第三国。

至今防城籍的华侨分布在美国、英国、加拿大、澳大利亚等三十多个国家和地区，人数近30万人。他们当中很多人已成为社会名流、富商、学者，目前已掌握的防城籍海外华侨中，已有上层知名人士235人，其中经济上有实力的81人，科技上有造诣的71人，政治上有影响的51人，社会上有威望的32人。华侨在海外还组织了各种社团组织，仅美国就有30多个，他们通过社会团体密切联系，加强团结，捐资助学、建工厂、设商行……他们对祖国、家乡感情很深，怀乡念祖，有落叶归根的愿望。是我们对外开放，为经济建设服务的一大社会资源优势。

随着华侨历史的发展，防城县内有归侨、侨眷、港澳台属十多万人；另外，防城还有4个民主党派和工商联组织。他们与海外华侨有着千丝万缕的联系，是沟通、联系"三胞"的纽带和桥梁。这也是我们开展经济统战工作，为经济建设服务的又一大社会资源优势。

2. 充分发挥两个资源优势的作用

我县爱国统一战线的队伍大、人数多，海外有近30万华侨华人和港澳台胞；国内有"三党"、"三联"（民革、民盟、致公党和工商联、侨联、海外联谊会），这两个社会资源早已建立了千丝万缕的关系，来往密切，相互之间较为信任和尊重，应积极发挥其优势，为经济建设服务。（1）通过他们之间广交朋友，增进友谊，积极开展对外联络，利用接触的机会大力宣传我县外商投资的优惠政策，宣传我县的投资环境和自然资源优势；发挥做"红娘"的作用，穿针引线，搭桥铺路，主动协助经济部门引进资金、设备、人才；促进经济文化合作项目的洽谈、落实。（2）团结合作共事，积极参政议政，发挥他们的才智，配合各有关部门贯彻实施沿海经济发展战略规划、具体政策和实施办法。（3）要从微观咨询逐步发展为宏观咨询服务，积极收集和提供海外经济动向，经济信息和科技情报，建立信息网络和服务网络，加强信息交流，为发展外向型经济服务。（4）鼓励和支持"三党"、"三联"发挥人才库、智囊团的优势，为适应对外开放需要而培养更多的能自觉执行对外开放政策、有开拓精神、又有国际市场、金融、法律、现代科学技术和管理知识、懂得如何同外商打交道的人才。（5）鼓励扶持归侨、侨眷、港澳台属，大兴侨资、台资企业。通过他们与海外亲友的联系，汇款支持亲属开办第三产业，如饮食、服务、加工等，目前在防城已有三十多家侨资企业。发展的势头还是好的，繁荣了市场，个人又增加了收入，提供了大量的就业机会，为国家税收做

出贡献。这方面企业的发展潜力很大，有待于经济统战工作
的开展。

　　总之，我认为要发展侨乡防城的经济，就要积极开展经
济统战。做到经济工作，特别是外向型经济工作离不开侨务
统战工作；而侨务统战工作要寓于经济工作之中，密切结合
经济工作进行，以早日实现防城经济的振兴。

难忘的越南岁月

——陈善　口述

被采访者简介： 陈善，1933 年 9 月 29 日生于越南义安省义安市，祖籍广东汕头，早年在越南参加侨务工作，动员越北山区农民斗地主，减租减息；参加过奠边府战役，在越南人民军总政治部当过翻译，先后为很多中越党政军领导人服务。1978 年，因越南排华回国，后在广西壮族自治区侨办的工作，做了大量落实党的侨务政策工作。本人不善表达，故精彩之处在此难以细化。

采访时间： 2004 年 9 月 20 日上午

采访地点： 广西区南宁市区侨办宿舍被采访人住所

采访者： 巫秋玉　张丽琴　陈小云

整理者： 陈小云

（一）

　　1933 年 9 月我出生在越南义安省义安市，父母是做生意的。我上的是义安华侨中学，华侨学校里主要讲方言，也有普通话和越南话，主要教授中华文化，在这种氛围中长大的我，从小受中华文化的影响很深。

　　1948 年 10 月我参加了越北华侨政治工作队，动员在越南的华侨参加支援越南人民的抗法战争。我们的工作很辛苦，经常要深入到越南山区农村去发动华侨农民搞减租减息运动，并组织文艺表演予以大力宣传。

1950 年，中国军事顾问团到达越南，我被调到越南人民军总政治部当翻译，一直到 1955 年中国军事顾问团撤走为止。在越南人民军总政治部作翻译的这一段时间，是我一生中最值得回忆的。因为做翻译，我有机会能为中越当时的多位党政军领导人服务。在越南，我先后为周恩来、陈毅、罗瑞卿、叶剑

陈善近照

英等中国领导人做翻译，还有幸陪同他们参观了解越南的国防、经济建设，并与他们合影留念，照片至今珍藏。另外，我还曾随同越南人民军总政治部代表团回国参观访问，在钓鱼台国宾馆给中越两国总政治部之间的会谈充当翻译。在广州，我曾在越南总政治部与当时中国华南局书记陶铸等人的参观交流中做翻译。除此之外还为中国电影协会代表团访越时做过翻译。

在我做翻译这段时间，我保留了许多珍贵的照片，但是，我认为最珍贵的一张是有关 1954 年奠边府战役的照片，那时我随同中国军事顾问团在前线，从照片中可以看到当时越南军队中的一些装备，基本上都是中国援助的，连服装也是中国援助的。照片上越军战士正昂首挺胸大踏步地向前行进，后来奠边府战役大获全胜。

（二）

　　我在越南为越南人民服务了二十多年，可以说是为越南做了一些有益的事。六十年代初，我参加过数起审讯台湾武装特务潜入越南东北沿海地区、企图煽动当地华人搞武装骚乱的案件；1968 年元月，我这个华侨出身的干部被调离能掌握相当多军事机密的总政机关，到"人民军队出版社"当编辑，我曾多次下农村和基层单位，跟他人合作编写了一本《好人好事》的战士读物（注："好人好事"运动是胡志明同志倡导的）。1975 年 2 月，越军绝大部分野战部队赴南方参战，北方呈空虚状态，越方为了提防美机再次轰炸北方，突然间把我调到越南防空、空军司令部参谋部外事处当外事参谋，以便和中国部队打交道。好在美国没有这么大的胆量来轰炸，中国防空部队也就没有来。

　　越南排华后，我被开除了越共的党籍和军籍，列人不受欢迎的人，我只好在中国驻越南大使馆的帮助下回到了祖国。

　　回国后，组织上安排我到广西侨办工作，主要负责落实原我党我军援助越南的干部战士政策，当时以解放军总政治部、财政部、劳动人事部等八个部委联合发布的有关政策为依据，认真落实我援越归国人员政策，主要是对于归来干部和战士确认其中共党籍、军籍、评定级别、待遇等问题。这件事之后，又开始做落实归侨知识分子的工作和由国务院侨办指导下的归侨侨眷扶贫工作，对于前一个工作，主要是落实归侨知识分子的工作安排，后一个工作涉及的范围就更广了，为此，我的足迹几乎遍布整个广西自治区，做扶贫调查，项目落实，监督检查，做到确保每户每个项目都落到了实处，比方支援他们的养鸡、养猪项目，果树栽培项目等等。对于这些项目的具体落实，归侨侨眷是十分感谢的，他们都说共产党好，祖国好，侨务干部好，对此，我也感到很欣慰，因为自己的劳动有了成效。

陈善在越南战斗和工作中所获的奖章

（三）

我在侨务系统工作了多年，从我回国开始一直到 1993 年离休，总共做了十五年左右的侨务工作。其间，被组织推荐当了三届广西区政协委员，并光荣地入了党。因此我对侨务工作有一些自己的想法。

第一点，我想说，华侨绝大部分是爱国的。为什么这么说呢，因为，无论解放前，华侨对祖国解放事业的追求和大力支援，还是解放后华侨对祖国经济建设的鼎力支持，都能够说明这一点。

我可以说是一个盲目的爱国者。在"大跃进"期间，我曾在越军报刊上发表文章，并向越军中高级干部介绍中国"一天等于二十年"的大好形势。"文革"开始后，他们就再也不相信我的话了。当时《人民日报》上有一篇文章说：只要世界上 90％ 的穷人没有得到解放，我们就一天吃不好饭睡不好觉。就这样一个现在看起来很左的观点，当时我觉得它很正确。今天看来，这实际上是不可能的，我觉得邓小平是正确的，那种输出革命的提法是不大可能实现的。

第二点，我想谈谈侨务工作的对象问题。怎么看待侨务工作对象呢？不能说所有从北方迁入越南境内的少数民族都是华侨，都是侨务工作对象，他们之中的某些人可能跟中国没有多大关系。我认为不能笼统地说从中国迁过去的都是侨务工作对象，比方越南有京族（即越族），其实是中国古代南方"百越"的一个分支，越南的京族和我们广西的壮族是同一个祖宗，他们的老祖宗在洞庭湖边，越南的古书上也是这么说的。假如你把越南主要的民族京族，也当作侨务工作的对象，是不可取的。老挝族和我们广西的壮族也有着很深的渊源，但是你也不能把他们都看成是侨务工作对象；还有外蒙古的蒙古族，当然就更不能这么说了；还有东北的朝鲜族，如果朝鲜和韩国也把我们的朝鲜族当作他们的侨务工作对象，这当然是绝对不行的。

我想强调一下，确定侨务工作对象很重要，不能一概而论，这对侨务工作的发展大有好处。应该顺其自然地做好侨务工作。例如，在越南，有的华侨华人已经是第七、第八代了，但他们仍然说自己是华侨，是中国人的后代，而有些第二代的华侨华人，连中国话也不会说，中国字一个也不认识，他们公开说自己是越南人，不承认他们的老祖宗是中国人，甚至在排华期间，骂中国骂得很凶。所以，对这些人，不管他们原来是汉族、壮族还是苗族，就不要按我们的主观愿望，强制地把他们拉进所谓"侨务工作对象"中去了。

第三点是对安置归难侨政策的看法，我认为对他们应该根据特点进行安排，比如归侨中原来有的是渔民，有的是做小生意的，有的是小商贩，你怎么能都让他们去山里种地呢？让他们种地实在是一种很不合适的安排，这当然会招致他们的一些不满情绪，这是侨务工作中应该注意的。

现在我的生活很好，4个子女都在身边，我很满意，感谢党和政府对我的照顾。

踏着歌声向前进

——陈志华　口述

被采访者简介：陈志华，1925 年 10 月 8 日出生于广西容县，侨居马来亚①，1949 年 4 月被英殖民当局驱逐回国，曾任容县侨联副主席，1987 年 9 月离休。

采访时间：2004 年 9 月 24 日下午

采访地点：广西容县侨联办公室

采 访 者：黄小坚　牛秀梅　谭光盛　钟萍　封进坚　黄海琨　李良

整 理 者：黄小坚

（一）

1925 年我出生在容县乡下——礼信还唐村，上头还有两位哥哥。出生后不久，我父亲陈乃祯因赌博输掉了一头猪，不敢进家门，便找人去自卖"猪仔"（即找人把自己当做"猪仔"卖身去南洋），改名陈意下了南洋。三年后，父亲方才赎得自由之身，遂落脚于马来亚柔佛州冷金埠大芭洋村，以种菜养猪为生。晚上拿灯拔草，赚了一点钱，就寄回家乡。

---

① 现为马来西亚。

他就这样整日面朝黄土背朝天地辛勤劳动，干了一辈子。他死于 1946 年，享年 51 岁，葬于冷金埠的"义山亭"。类似我父亲这样命运的中国人，在那里多得实在无法用数字去统计啊！当时在南洋华侨社会中流行一段歌谣："家乡的月亮分外的光，家乡的晚上分外的凄凉，家乡的流水分外的长，家乡呀家乡你为什么这样悲惨？我们长夜不眠坐天亮，无吃无穿饿肚肠，越来越心伤，迫得卖男鬻女离乡背井，含泪奔逃舍妻掉了儿女到异乡。"歌谣中所反映出的情形，正是我们家真实境况的生动写照。

自从父亲离家出走后，我母亲尹静嫣由于身处恶劣的社会环境，生活极为艰难，每天都在煎熬中度日。1931 年，在日子实在过不下去的情况下，她只好狠心抛下我大哥和二哥不管，背着 6 岁的我径直随着客头前往马来亚寻夫，就此跟着父亲以种菜养猪为业，在那异乡中克勤克俭地度日。不过，因我母亲一直挂念着家乡中的两个孩子，几年后她又返回村里把大哥陈志广接到冷金，只留下二哥陈志才一人在容县读中学。

我随母亲到了马来亚后，于 1938 年到华侨办的振强学校念书，1943 年改读日语，我念到五年级。18 岁时，就与一位在马来亚当地出生的岑溪籍姑娘结了婚，后来还有了一个女儿。1953 年，我妻子、女儿以及大嫂由我母亲带回了老家，住进空落落的、四壁如洗的老屋，此是后话。

1944 年 4 月，我在山芭里加入了马来亚人民抗日军，在第四独立队第五中队三分队任战斗员和情报组长，一直工作到 1945 年日本投降，从马来亚森林转战进入冷金埠。大哥陈志广也加入了抗日军，我们兄弟俩有着丰富的游击战的经验和群众政治工作的经历。

　　战后，1945 年 12 月我又担任了抗日军冷金埠办事处的交际员（联络员），翌年转为第四独立队三中队退伍同志会的会员。此时，英殖民者已经卷土重来，开始想雇佣我们，遭到拒绝，便让我们复员。我们随即开展向英帝殖民当局进行罢工、罢市的斗争，还发动华侨拥陈（陈嘉庚）反胡（胡文虎）。由于我们兄弟俩比较活跃，所以进入了英殖民当局的黑名单。1948 年初，我们都遭到逮捕，被判入狱。翌年 4 月初，英殖当局便将我们这批政治犯武装押解出境，驱逐回中国。

（二）

　　记得我们那艘轮船经过香港海区时，香港英警从四面围拢过来，密密麻麻的，他们生怕我们这批所谓的政治犯会潜逃进入香港。后来轮船径直开到了汕头。原本，英殖民当局是想把我们这批人送交国民党治罪的。哪里想到，当时国民党已经是泥菩萨过河自身难保，顾不上我们，于是我们就各奔东西了。许多人参加了共产党的游击队。我们因为有个兄弟在容县老家，很想念他，于是我们便回到容县了。

　　我二哥留在容县读书，后来与周碧春成婚。哥嫂两人与容县地下党组织的杨益绍书记、陈锦全都是老同学，关系非常密切。哥嫂两人就住在礼信还唐村，以教书为业作隐蔽，暗中从事革命工作。因此，我们回来后，这个家就一下子变成了四口人，如虎添翼，个个都是年华正茂、身强力壮。见面后大家各自述说身世，一致认为国民党和帝国主义完全是

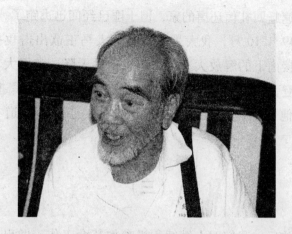

陈志华近照

同一鼻孔出气。大家志趣相投，越说越激动。于是，我们全家四口人便干脆关起大门上山干革命去了。

　　为革命我们各奔东西。我参加了解放军粤桂边区纵队游击队一支队，搞地下工作。大哥陈志广到了粤桂边区纵队游击队后，参加了游击培训和实战训练，接连解放了好几座城镇，功绩斐然。后来他又被派回容县工作。他以官唐村为中心，组织起了一支武装大队，并担任了大队长。该武装大队共分成三个排，第一排排长周宏，第二排排长陈富华，第三排排长陈福泉，人马枪械一切具备。

　　而我家四口人关上大门上山干革命，刺痛了那些地主恶霸。他们曾集结一大批国民党武装土匪将礼信还唐村团团围住，破门入室搜捕我们。他们扑了个空，便将我十七叔反手缚起来，责令他把我们交出来；临走时，还把我们家的财物洗劫一空，说是要把陈志才家扫地出门！当时已经担任容县武装大队大队长的大哥闻讯后，马上亲自率领整个武装大队人马火速赶回礼信还唐的家，但土匪已经闻迅逃跑了。

1949 年 10 月，我大哥率领大队人马正欲出击攻打容城镇、迎接南下的解放大军时，不想神兵天降，南下大军已经捷足先登，迅速地夺下了容城。当时我看到解放军进容城，还听到他们唱起我所熟悉的革命歌曲，心里不知道有多么激动！

（三）

解放后，我们四人继续积极参加革命工作，做出了很大的贡献和牺牲。二嫂周碧春 1950 年担任自良区会计，一天，她因公上县城、经过山口铺陈冲口时，被土匪打死。后来容县镇压反革命，第一个被枪毙的就是打死周碧春的凶手。周碧春对革命工作极为负责，曾组织女同志上街清扫国民党的反动标语、下乡征收粮食和柴草支援前线解放军，还参加斗霸退租退押，她的牺牲令所有革命同志为之痛惜，她被容县人民政府授予烈士称号。二哥在剿匪后调到百色田东县当农林水利局局长，离休后回到了容县，于 1991 年逝世，享年 78岁。母亲回国后亦跟随他安享晚年，直到 1976 年逝世，享年91 岁。

我自容县游击地下工作转至解放军 41 军政治部民运队工作，曾在潮汕地区参加剿匪、反霸工作，土改时任组长。1954 年转业后，到广东省五华县公安局当公安特派员，后来又当了税务所的所长、税务局人事干部、林业科站长、手工业联社秘书、基建委秘书。1960 年，调到汕头专署，此后历任铁路局基建科主办、机务段段长，交通局水运科主办，

1969 年下放到五七干校当连长，1971 年下放到陆丰县化肥厂当行政总务。1974 年，调回容县任二轻局生产组组长，1982 年调侨联会任专职主办、副主任、副主席，1987 年 9 月经批准离休。工作期间，我曾于土改时立了三个小功，1952 年入了团、入了党，转业后又立了一次小功。后来因政治环境的变化，尽管我也有不被重用、不准参加政治活动以及不能涨工资等不公正待遇的时候，但身正不怕影子歪。我生性乐观，工作积极，与人为善，"见人就笑"，因此没有与他人结怨，即使在"文革"时我也没有出什么事。

我虽然职务不高，也没有干出轰轰烈烈的事情来，但仍然很有成就感，不后悔自己的选择。现在我年龄也已大了，但生命不休，战斗不止，我还要与同志们一道继续前进。莫道夕阳短，晚霞更美丽！更好的风光在前头。

我家中尚有老妻，还有儿女、孙女、曾外孙女等人。

有人问我现在工资有多少？我回答说："够养一个瘦老婆！"

（四）

下面，我将自己在马来亚人民抗日军中学到的部分歌曲献给大家，既是怀旧，也是以此激励吧！

《马来亚游击队歌》

我的歌声飞过海洋，我们战友你别悲伤。国家派我们到海外，要掀起那革命的风浪，我们总会有那一天欢喜相聚在一堂。只要我们抱着伟大革命理想，总有凯旋的归来。让我用喜庆的心情，胜利热情地拥抱在一起。

别了，别了同志们，我们再见上前线，这是时候到了，我们再不用怎么留恋。紧紧握住我们的枪杆，奋勇奔向前方，猛追猛赶冲过敌人多道的防线，我们再杀个回马枪，打得日本鬼子成了落花流水，紧紧抱他们脑袋叫爹又喊娘！

《飘扬的红旗》

（马来亚抗日军歌）

飘扬的红旗，胜利的红旗，光明美丽。鲜艳的红旗，人人敬爱你，高举我们拳头向你敬个礼。你领着我们工农大众兵，你指引我们全马民族统一，你高高飘扬在蓝天空，我们高唱着战歌一齐向前冲。我们要打倒帝国主义，铲除那法西斯的大本营，胜利永远属于我们工农兵！

《马来亚人民抗日军进军歌》

同志们听着令，向前进！抱上抗战的决心，看我们的队伍，向前进！向前进！向前杀敌人！同志们勇敢地冲，快快地冲，快快向前进攻！武装同志们，你们最勇敢，谁也比不上你们，快快地冲，勇敢地冲，快快向前进攻，不愿做亡国奴的一齐冲！

《难女流浪歌》

日本鬼子的大炮轰毁了我们的家，枪杀了亲爱的爸爸，又抓去了亲爱的妈妈，叫爸爸不会应，叫妈妈也更不会闻，单单一个女的到处漂流，吃也吃不饱，衣裳也遮不住风，只剩我一个人随处漂泊，整天泪汪汪地流。啼哭有什么用处，决心参加了抗日军，誓把日本鬼子强盗打败，才有难女的光荣。

《同胞们细听我来讲》

同胞们细听我来讲，我们的东边外有一个小东洋，几十年来真可恶，他欺负我们中国人。东洋鬼子所到处，横行霸道强奸又杀人。东洋鬼子处处杀我中国人，他们抢侵我国土，还强占我家乡，造成无数乡亲们流离又失所。同胞们团结起，共同拿起枪抗击那个小东洋，大家都来齐心协力，拯救我们祖国才有出路。只有抗战到底，我们必定胜利！

《募寒衣》

（马来亚柔佛冷金埠振强学校学生卖花，有唱有说）

喂！卖花，卖花！卖爱国花啊！有钱出钱！有力出力！打倒日本鬼！卖爱国花啊！

募寒衣！募寒衣！募得寒衣千百万，转送给祖国难民穿！难民个个穿上暖寒衣，拿起枪杆上前线，上前方到战场，鼓起一身勇气杀东洋。东洋鬼子太凶狂，他们到处杀人搞三光，敌人到处杀人放火样样都抢光，害我无数同胞随处流浪，忍饥挨饿一身光，寒风习习实难当，唯有募得寒衣给他们穿，他们会鼓起复仇的爱国心，一鼓作气上战场，杀尽那日本鬼子小东洋，完成爱国保家乡！抗战必胜！

《再见吧马来》

（当我们被无理驱逐出境，轮船徐徐离开马来亚海岸时，全船难友悲愤高唱）

再见吧马来！再见吧马来！你是我们的第二故乡。你的土地肥沃豆蔻香，但处在帝国主义残酷剥削下，我们再没有生存的余地。你那美丽的椰园胶林，那笔直的槟榔树，任风摇荡，呈出美丽姿态。更是那原始的森林，它壮丽地覆盖着30%的马来。我恨那帝国主义对你无情的蹂躏！暂时地再见吧马来，我们还要回来，一定会回来！在那晨曦拂晓的时候！

风雨人生路　不了归侨情

——邓运良　口述

被采访者简介：邓运良，男，1936年12月出生于印尼苏门答腊岛，祖籍广东省梅县。1942年回国，1953年初中毕业后参加人民解放军，1962年参加中印边境自卫反击战，受到通令嘉奖。1969年冬复员后，主要从事工会工作和侨联工作，曾担任柳州市刃具厂工会主席、市侨联秘书长、副主席、主席等职。

采访时间：2004年9月24日上午

采访地点：柳州市侨联办公室

采 访 者：林晓东　苏妙英　周育毅　胡修雷　温庆松

整 理 者：林晓东

　　我的祖籍是广东梅县，1963年出生在印度尼西亚苏门答腊岛楠榜镇，排行老三。1942年，也就是我6岁时，父亲带着我们三兄弟回国，那年我大哥9岁、二哥8岁。回国后，我们在家乡广东梅县石扇乡的小学就读。印尼当时的中小学教育水平很低，父亲带我们回国读书，一方面是让我们接受良好的教育，另一方面也是培养我们从小要有一颗爱国心。把我们带回国的第二年，父亲就回印尼去了，两年之后就在印尼去世。

父亲去世时，我还有两个妹妹和一个弟弟在印尼，他们年纪都很小，母亲一个人带着他们生活，太辛苦了。在这种情况下，我的两个哥哥在解放初期的 1950 年和 1951 年相继回到了印尼。按照父亲的遗愿，无论如何在国内也要留个根。于是，我就独自一人留在了国内。当时我在家乡广东梅县的生活很苦，比在印尼时还要苦。1953 年我读初中三年级的时候，母亲由于想念和担心我，动员我去印尼。既然父亲生前有话，我还是执意留在了国内。我父亲是二十世纪初，出去谋生的。后来回到家乡娶亲，婚后把我母亲也带了出去，在印尼生有五男二女。现在，在印尼的母亲和两个哥哥都已经先后去世了，母亲去世的时候才 66 岁。我的弟弟和妹妹现在还在印尼生活。连我伯父、叔 父的后代在印尼已有四代人，共有 90 余人。

（一）

初中毕业后，我就参加了中国人民解放军。1953 年部队要选拔空军，其他条件我都合格，但因为我有海外关系，政审这一关没有通过。参加空军的愿望没有实现，但最终我还是被吸收入伍，在广东汕头地区揭阳县所在中南军区新兵训练营进行了新兵入伍训练，2 个月后，部队把我分配到兰州军区第一军医学校，学习医护。参军的事我没敢告诉母亲，因为母亲曾经写信给我，说一定要供我读完大学，我祖辈上家境贫穷，家里从来没有出过一个大学生，到我父母这一代人生活还算可以，母亲特别希望我能考上大学。就因为这，我当兵的事就没敢事先告诉她。现在想起来觉得很对不起她老人家。

　　在兰州我只待了4个月，情况发生了变化，上级把我们从广东参军的一百多人重新分配到新疆军区。当时新疆军区要成立一个国防汽车团。从兰州坐汽车到乌鲁木齐，需6天时间，那个时候路况很糟糕，我们被整整颠了6天6夜。就这样，1954年6月，我们加入了新疆军区国防汽车团。

　　到汽车团以后的第一个任务就是建造营房，国防汽车团是一个新建制，所有连队的营房都是我们这一百多个广东兵盖起来的。那时，我在厨房当炊事班长。整个施工过程共花去8个月的时间。新疆冬季天寒地冻，我们这些广东人到那里去的艰苦程度是可想而知的。当时部队的老首长们都是从战场上下来的老英雄，他们亲切地叫我们这些广东兵为"小老广"，他们经常竖起大拇指说："你们这些'小老广'不怕艰苦，还真是好样的。"

　　国防汽车团的营房盖起来以后，我被留在汽车团的团部，当时只有两个"小老广"留在团部，留下我的主要原因是我的文字和写作能力比较强，所以被留下来在团司令部当文书。我很快就学会了用那种老式打字机打字，第二年参加军区组织的打字比赛，我获了奖。用那种老打字机，我一个小时就能打三千多字，这在当时是很难做到的。

　　国防汽车团正式成立于1955年。由于工作出色，1956年我就被提升为军官，准确地说是预备军官，军衔是准尉。我是1953年参军的，1955年国家实行军衔制，我没有戴过士兵的军衔就直接戴上了预备军官的军衔。被提升为准尉，收入一下子就从15块钱涨到了68块钱，那个时候68块钱是很多的。当时对战士是实行供给制，对军官是实行薪金制。15块钱是实施军衔制后上士的待遇。1960年我被提升为少尉，1963年升为中尉。

我当文书的时候就赶上"反右运动"，那个时候年纪轻，也不懂什么是政治，在运动中表现得很积极，写墙报、抄大字报什么都干。由于我有海外关系，让我当文书已经是很不容易的事了，既然领导那么信任我，我干起工作来也特卖力。

晋升为少尉后，我就被调到团政治处当青年干事。在我任少尉到中尉的这段时间里，我参加了中印边境自卫反击战。

说到中印边境自卫反击战前有一插曲，我至今难忘。我当青年干事的时候，正赶上中印自卫反击作战的任务也下达到我们团。当年我有一位同事是河南人，他是中尉我是少尉。上级开赴前线的命令下达以后，组织上安排他去中印边境自卫反击作战的前线，但他没有服从组织的决定，就是不去，理由是自己三十岁过了，还没有结婚生子。当兵扛枪，保家卫国，这是军人的本分。当时新疆军区开大会公开对他进行了严肃的批评，并且不再让他留在原岗位工作了。最后，这个上前线的任务就落在了我的头上，我二话没讲，坚决服从命令。

在赴昆仑山战斗前线之前，我做了两件事：一是写下一份遗嘱，留给我远在海外的母亲、兄弟妹们和国内的亲朋；二是给广西柳州铁路中心医院的表妹（未婚妻）写信，向她表达我就要上前线的心愿。我随时准备为祖国捐躯，对一个战士来说，流血牺牲是无上光荣的。我们汽车团是为战斗服务的后勤运输部队，为前沿阵地输送作战物资，押送俘虏，护卫伤员回后方，在枪林弹雨中穿梭运行。那时，我们的职责是采写战地运输英雄事迹，宣传鼓动并进行摄影报道，出版《运输战报》，食不定时，睡无定塌，高原战斗生活是格外艰苦的。但比起在前方战斗的兄弟部队，他们在海拔3000米以上的环境下，和敌人战斗，还要和缺少氧气、脚踏深雪的恶劣环境搏斗，我们毕竟是在后方和前线穿行，还有在后方睡安稳觉吃安稳饭的时候。在战事后期，我身患淋巴肿瘤，颈、手臂、下部都有肿块，但我仍坚持不下山，并要求战地医生"不要声张，不要告诉我的领导"。直到战斗结束回到乌鲁木齐军区医院，才进一步检查诊断和治疗。

1963年秋末，我们汽车团又接到上级命令，必须在大雪封山之前，运送一批紧急物资到昆仑山边防。我又一次随模范汽车二连紧急行车上昆仑山，昼夜兼程，在车上吃、睡，限定时间，为守卡边防战士输送过冬物资，我们车队途径海拔3000米以上的昆仑山顶的康西瓦兵站、4000米以上的昆仑山口、铁隆滩、直到西藏的日土、普兰兵站。新疆和西藏的交界的昆仑山边卡，气候十分恶劣，我不顾，头晕、呕吐、皮肤麻木、指甲紫黑的高原反应，毅然翻山越岭去拍照，与模范汽车二连的战士们同甘共苦，完成了备战运输任务。而后又协助该模范汽车二连举办连队史图片展览。模范汽车二连是军委授予的。

两上昆仑，是我一生中最难忘的岁月。它告诉我，人生的价值就在这里。回顾这段历史，我感到很自豪：作为一名归国华侨，作为一名新中国的军人，我为国防戍边做了我应该做的事。

完成中印反击战的任务以后，1963年底我提出申请，回乡结婚。那年我27岁。我妻子是我姑妈的女儿，姑妈对这桩婚事非常满意，她认为我母亲在国外，她就可以为我们做这个主了。按现在来说，这桩婚姻是不符合科学的，但那个时候我们不懂，那个年代讲究的是亲上加亲，在广东这种事情是很多的，姑表亲、姨表亲之间的婚姻都觉得无所谓，而且还认为是更好的事情。后来，我曾看到一份资料，说近亲结婚所生的子女极有可能是白痴、残废或高度近视，第三种情况是最轻的一种。现在我的两个孩子都有孩子了，我还在操这个心呢！就怕后代出现这方面的问题。还算万幸，我的两个儿子还行，没有白痴的现象，但近视，可能是最轻的那一种吧！现在有了两个孙子，一个九岁、一个三岁，都很聪明伶俐、可爱。

我在部队时曾于1960年赴北京参加全军第二届运动会，代表新疆军区足球队，先是足球队员，后因伤赴大连学习足球裁判，成为第二届"军运会"足球三级裁判员。1960年冬又赴四川省内江地区简阳、资阳两县招收新兵。1964年、1965年两次参加农村和军马场的社会主义教育运动，当时正值国家三年自然灾害时期，农村生活更是艰苦，粮食、肉类少之又少，我和农民"三同"（同吃、同住、同劳动）。我所在的村是汉、回、蒙、维四个民族混居的穷村，有的一天吃不上一顿米饭或高粱米饭，不少家庭拿洋芋（马铃薯）或高粱秆充饥。那个时候，罐头、饼干是见不到的，有钱、有粮票都买不到吃的。好在当时的工作队长住在乡里，每个星期他都会有一两次偷偷地从口袋里拿出一两个馒头给我吃，那个时候能吃到馒头就像过年似的。

军马场的社教任务是防止和劝阻中苏边境的边民外逃，既有稳定边民、保护国家财产安全的任务，又要协同边防部队处理边境的违法犯罪等不安因素。军马场位于新疆昭苏西

邓运良近照

北面，翻越一个山头就是苏联。这个军马场是全军培育良种马的重点军马场，饲养员、训马员都是哈、蒙、维、乌兹别克等少数民族。1963 年前后，苏联边防军经常骚扰和引诱他们携马外逃。在这你争我夺的严峻时刻，我军认真执行党和国家的民族政策和边防策略，努力维护国家的尊严和民族的命运。这是一个非常特殊的重要使命，我一个归侨、一名军人，能够有机会广泛接触了新疆少数民族，承担这样艰巨的任务，我感到很自豪。军马场的职工和广大边民，他们身处边境，经受了诱惑和危险的考验，他们大多是爱国的。不久，因"文革"开始，我们奉命迅速撤回部队，结束了军马场的工作。

我在部队非常谨慎地经过了入伍关、提升关、入学关、审干关、入党关十二关。"文革"开始以后，部队的两任政委对我都不错，很理解我。有关部门曾经有文件规定，有海外关系的人入党必须要经过八年到十年的考察和考验。我是1956年申请入党的。1957年我在"反右办"工作时，领导找我谈话做我的工作，说有这个规定，你要正确对待。我说请领导放心，我一定能经得住考验。在第八个年头上，组织上开始正式讨论我的预备党员资格问题。1965年6月我入了党，自提出申请开始，前后经历了差不多10年的时间。1966年6月份我成为正式的共产党员。当时是团政委兼团党委书记找我谈话，一般情况下入党积极分子都是由支部书记出面谈话，而我是团党委书记直接找我谈话。政委的谈话中令我刻骨铭心的有两句，第一句话是：只允许组织怀疑你、审查你；第二句话是：不允许你个人怀疑组织、埋怨组织。这两句话我一辈子也忘不了。当时找我谈话的冯政委与我现在还有联系，复员以后他带着他全家到柳州玩，我全程陪同接待了他，我们的关系非常好。我当时入党是很不容易的，确实经历了党组织的长期、严格的考验。

"文革"期间，我们这些有海外关系的人，也成了受审查的对象，日子越来越不好过了。

当时有一件事使我非常伤心。记得有一天，一位保卫科的干事找我谈话，他问我："你为什么到现在为止还一直与你海外的亲人有联系？"听了他这话以后，我很不理解，就反问他："在海外的是我的母亲，是我的兄弟姐妹，是我最亲的亲人，我为什么不能联系？"接着，他就严肃地对我说："在这个问题上，是有明确规定的，你是军人，军人是不能与海外有任何联系的。"他说完这番话以后，就把我给海外写的信都拿了出来，其中还有我给海外亲人寄的照片都摆在了桌子上。看到眼前的这一切，我呆住了，这都是我寄给母亲和哥哥的照片和信啊，我在部队的每一点微小的进步我都要写信告诉他们，我当了军官，包括每次晋升军衔，我都要照像寄给他们，让我在海外的亲人来分享我的光荣和快乐，这何错之有啊?! 看到这一切心里真是难受极了。我是一个海外归侨，回国来为国当兵，我觉得这是非常光荣和自豪的事情，通过我自己的努力，我还当上军官。我感到无比荣耀。我写的信、寄的照片都是在宣传社会主义、宣扬人民军队啊，这些东西不仅全都让他给扣下了，他们还私拆我个人的信件，这是违法的。但当时没有地方讲道理，也没什么道理可讲。这是组织上要求这么做的，理解也得执行，不理解也得执行。

　　这件事情在当时算是一个很大的政治问题，怎么处理我呢? 当时团里的两个政委都对我很好，他们私下里跟我说："小邓啊，在这样的政治气候下，凭你的海外关系和身份继续在机关工作对你是很不利的，你到连队去吧，到基层去和战士们在一起，和他们打成一片，就没什么可说你了。"政委这样说、这样做，实际上是在保护我，这样的领导确实是很不错的，他们确实是在关心人。团长对我也很好，从未因为我有海外关系而对我另眼看待，相反他特别信任我。

　　从那以后，我就下连队当兵去了。我在连队当了八个月兵，与战士建立了深厚的感情。离开连队的时候，我跟战士们说："我已经当了十多年的兵了，可能因为我的海外关系在部队呆不长了，你们才在部队呆了一两年，要好好干，为你们的父母争光，为国家多做贡献。"

　　我的青春年华是在军队里度过的。当兵的这一段历史，是我一生中最难忘的经历。在部队的这段时间，最值得我留恋的是两个时期：一个是国防施工时期，在国防营建施工中锻炼了意志品质，我逐步成熟起来，最终成为一名合格的军人，在新疆军区汽车团成立典礼上，为国防施工颁发军功令，我立了三等功。再一个就是参加中印边境自卫反击战时期，我在这场战役中充分发挥了自己的才能，在战场上证明了我对祖国的忠诚。在战后的庆功会上，我受到军区的通令嘉奖，这是很高的荣誉。

（二）

1969 年，全国各地都成立革委会。这时候，部队领导又派我去担任"支左"任务，地点是乌鲁木齐市中医医院。其实，让我去"支左"的意思很明白，就是我不能再留在部队了，通过"支左"逐步过渡到地方工作，"三结合"以后就可以进入乌鲁木齐中医院的领导班子，这就顺理成章地转业到地方工作了。

可我有自己的实际情况，要转业也不能转业在新疆，因为我的家在广东，我的妻子孩子都在广西柳州。我当兵17年已经欠老婆孩子很多了，我不能再让他们跟着我到新疆来吃苦。我考虑了很长时间，决定还是要回到柳州去。当时我还考虑，到中医院去"支左"，我是无法胜任的。"文化大革命"那么乱，我在部队当这么一个小小的官，对地方的情况一点都不了解，怎么能做好工作呢！我思来想去，还是跟组织提出了不去中医院"支左"的要求，我跟组织上说："这是我第一次违反军令，作为一名军人，我从来都是以服从命令为天职的。"政委听到我有这样的想法，又了解到我家庭确实有实际情况，于是就请示了新疆军区后勤部党委。党委书记很理解我，亲自找到我，对我说："既然你不去中医院，你愿意到哪个单位去你就跟我说，我给你想办法。"我看这是组织在征求我的意见，我就实话实说了，我说："新疆所有单位我都不能去了，我要回柳州，因为我的家、我的亲人在柳州，我欠他们的太多了，我要回去照顾他们。"

按照规定，当时我要回柳州是有一定困难的。因为我是在广东参军的，要回也只能是回广东原籍。如果我要是回广东或柳州的话，我就只能按复员处理，也就是按战士的待遇复员回乡，以普通工人、农民的岗位来安排工作。即使如此，我也决心要回柳州去照顾家人。我向组织提出了要求，能不能由组织出面与柳州地方党委或政府取得联系，说明我的实际情况，看他们能不能破例安排我。政委对我的事很关心，他亲自打电话与柳州市委组织部门联系。柳州市很快就回了话，表示欢迎我去。

我在部队结婚以后，我的妻子原本是要调到新疆乌鲁木齐铁路局去的，各种手续都办好了。但在调我妻子档案的时候，档案莫名其妙地就不知道在哪个环节给搞丢了，这不是个人的责任，而是组织上的责任。档案丢了，我妻子的工作也就没有调成。这个事后来反而因祸得福。这也是组织上能够批准我回柳州的一个原因吧。

当了17年的兵，我就这样复员了。我是1969年10月复员的。按规定，复员是"从哪里来，到哪里去"，回农村的先走，回城市的后走，以免影响情绪。但因为妻子要生孩子，我一定要在10月底她预产期前赶到柳州。接到同意我复员的答复时，我还在连队，战士们都来帮助我，政委等领导也来送我，我紧紧张张地打起背包就匆匆告别大家赶回柳州了。

1968年6月我妻子曾经生过一个孩子，由于当时社会太乱，我又不在妻子身边，孩子生下来没多久就夭折了。所以，第二个孩子出生的时候我一定要在妻子的身边，再也不能让她受任何委屈。复员回到柳州以后，有我的细心照顾，妻子顺产，我也心甘情愿、耐心细致地当起了全职保姆，尽心弥补我多年来亏欠妻子的。我27岁结婚，32岁有了第一个孩子但没有养活，33岁有了第二个孩子。

因为我是复员回乡的，要有劳动部门来安置。我到柳州市劳动部门报到之后，工作人员问我想到哪里去，那时候有几个选择，一个是在计量所，是技术监督局下属的单位。我在工程技术方面是外行，就没有去。再一个就是柳州市刃具厂，据安置办的同志介绍，该厂复员军人较多，于是我选择了柳州市刃具厂。由于要照顾刚刚生产的妻子，所以选定单位之后没有马上去厂里，一直到过完第二年的春节我才去报到上班。厂里分配我当仪表工。我一个当了17年兵的军官，就这样成了一名仪表工。之后，我又被调整去当热处理工。虽然我被分配干这个工、那个工的，但是我都没有实际去干过，因为我在部队搞政工宣传多年，厂领导和政工组、厂工会无论大小事都来找我，让我干这干那，干了一段时间之后，工会的各项工作都离不开我了。1972年我被选为厂工会主席，那个时候工会主席的职务是以工代干，工人身份，干的却是干部的活。

从部队到地方工作，从官到民，从干部变为工人，地位变了、待遇变了、环境变了，但是在那个时代，亦觉"无官一身轻"，干些事好。我在工厂十年中，领的是工人工资，干的是政工、工会工作。先后负责过"社教"、"一打三反"、办公室的工作，大部分的时间是从事为工人说话、办事的工会工作。这十年，精神包袱重，家务事繁重，尚能同工人群众打成一片，为工人群众解决了一些实际困难，倾听工人群众的呼声，为他们排忧解难。在"一打三反"运动中，不冤枉好人、不故意整人，重在政策感化，说服教育，掌握证据，使盗窃公物的职工坦白交代，"完璧归赵"。我协助党组织为一错划为"现行反革命分子"的老工人平反昭雪，在其病故后，又为其妻儿办理户口农转非手续，使之生活安定下来。这件事在职工中产生了良好的影响。

党的十一届三中全会以前，由于"文革"遗留下来的许多政治、经济、社会生活等方面的问题尚未得到妥善的解决，干部队伍和职工队伍思想混乱，组织纪律涣散，政治思想工作和工会工作繁重。当时，工厂的领导四次易人，领导班子的频繁转换，客观上已经使生产工作受到影响。因此，我在那种环境中工作，无所适从，唯一的重要工作是稳定职工情绪，坚持生产工作。刃具厂是多年亏损企业，不久由上级决定合并归市微电机总厂管理。

在我一生中，还出现过一件不幸的事情。我爱人是一名护士，她在当护士的时候，曾经出过一起医疗事故，她作为责任人被判了两年徒刑（监外执行）。她不是直接责任人，但因为是值班护士，就必须负间接责任。那是1972年出的事，当时柳州市还是军管时期。监外执行期间没有工资，每月只有很少的一点生活费。当时我在厂里每月只有很少一点工资，而且那个时候我们已经有了第二个孩子，生活非常困难。好在我从部队复员还带回来了一点钱，我们只能勉强度日。这个事故对我爱人的打击非常大，从那以后，她的身体就垮了。市委统战部要调我到侨联工作的时候，正赶上我爱人病重在南宁住院治疗，她患结合性脑膜炎，全身瘫痪，离不开人，我在医院里照顾她有近三个月的时间也无法抢救过来。

柳州市侨联成立于 1959 年 3 月。很长一段时期内，侨联领导和工作人员都是兼职的，1978 年侨联才真正配备专职干部。1979 年底统战部门的同志来找我，我很快就被调到柳州市侨联工作。我是 1980 年 2 月份正式到侨联工作的。我刚到的时候，侨办侨联的工作是不分开的。实际上侨办侨联的工作人员仅有几个人，管的事情都差不多。后来侨办侨联工作有分工，人员和办公的地方也都分开了。分开的时候统战部的领导问我是想到侨办还是想到侨联，那个时候两个单位都需要人，我主动要求留在侨联工作。

到 1989 年，侨联办公大楼就盖起来了。市委政府很重视我们侨联的工作，就全自治区而言，柳州市这方面则走在了前列。时任市委副书记的潘树彬批示筹建"市政协侨联办公大楼"，我们有四个办公室，还出租了两个，出租的钱作为侨联的一点点活动经费。

十一届三中全会以后直至退休之前，我一直在侨联工作，先任秘书，后逐渐做到秘书长、副主席、主席。

到侨联以后我主要做的是侨务工作。第一项重要工作就是平反冤假错案，把许多归侨侨眷头上戴的帽子彻底摘掉。归侨石琪高同志的错案就是我们调查平反的。当时他在二建公司，每个月只有二十七块工资。他在清华大学上学的时候就被打成了"右派"。他是戴着"右派"的帽子被分配到柳州来的，实际上就是到柳州来接受改造的，被判了一年半的监督劳动处分。开始时他的工资非常低，工程师的职称也没有。他的右派问题平反以后，当上了二建公司基建科的科长，工资也恢复到他应该享受的水平。石琪高同志房子问题的落实，经过了多方面的努力，他在当市长以前就住上了新房子。当然，他的问题的最终解决还得靠市委统战部门，侨办侨联毕竟还是庙小力量不够，但平反的许多具体工作都是我们侨办侨联做的。柳州市委统战部当时的《统战简报》刊登了我们写的关于石琪高同志的调查报告，这个报告见报后在柳州市各级领导班子内影响很大。

　　我当时察觉到，石琪高同志应该作为侨界的典型，知识分子的典型予以大力宣传。考虑到自己的写作水平有限，我就叫我初中的同学、中国人民大学新闻系毕业的《柳州日报》记者邓荣祥（笔名华奋）来采写石琪高的文章，我不仅给他提供一些石琪高的素材，还要求他是否以报告文学的体裁写它二、三万字的文章。后来他采纳了我的意见，写出了大篇幅的报告文学，先后在《柳州日报》、《广西日报》、《光明日报》登载，同时广西人民广播电台也进行了广播宣传。我又向《广西侨报》记者程国光同志建议采写石琪高同志的经历，但要着重从归侨知识分子受冤又重见光明的角度来写。程国光记者的文章是石琪高同志当了市长以后出炉的，《华声报》1984年5月13日第二版"我将尽全力为民服务"和香港《文汇报》以"归侨市长石琪高"为题于1984年12月24日进行了报道。让区内外、国内外都知道了柳州有个"归侨市长"。我也在侨界大力宣传，在侨报跟踪报道有关石琪高市长的动态。石琪高当上市长后，柳州市侨界甚至广西侨界，无不欢欣鼓舞，看到了光明，看到了希望。

第二项工作就是关心归侨侨眷的生活和工作。我们为侨服务的对象重点是归侨，帮助他们解决生活和工作中的实际问题是我们应尽的职责。有些归侨常年没有住房，多少年来还是和他们的父母住在一起。我们就盯着各有关部门要求他们解决归侨的住房问题。有些归侨的住房问题解决得比较顺利，有些则困难很大。还有一些具体地为归侨侨眷办的实事，如协助解决归侨侨眷下岗、补助、子女就业和升学等问题就不细说了。

上个世纪八十年代以后，我国出台了一系列侨务政策，这些政策我们都一项一项地加以落实。这些工作基本上都是侨联在做。有些事情不是我们侨联能管得了的，但只要是为侨服务的工作，我们就要过问，或者是督促、或者是协助。我们本着一切为华侨华人和归侨侨眷着想的原则工作。

我在柳州市侨联工作近二十年来，做了大量的宣传教育和新闻报道工作。与市侨办共同编印《柳州市侨讯》二十多期近200篇文章和消息；《归侨侨眷学习资料》二辑十三篇归侨侨眷知识分子和劳动模范的先进事迹，发至基层单位学习。

新闻报道是我的特长。我是《华声报》、《侨联动态》、《广西侨报》、《柳州日报》通讯员，先后为上述报刊供稿百余篇；被评为《广西侨报》1983年、1984年先进通讯员。此外，《羊城晚报》港澳海外版和香港《文汇报》、《广东侨报》、《福建侨乡报》均刊登过我的新闻稿件。1984年12月24日香港《文汇报》刊登了由我撰写的《柳州市侨务工作的春天》向港澳及海外介绍了柳州市侨务工作动态，扩大了对外影响。《羊城晚报》港澳海外版 1983 年 11 月 20 日 2 版刊载了由我采写的"热情接待出境回来工作的归侨、柳州妥善安排蔡炳奎的工作生活"对外流港澳的知识分子有较大反响。此文亦已由香港《文汇报》转载。据香港同胞陈毓溪女士反映:"我认识一位从北京赴港定居的科研人员,在港处境较困难,看了这篇报道后曾感慨地说,要是像柳州这样落实外流人员的政策就好了,我也想回去。"

1997 年 7 月香港回归前夕,我撰写了香港同胞刘氏两兄弟多年来在柳州市投资拓展商贸活动的感人事迹的报道。《香江兄弟情系柳州》首先在《柳州乡情报》、《柳州政协报》刊登,而后又分别刊载于《鱼峰文史》1997 年 7 月 1 日庆祝香港回归祖国特刊,《今日广西》总第 52 期,广西区政协文史资料委员会出版的《香港广西手足情》等刊物。

(三)

我是 1998 年 62 岁的时候退休的,60 岁该退休的时候市委组织部专门下了一个文延长了我的退休时间。1998 年侨联换届,我主动提出要正式退休。退休以后,侨联的工作我一直关注着,刚退休时我每个星期都要到办公室来,现在大概是每个月来一次。不管有没有事我都要来,在职的同志需要我做一些事情,我就帮他们处理处理。我们侨联这个班子一直都很团结,市领导也很重视侨联的工作,侨联每年的年会市领导都来参加。侨联没多少人,我刚来的时候只有两个编制,后来增加到四个,石琪高当市长后增加到六个。柳州市恐怕是市级侨联组织编制最多的了。我们每年至少要开两次规模较大的会，中秋国庆一次，春节一次，每次都有三百多名归侨侨眷参加。侨联工作有自身的特点，我们要善于利用自己的优势创造出一流的工作业绩。

侨联日常工作的一项重要内容就是经常下去搞调研。现在全市有十一个侨联组织，归侨侨眷四万多人，香港同胞八万多人，加起来共有十几万人，这个工作面应该说很大了。侨务工作和华侨华人的知名度都要靠宣传，我们侨联很重视这方面的工作，曾组织编印过一本书叫《华侨华人与侨务工作》，我自己也不断地动手写些东西。另外还向市里党政领导推荐一些相关的资料，包括华侨华人的历史和侨务工作的发展等方面的资料。侨联每次换届时都会把两三份相关资料送给档案局。这样做，对侨联的组织建设和思想建设都有好处。

我曾经参加过市里的先进人物代表大会，被评为市先进工作者。柳州市侨联也曾先后两次被全国侨联评为先进集体。我在职和退休后，确实做了不少侨务工作。我的体会是，侨务工作者一定要团结共事，不团结不仅做不出成绩来，还会出现负效应。

过去马来西亚对中国的态度不太好，现在他们的态度是相当好的。印尼实行了二十多年的反华排华政策，使第二、第三代的华人基本不懂汉语了。我这一辈的印尼华人都会讲汉语，孩子们就不会了。我的小妹夫林志康在印尼当了华文老师，我很高兴。他原来是经营企业的，不久前他跟我说，年纪大了搞企业搞不动了，晚年退休了就干华文教育这件事。现在印尼华文教育的师资需求很大，他在国内拿了一个华文教育的师资文凭。我非常支持他干这件事情，这对国家有贡献，是功垂千古的事情，对海外华侨华人的生存和发展也是一个贡献，是深得侨心的事情。他不但参加了印尼的华文教育组织，还准备恢复印尼的华文报纸、华文学校。我现在已经不会讲印尼话了，我6岁回国的时候还会讲，后来就更没有机会讲了。我小时候的英语也是很好的，我可以用英语和老师对话，后来也都还给老师了，现在一点都不会了。我的祖籍广东梅县的客家话我会讲，我这一辈的海外亲人都会客家话。我哥哥的孩子只能讲印尼话，普遍话和客家话都讲不了。我告诉我的小妹夫，你先教会家族内的孩子们说中国话，然后让他们回到国内来，让他们了解中国、亲近中国。我在国外的那些侄子们、侄孙们、外孙子们全都是大学毕业，他们将来事业发展的前途应该是在中国。

我在印尼的亲人，经常用通信、通话、网络的方式与我联系，他们做些什么，都会告诉我，跟我商量。退休以后，我要用家人的海外关系为国家和地方做一些事情。

到今年为止，我回国已经62年了。从小就回国独立生活，先是从戎戍边，后是为侨服务，这都是我自己的选择，我从不后悔我的选择，也从不后悔回到祖国。

新中国成立已有五十五周年了，建党也已经八十多年了。现在世界上没有哪一个政党能像中国共产党那样顽强、那样强大、那样坚定。我们国家的民主制度也越来越成熟。前不久胡锦涛主席提出了以人为本的主张，这个思想太好了。这就是事事都把我们广大老百姓的利益放在首位，把维护人民的利益放在党的建设的中心任务来考虑。近些年来，我国的贫困地区越来越少了。我们党现在不仅考虑国家的利益，还考虑海外华侨华人的利益，这使广大海外侨胞十分感动和欣慰。

一生为侨服务

——杜文宣 口述

被采访者简介：杜文宣，男，1932 年 1 月出生，越南归侨。祖籍广西南宁，出生于越南谅山，1978 年回国。1950 年起在越南参加工作，1950 年至 1978 年先后在越南谅山、越南越中友好协会任中越文翻译、越南征服抗战委员会华侨理事会常务副主席、越南劳动党谅山市农业部副部长等职。早年参加越南人民军，1978 年回国后，分配到武鸣市华侨农场工作。农场侨联成立后，任侨联副主席，直到 1992 年退休。

采访时间：2004 年 9 月 21 日上午

采访地点：广西南宁武鸣华侨农场被采访者住所

采访者：黄小坚　牛秀梅　谭光盛　王美算

整理者：牛秀梅

（一）

1932 年 1 月我在越南谅山出生，祖籍是中国广西南宁，我在越南读到初中。1950 年在越南参加工作，搞中越文翻译，当时在越北军区，后又调到第三联区，为中国顾问做翻译，1953 年回到谅山大方做华侨青年工作。当时经常有法国飞机轰炸谅山公路，我们必须及时组织抢修，以确保道路畅通。我当时担任越南人民政府抗战委员会华侨理事会常务副主席。当年我还参加了越南华侨代表团回国参加侨务扩大会议和观礼活动。

1954 年，越南政府调我回到河内，在越中友好协会做行政科科长，主要工作就是接待中国来越的访问团，介绍越南情况。三年后，调回谅山搞民运工作，在谅山市祖国战线（相当于中国的政协）担任常务副主席，直到 1978 年回国。

（二）

中越关系紧张后，一些重要的会议不让我们参加，后来提出让我们回中国。当时我们在越南已经住不下去了，生命更没有保障，所以也没办什么手续，就与其他侨民一起经友谊关回到了祖国。

我认识凭祥市印支难民办的一个干部，他接待了我，并安排我做安置难民的工作。两个月后，组织我们这些越南归侨到南宁的"广西自治区难民学习班"学习有关中国的事情，然后分配工作。我被分配到武鸣华侨农场，做领导干部，参加侨联筹备工作。农场侨联成立后，我做侨联主席，一直到 1992 年退休为止。当时农场侨联共有 5 个专职干部，我们的主要工作，是宣传当地和政府对华侨的安置政策，鼓励大家搞好生产，自食其力，自给自足，建立稳定的生活。包括落实归侨人员的工资待遇，并申请经费，每年还组织归侨到外地学习参观。期间还担任过一段时间的侨办主任工作。

当时国家有一个政策，每个归侨如果到外地投亲靠友，可给 2000 元的安置费，这样又有一些人离开去自谋生计。目前尚有越南归侨 3360 多人。留下的归侨中约有 10%～20% 的子女与当地人通婚。1993 年以后，"两费"自理，逐步包产到户。到 2000 年，每亩地交 100 元管理费，很低，社保都交不足，农场前后的债务 1 个多亿，销 5000 万元，还有一半的债务。

"文革"中农场是重灾区。归侨受当地人欺负，但归侨之间还比较关照、团结，没有斗来斗去的。在农场中，有很多周围公社的人来做生意，买房子，归侨对他们不排挤、不歧视。农场的正、副职是上边指派。2000 年起，其他科级干部面向全国招聘。农场后来改为东盟经济园，现在东盟经济园已申请为国家级的省级开发区，2004 年 8 月已有 8 个项目动土，11 个项目签了合同，主要是准备搞旅游、食品（月饼、汉堡包、中西药厂）的开发。

（三）

1977 年初，越南当局公然违背胡志明主席生前制订的对外政策，抛弃了中越友好的路线，在与越南毗邻的中国省份实施"净化边境"的方针，开始有组织、有计划地驱赶华侨华人和边民。

1977 年 12 月 8 日上午 10 点 40 分，第一批难民包德权一家 9 人，从东路 16 号界碑之间越过国界线，从友谊关口岸进入凭祥。在凭祥市隘口派出所，凭祥市公安局、外事办、民政局的干部对包德权一家进行了访问，在谈到为何匆匆回国这个问题时，包老汉气愤地说："今年 10 月，越南当局宣布，为了搞好边境治安，1949 年后从中国来越南的人都要回中国去。11 月

30 日，老街市政府通知我全家务必于 12 月 3 日离开越南返回
中国。12 月 1 日我们乘火车离开住地到河内，在河内住了 5
天，7 日上午从河内坐火车，晚上到达同登后，即上山，在山
上住了一夜，天亮后翻越了几座山岭回到祖国。"

杜文宣夫妇

同月 22 日，第二批难民共 12 户 44 人，从友谊关口岸入
境进入凭祥。其中老街市华人农飞武等 9 户 31 人，柬埔寨华
人刘东平等 3 户 13 人。

为了做好第一、第二批难民和后续难民的接待工作，在
308 军供站设立临时难民接待站，负责安排入境难民的住宿、
饮食、治病及日常行政管理工作。不久，接待干部增至 18
人，滞留在军供站的难民越来越多。

1978 年 4 月以后，开始每天都有大量的难民涌入凭祥，
有时一天就有几百人。据统计，到 5 月 15 日，凭祥市共接待
难民 878 户，3599 人，其中，从友谊关入境的难民有 622 户，

2849 人；从平而关、叫隘、弄尧、弄怀、米七等路径进入凭祥的有 216 户，750 人。当年 6、7、8 三个月是难民进入的高潮，至 8 月底已逾万人。

1979 年 2 月以后，已无成批的难民入境，但从各个入口零星入境的难民仍持续不断。至 1978 年底，难民入境总数达 27510 人。1979 年从凭祥入境 298 人，1981 年从凭祥入境 104 人，1982 年入境 9 人，1983 年入境 14 人，1984 年入境 139 人，1985 年入境 52 人，1987 年入境 40 人，1988 年入境 55 人。截至 1988 年，从友谊关口岸、平而关各山间小道进入凭祥的难民共 33611 人。其中，华侨华人 33239 人，越南人 359 人，柬埔寨人 13 人。

几万名难民携儿带女，扶老携弱，长途跋涉，翻山越岭，几经周折。有的被越方武装人员武装押送而来，担惊受怕，人身安全无法保障；有的妻离子散，家破人亡，满含悲辛；有的在回归的途中染疾而亡，有的甚至被越方武装人员迫害致死。我回国前在越南谅山市担任祖国战线委员会副主席、越南劳动党谅山市农业部副部长，早年参加越南人民军，为越南民族解放和国家统一的革命斗争做出了贡献，从军队转业后，在谅山市身居要职。只因是华侨，被越南当局定为"政治上不可靠的人"，居所每天都有人监视。为躲避迫害，我让未成年的小儿子只身回国，生死未卜。看到眼前的情景，回想自己年轻时跟着胡志明出生入死，几十年的老党员，如今落得个"卸磨杀驴"，自己以及家人的人身安全都没有，禁不住老泪纵横。毅然决定，尽快举家回国。约好了家人，便借故下乡，摆脱了监视，带领全家老小，回到了祖国。我的弟弟杜武宣，原是越南河北氮肥厂的技术员，他的妻子阮氏是越南某省长的女儿，夫妻同厂，感情甜蜜。一家五口，是个极幸福的家庭。在越南公安的驱赶下，杜武宣带着两个女儿从友谊关入境回到了祖国，而妻子和刚出生的小女儿却被岳父强行留在了越南。从此一个好端端的家庭被无情地撕为两半，一半在中国，一半在越南。人生最痛苦的莫过于生离死别。后来，尽管杜武宣被安置到武鸣县城进了工厂工作，生活条件也比较优越，但夜深人静时他看到两个没娘的女儿，想起自己深爱的妻子和小女儿，常以泪洗脸，长期夜不能眠。不到四年，便带着对妻子、女儿的无限眷恋和对生活的无限渴望离开了人世，享年不到41岁。像这样的人间悲剧不胜枚举。

1978年5月10日，为加强对难民接待工作的领导，凭祥市成立接待安置印支难民领导小组，组长由中共凭祥市委副书记卢理养担任，副组长由韦照光（市革命委员会副主任）、何光、韦其领三人担任，下设办公室主任由韦照光兼任，副主任由农干兴、许斌担任。增调32名干部加入接待工作，增设大连城、磨利、北站仓库等三个接待站，每个接待站设站长、指导员、保卫、总务、保管员和采购员，由干部担任。由于难民不断涌入，滞留在接待站的难民越来越多，接待工作人员不足的矛盾日益突出。市委根据实际情况，再次增调干部，接待站工作的人员增到了130人。同时，在各接待站建立难民管理委员会，主任由站长兼任，副主任和宣传、治保、生产、生活、卫生等委员，均由难民酝酿选举产生。又按20户左右编成一个难民小组，由他们自己选出正、副组长各一人，协助接待站做好日常事务管理工作，反映难民意见。

为接待好入境难民，凭祥市粮食局先后组织人员到区内外调回粮食四十多万公斤，市食品公司到区内各地调回肉类六万多公斤，市土产公司从地区各县采购蔬菜四十多万公斤及大量生活用品。

为搞好难民的医疗防疫工作，自治区南溪山医院、结核病防治院、三联医院、干部疗养院、南宁地区医院、防疫站派出医疗队，天天到关口检查疫情，到难民接待站为难民巡回治病。

难民的安置工作根据"面向农村，集中安置"和"因才使用，对口安置"的方针，由自治区统一组织。在凭祥市就地安置455人，全部安排在市区，有的从事教师、医生、职员等职业；有的进入市直机关当干部，谅山市归侨董国全1984年10月还当选为凭祥市政协副主席，任职9年；更多的难侨则进入凭祥市的集体单位，从事各种职业。之后，凭祥市又陆续安置了951名难民。

为了帮助安置在凭祥市的1406名难民的安居与生活，凭祥市人民政府在市中心划地27.42亩建设华侨小区，共安排华侨建房120户。为安置难民，国家承担了很大的压力，更克服了很多难以想象的困难。我们后来的安定生活，凝聚着党和政府的心血，更体现了祖国母亲的关怀。我有5个孩子，都已长大自立，两个在美国，两个在农场，一个在部队，生活很幸福。现在回想起来，我能够回到祖国定居，为祖国发挥能量，这条路我走对了！

坚定地跟着共产党走

—— 方天霖 口述

被采访者简介： 方天霖，男，1921 年 12 月出生于印尼，祖籍福建省福清县，1936 年回国，1949 年加入中国人民解放军，先后参加平津战役、抗美援朝战争等，并多次立功受奖。1954 年转业后主要从事银行、统战、侨务等工作。

采访时间： 2004 年 9 月 23 日下午

采访地点： 广西柳州市友谊路被采访人住所

采 访 者： 林晓东　苏妙英　周育毅　胡修雷　温维祥

整 理 者： 林晓东

　　我在各种表上填的都是 1923 年出生，实际上是 1921 年 12 月出生的，我生于印尼。因为生活所迫，我父亲早年就出国了。出国后，他主要做点小生意。我是 1936 年回到中国的，那年我 14 周岁。促使我回国的直接原因就是上学，当时在印尼住的那个地方还没有华侨开办的学校，回到国内后我才正式上小学。此前，父亲为了让我和妹妹能念书，专门请了一个华侨老师在家里教我们读书，那是私塾性质的学习，学的是"人之初，性本善"之类的东西。我有两个弟弟、一个妹妹。我的老家是福建省福清市，当年我就回到了福清。

（一）

在旧中国，中国人在海外是没有什么地位的。就是做卖火柴的小生意，如卖龙字牌的火柴也要受到限制。在荷兰人殖民统治时期的印尼不让学中文，当地也没有中文学校。我父亲那时请私塾老师到家里来教书，也是偷偷摸摸的。

我最早所受到的爱国教育是在八九岁的时候。当时十九路军在上海抵抗日军，在我住的那个地方有很多华侨自发组织起来上街游行，受到了当局的镇压，但华侨仍不屈不挠地支持祖国人民的抗战。后来我萌发了要回国的想法，和朋友商量后决定结伴回国。父母知道后，虽然舍不得，但也没有阻拦我，加上父亲也想让我回国上学，进正规的学校，接受正式的中国传统文化教育，他们也就任由我回国了。

当时我舅舅在福清老家当县长，反对我回国，他是怕我回来后找他的麻烦。但我还是义无反顾地回到了祖国。我当时的年纪还小，还要依靠家里寄钱回来供我读书。我舅舅虽然是当时的县太爷，但我没有去找他，而是住在一个叫何明进的人家里，这个人和我父亲是结拜兄弟。回国后不长时间，抗日战争就爆发了，印尼那边没有办法再寄钱回来了，所以我小学也就只读到四年级。我当时是在教会学校里读书，没钱上学，又无法再回印尼，只能在这个学校里靠打零工维持生活，干一些割草、打柴这样的粗活，以备学校冬天取暖。到了耕种季节，耕地、插秧这些农活我也干。

1942 年，为了生活，也为了抗日，我们一起从印尼回国的三个朋友就决定去当兵。我们当时加入的是国民党部队，在国民党第三战区海军陆战队当兵。我们在国民党部队一直干到日本人投降，所在部队参与了当时在浙江温州举行的受降仪式。日本投降以后，我们三人就主动要求回老家，当时我们参军就是为了打日本，日本人被打败了，我们也不想在国民党军队里继续呆下去。因为国民党军队中官兵不平等，士兵根本没有地位，当官的张嘴就骂、抬手就打，甚至还有割耳朵、剁手指这样的事情，国民党军队还欺负老百姓，这是最让人不能忍受的。我们这些海外归侨看到这种情况，总感觉这不是我们应该呆的地方。未等退役申请获得批准，我们就偷偷地跑回了福清老家。

回到老家以后却发现家里已经没有人了，生活顿时没有了着落。而且，我是作为部队的逃兵跑回家的，所以还得处处提防再被抓回去，我只能以捡破烂、拾粪为生。后来，在福州当保姆的一个婶婶回到老家，我就跟婶婶一起过，算是有了一个家。到了1947年，国民党的政权已经摇摇欲坠，前线急需兵源。不幸的是，在一个很偶

方天霖在接受采访

然的时候，我又被国民党军队抓去当了壮丁，这是1947年下半年的事了。被抓后，我被编入补充东北战场国民党部队的兵源。一起被抓的还有很多人，我们很快就从闽江马尾坐船被押送到上海，在上海又换乘美国的大运兵船抵达辽宁葫芦

岛。那年9月份东北就已经开始下雪了，下船后我们又坐火车前往沈阳，由于天气太冷，乘的又是没有任何取暖设备的闷罐运兵列车，我们这些南方去的人哪经过这么冷的天，没多长时间，有几个人就被活活冻死在车厢里。我还算万幸，几个弟兄紧紧地抱在一起挺过来了。列车到沈阳后，我们很快就被编入东北国民党军的正规部队。编入部队后，和我曾经看到过的国民党军队的情况一样，当官的欺负当兵的，打骂士兵、克扣军饷的事经常发生，当官的大鱼大肉，当兵的饥寒交迫，我很是愤懑。

我在国民党正规军里又呆了一年多一点的时间，辽沈战役中我投奔了解放军。在东北战场上，像我这样的人很多，我们这类人当时被统称为解放战士。在国民党军队里，我们在行军途中就可以收到共产党军队的传单，很多弟兄都不识字，不知道上面写的是什么，我读过四年书，能认得传单上的字：欢迎国民党军队中的弟兄们加入中国人民解放军，国民党眼看就要完蛋了，不要再为国民党卖命了。我把传单上的内容讲给其他弟兄们听，大家都觉得这些话正说到心坎上。

我在福清老家的时候就曾经听说过共产党的军队好，是老百姓自己的队伍。但那个时候在南方找不到共产党的正规部队，有的只是游击队，他们神出鬼没的非常不好找。到了东北以后才见到了共产党的正规军队——东北解放军。到辽沈战役的后期，国民党军队被解放军打得七零八落，已完全没有什么士气了。战场上的秩序非常乱，当官的只知道自己保命，根本没有心思再去管当兵的。当时我就和几个要好的弟兄商量择机逃跑。一天，我们几个弟兄瞅准了机会躲到了老百姓的家里。当共产党部队打过来的时候，我们就投奔了解放军，当时我是扛着一门六〇炮投降的。我们被解放了以后，按照共产党的政策，想回家的可以回家，并发给路费，和我一起逃跑的另外两个弟兄选择了回家，他们回到家后还给我来信说顺利到家了。我是一个海外归侨，国内没什么亲人，没有正经的家可回，再加上我早就听说共产党的军队是人民的子弟兵，是老百姓自己的队伍，原来找都找不到，现在就在眼前，还有什么可说的呢，就毅然地加入了中国人民解放军。

（二）

加入中国人民解放军以后，感到和在国民党军队完全是两样。在人民军队里我首先感觉到的就是官兵平等，官兵之间是革命同志的关系，军事民主、尊干爱兵，不论是哪一级的领导都没有架子。而且在战斗中，当官的总是身先士卒带着大家往前冲。我真切地感到解放军是咱老百姓自己的队伍，在这样的队伍里就是战死了也值得，这才是我应该呆的地方。

辽沈战役结束以后，我们第四野战军十万大军从东北解放区连夜入关，一路急行军奔袭到天津郊区。部队入关沿路的场面感人极了，老百姓都出来夹道欢迎，给我们送水送饭，帮我们扛这扛那。部队走到哪里，老百姓的小车和担架就跟到哪里。每到一地，老百姓都把最好的房子腾出来给部队住，把最好的东西拿出来给子弟兵吃。部队当然有自己严明的纪律，不拿群众一针一线，官兵们都睡在窝棚、马圈、羊圈里，如果当地有学校和大一点的村公所，部队的宿营条件就会好一点。部队越是这样，老百姓就越觉得解放军亲，就越认为解放军是人民的子弟兵。我真是被接触到的这一切感动了，在国民党的军队里哪能见过这个阵势，这边是雄纠纠气昂昂的解放军大军入关，那边就是浩浩荡荡的老百姓扛担架、送粮、送弹药车水马龙似的队伍。我心里说，这样的军队不打胜仗那才怪呢！

我很荣幸地参加了平津战役。当年毛主席下了死命令，在1948年的春节以前一定要拿下天津，从而逼迫在北平的傅作义部队投降。我当时所在的部队是中国人民解放军第四野战军46军137师409团一营一机炮连。我们46军在平津战役中的作战任务是攻打天津南门，天津南门的地势是平原，易守难攻，是整个战役最难啃的硬骨头。在平原作战首先就是要挖战壕，我们在这边挖战壕，国民党的守城部队就会不停地往这边打炮，战斗还没有真正开始我军就有了不少伤亡，但顶着炮火也必须把战壕挖出来，否则攻城的部队伤亡会更大。挖了三天三夜，我们就把战壕挖到了护城河边，差不多挖了有一公里。

攻打天津南门的战斗是异常惨烈的，整整打了九个小时，消灭国民党军队29万人。攻打天津南门是平津战役的重点，虽有坦克部队配合攻城，但在平原上作战，还得主要靠战壕掩护，只有少部分人可以跟在坦克后面。敌人的炮火非常密集，给我们造成的伤亡很大，特别是在攻城的时候，伤亡尤其大。我们连担任的是主攻任务，打到最后就剩下两个人，一个是我，还有一名副班长，副班长虽然还有一口气，但他的胳膊已经被打断，负了重伤。因为我在国民党军队里两次当兵，受过正规的军事训练，什么样的武器都会使，最后就是我一个人坚持到后续部队上来接替我们，接替我们攻城的部队是二野的刘邓大军所部。攻打天津南门的那场战斗相当残酷，死的人非常多，我们团三个营长全部都牺牲了，那仗打得太残酷了。

辽沈战役结束以后，我们这些解放战士虽然都被编入到四野的各个部队，但是我们穿的仍然还是国民党的军装，因为当时的解放战士人数太多，在短时间内不可能给每个人都配发新军装。在打天津之前，由于军装的问题我的情绪很不好，连长开始还以为我是怕打恶仗，就来安慰我，做我的工作，和我谈心，晚上还和我睡在一起。我就跟连长讲，我打仗是不怕死的，我也做好了在战斗中牺牲的准备，但我有一个顾虑，如果我在战斗中牺牲了，我还是穿着国民党的军装倒在战场上，那谁知道我是人民解放军的战士啊！我把这个顾虑说出来以后，引起了连长的高度重视，他立即把这个问题逐级上报，一直上报到军首长那里，军首长也非常重视。当时四野的战士有百分之三十都是解放战士，在战场上冲锋陷阵倒下以后都存在这个问题，这个问题必须解决。当时军部就想了一个应急的办法，给我们每个人发了一条白毛巾作记号，不管穿什么衣服，都必须在自己的左胳膊上系上白毛巾，并在衣服里面的左前胸处写上自己的部队番号。这样一来，问题就算解决了。

天津南门打下来后，我随着刘邓大军继续攻打天津的日本街，因为各种武器我都会用，还会使六〇炮，为战斗的胜利起了重要的作用。打下天津后，部队召开了庆功大会，给我记了一次大功，表彰我作战勇敢。

平津战役以后，部队进行了重新调整，因为战役后期我是跟刘邓大军打的，战役结束后我就参加了刘邓的部队。

（三）

三大战役结束、人民解放军打过长江以后，部队的行动就比较困难了。因为长江以南基本上都是新解放区，老百姓不了解我们。

我记得很清楚，当时我们从江西打到湖南浏阳县，两天都没有吃东西了，最后实在饿的没有办法就吃地上的嫩野草。我们每到一个村庄，老百姓都躲起来，甚至把锅弄到水塘里面藏起来。老百姓见到我们就跑，说共产党共产共妻，女人和年轻人都跑光了，只剩下老人和孩子。记得有一次，我们走到一个村庄，正好看到有一家院子里晒着红薯干，我们实在是饿急了就吃了一些。部队到了长沙以后，指导员命令我们几个吃红薯干的人检讨，接着就是大会小会地批了我们好一阵子。后来部队找到了当地的游击队，这才弄到了一点吃的东西，游击队给我们提供的主要食物是炒米，炒米那个东

方天霖大学毕业证书

西吃了以后不好消化，吃什么拉什么，但其它又没有什么东西吃，只能吃炒米，我胃出血的毛病就是那个时候落下的。

渡江战役以后，国民党军队是兵败如山倒，人民解放军是横扫千军如卷席，基本上就是解放军追着国民党兵的屁股打，但我们的部队必须要跑过敌人的汽车轮子。那是七月份，南方天天下雨。我们每天都要走一百多里的路，我的脚走烂了，我的裆部两边也都磨烂了。有一次在行军途中，我一瘸一拐地往前走，师长正好骑马从我身边路过。他看我走路很吃力的样子就说："小鬼，上我的马吧，把背包和枪给我。"说着就把马缰绳交给我，让我骑他的马。我顿时就被感动了。在国民党军队里绝对没有这种事，当官的看当兵的不顺眼真有枪毙的。真是两种军队两个天地啊，这方面我的体会是很深的。开始我不知道他就是师长，只觉得他肯定是个大官，后来警卫员向他报告的时候我才知道他是师长。当然，我执意不骑师长的马，因为当时像我这种情况的战士很多，战士们都能坚持，我骑上了师长的马算怎么回事啊，更何况师长还有重要的军务在身，我无论如何也不能骑师长的马。师长看实在拧不过我，就没有再继续让，但师长给了我一些吃的，让我保重。

我们就是在和国民党军队赛跑，他们坐着汽车跑，我们凭着两条腿跑，最终他们还是跑不过我们，我们的两条腿超过了他们的汽车轮子。我们无论是白天黑天、晴天雨天都在跑，他们走的是公路要绕行，而我们却是爬山直行，走山路是很不容易的，不能太快，也不能太慢，还要时刻注意脚下。我们是中速行走，每天要走十几个小时。后面有救护队、收容队，我们战斗部队只管往前走，跟不上队的就被后面的部队收容了。当时行军基本上没有伤亡人员，只是在爬山的时候偶有失脚摔下山伤亡的人。

部队就这样一路打到了大西南，在湘黔山区剿匪的那段经历更艰苦了。开始我们是在湘西剿匪，也就是在那时我入了党，我记得很清楚，是 1949 年在湖南祁东道县剿匪的时候。在革命战争年代，入党就是要不怕牺牲，遇到最危险、最艰苦的事抢着去做。

那时部队有三大任务：一是剿匪；二是建立人民政权；三是搞生产，帮助地方建立民兵组织。

湖南与广西交界的地方土匪最多，当地的土匪非常嚣张，到处悬赏抓我们的人，抓一个士兵给多少光洋，抓一个排长给多少光洋，都是有明码标价的。那个时候当地的老百姓根本谈不上什么觉悟，为了拿几个赏钱都来抓我们。在当地的土匪中，有很多都是国民党军队中的残兵败将，在正面战场上他们打不过我们，就利用土匪武装来对付我们，并采取一切办法收买群众来整治我们。在剿匪中我们对老百姓是绝对不能开枪的，宁可自己牺牲都不能开枪，那个仗是很难打的。

我们一边剿匪，一边还要宣传教育群众，帮助当地建立人民政权，建立民兵组织。我们做了很多群众工作，帮助他们干了很多事情，做了很多的宣传。我当时是爱民小组长，在群众中做宣传，为群众做好事，慢慢地军民关系就逐步改善了。我们做的工作就是取信于民的工作，只有把工作做到位，人民才能拥护我们，革命才能取得胜利，这个观念在当时是很明确的。这个观念在我的思想里也是深深扎根的，至今也没有改变。我的这个观念，现在就落实在为侨服务上面。

部队进入广西剿匪难度就更大了，当地很多老百姓的手里都有枪，我们在做爱民工作的时候，经常会被抓，但我们从来不伤害老百姓，和在湘西剿匪一样，就是做宣传、做好事，老百姓最后还是被我们感动了。我们走的时候他们都哭了，不让我们走。我们就是靠爱民的心、严明的纪律来取信于老百姓，我们说到做到，宁可牺牲自己也要爱护人民，我们部队在湖南和广西剿匪花了二年多的时间。1951年我被调到长沙第四高级步兵学校去学习。学完以后，就被调到了空军部队，即广州军区空军第七师警卫营，主要任务是机场警卫。在广州军区空军呆了一年，我又被调到上海，负责虹桥机场的警卫任务。从上海又赴朝参战，在朝鲜没呆多长时间又被调回广州，因为那个时候国民党的飞机经常在广东上空骚扰，我们又担当起保卫广州机场的任务。

（四）

1954年我转业到地方，被分配到广西柳州银行系统工作。我只上过四年学，文化程度不高，转业之前专门上了文化补习班，从最基础的文化课开始学，从一加一等于二学到X加Y。我记得是在汉光中学补习的文化，是广州来的老师教的我们。当时部队转业的人很多，从师长到连长都有，当兵的只有我一个。我所在的那个班有四十多个人。我是四年级的初小文化，虽然程度不高，但在那个班里，我的文化水平还算高的，有的课程我还能当老师。从战争年代走过来的部队干部很多都是文盲，只能一个字一个字地从头学习。那个时候的学习条件非常艰苦，背包当座、树枝当笔、地当纸，拿着树枝在地上写字。我在野战军的时候，曾在连队当兼职文书，文化水平相对也是高的，也教大家识过字。在湘黔地区剿匪那会儿领导分配我做爱民工作，也是因为我有些文化，征求群众意见、写个感谢信什么的都是我的事儿。由于当时有这样的优势，在工作中又努力，我还得过一个"艰苦奋斗奖"呢！

文化课学习结束以后，我就转业到环江县银行当副行长，一直当到1960年。当时印尼排华，有大批回国的归难侨要及时安排，需要大量的侨务工作者。因为我是归侨，又在部队工作多年，组织上就调我到地委统战部工作，负责归难侨的安置，当时的侨务工作是由统战部管的。除了侨务工作，我还分管少数民族工作和对台工作，那个时候地区没有侨办、侨联、台办、民委这些分工明确的部门，所有这些工作都落在统战部。那时，地委统战部只有6个人。

当年侨务工作就是要关心爱护归侨侨眷。归难侨生活比较困难，中央有专门的侨务政策，每个月要保证归侨有半斤猪肉吃，每人必须保证有半斤面粉，过年过节要保证供应烟酒等等。我的工作就是保证侨务政策在基层的落实，宣传侨务政策，让领导和各个有关部门了解党的侨务政策和归难侨的实际困难，从而保证相关政策能够得到有效的落实。毛主席说过，政策和策略是党的生命，我们侨务干部做宣传和落实侨务政策的工作，就是在广大华侨华人和归侨侨眷中维护党的声誉。我一直是从这个高度来认识侨务工作的，只要是归侨有困难，不论他们找没找到我，我都要想尽办法帮他们解决。

要做好侨务政策具体落实的工作，就得找那些能解决问题的人，找市里面的主要领导，找统战部门的领导，找银行的负责人……谁能解决问题就找谁，一次不行两次，两次不行三次，反复地向他们反映问题，直到解决问题为止。我向他们宣传海外华侨和归侨的作用，向他们讲华侨在中国革命和建设中的重要作用，讲华侨对中国外交的作用，讲万隆会议前后华侨所做的工作，讲促使李宗仁回国的华侨所起的重要作用，等等。这样做了多方面的宣传工作，让大家都了解华侨华人和归侨侨眷，了解我们党的侨务工作和侨务政策。这些宣传，在现在看来没什么，都是应该做的，但在认为"海外关系复杂，不能信任，是反动的社会关系"的那个年代，是要冒很大风险的。我是一名归侨，受党教育很多年，充分地相信党的侨务政策，我也敢于用事实来回击认为华侨归侨是特务，侨汇是特务经费等等那些不着边际的论调。

我是1961年调到柳州地区统战部的，1963年又调到来宾华侨农场。到农场工作是我自己主动要求去的。六十年代初印尼排华的时候，我与远在印尼的家人中断了联系。调到统战部以后我给外交部写过一封信，请求他们帮助我寻找在印尼的亲人。信发出后的第一年没有找到，第二年外交部就给我来了一个电报，祝贺我双亲已经找到了。于是我就打报告给地区统战部，要求接我父母回国。在组织的帮助下，我父母顺利地回到了祖国，被安置在来宾华侨农场。我小弟是1960年回国的，他被安置在福建长山华侨农场，我一直不知道小弟回国的消息。父母回国以后，我才知道小弟已经先期回国，母亲执意要让小弟调到广西这边来。于是，我又给地区统战部打报告，小弟也被调到了来宾华侨农场。这样一来，我父母、弟弟、弟媳和两个侄女、一个侄子就在来宾华侨农场团聚了。我在地区统战部是分管侨务工作的，具体负责归难侨的安置，有关的钱和物都归我管，但为了与家人团聚，我放弃了在地区统战部的稳定工作，主动要求调到来宾华侨农场。到农场后，我任场供销科科长。

刚到的时候，整个农场还不像样子，现在像样一点的房子都是我去了以后组织大家盖的。我每年的具体工作就是保证农场的粮食供应，保证农场职工每个月三斤猪肉、两斤油，并接待印尼归侨、越南归侨，在全国跑基建材料，为职工盖房子。因为我在地区统战部的时候就热心为归侨侨眷办实事，所以调到农场来了以后，归侨侨眷有很多事还是到农场来找我帮忙解决。我们农场"文革"的时候没怎么乱，跟部队一样，管理得很有序，从没有发生过打人、抄家的事情，老归侨们也都没有被冲击，我们农场和周围农村群众的关系也很好。

"文革"中我受到了一些冲击，主要原因是某些领导借机整我。我这个人官不大，但是个老资格，在战场上滚过，我比较爱给领导提意见，看不惯的事我总是要提出来。

我认为，一个领导的品质好坏关系重大，不只关系到他个人，而且关系到整体、关系到全局。所以，经常给领导提意见。那个时候，我只要看着不对的事，不管是党委书记，还是场长，我都要批评。我看到他们做的事情不符合中央的精神，就打电话让他们到我这儿来，或者我上门去问他们为什么要这么做，这样一来就把他们给得罪了。农场领导之间不团结，争权夺利，我看不惯也要说。我毫不客气地指着鼻子责问他们：你们这样搞怎么教育下面，怎么能有说服力，怎么能带领大家把农场建设好。某些领导就把我看成了眼中钉、肉中刺，总想找点理由来整我，再加上我曾经两次当过国民党兵，要整我，很容易找到理由。于是，他们撤了我的科长职位，把我降成一名普通的采购员，他们还给我扣上"三反分子"和"特嫌"，反党、反社会主义、反对人民公社，日本特务嫌疑、国民党特务嫌疑等大帽子。直到十一届三中全会以后，我才得到彻底平反。

我父母回来以后不长时间就赶上了"文革"，所以特别后悔回国。我自己也受到了冲击，更没有办法照顾好父母，我当时也感到后悔。

"文革"中，社会上搞派性斗争，铁路公路都不通，但我是采购员，必须保证农场的物资供应。那个时候不让我当科长，我是可以不负责任的，但我这个人做工作从来不讲地位，凡是我认为正确的事，是对人民有利的事，都会自觉去做。除了在"文革"中我被整的那段时间，我每年都是先进工作者，每年都获得奖状，不是立功就是授奖，年年都有。1978年十一届三中全会以后我官复原职又当上了供销科长。回想我这一生，不论是在出身入死的战场上，还是在和平年代为侨服务的工作中，我不求别的，就是坚定地跟着共产党走，为老百姓做点实事。

1981年，地区成立侨联，组织调我当侨联副主席。地区侨联企业就是我一手搞起来的，我曾经在银行工作过，在银行系统中有些关系，我就利用这些关系贷款建起糕点厂、服装厂等一些企业。1983年，我正式离休，离休以后我还是继续做为侨服务工作，就是用我长期建立起来的信任关系来做工作，很多人有事情还是习惯来找我。为了给归侨侨眷办事情，我自己花了很多的钱，累计恐怕有好几万了。我做的事从来不让人宣传，感觉这是自己应当做的。

　　我现在已经84岁了，但只要归侨侨眷有问题找到我，只要我能帮助他们解决的，我都会尽力去做。我帮助归侨侨眷做点实事，精神上有这么一点实实在在的寄托，可能还能多活几年呢！只要还能做得动，我就要继续做下去，一直到我生命的终点。

勤勉教学，奉献一生

——封嘉显　口述

被采访者简介： 封嘉显，男，1939 年生于泰国，10 岁回国读书，1953 年，高小毕业，到县城读中学，1959 年，考上桂林广西师范学院物理系，1963 年被分配到南宁市工作，1966 年参加"四清"，"文革"中受到冲击。1984 年被任命为南宁市第十五中学（职业高中）副校长，教学成绩突出。1999 年退休。1985～1986 年任南宁市政协委员，先后任南宁市永新区第一、二、三届政协副主席（兼），南宁市侨联第三、四、五届委员，六届常委，七届顾问。

采访时间： 2004 年 9 月 21 日

采访地点： 广西区南宁市新兴苑被采访人住所

采 访 者： 巫秋玉　张丽琴　陈小云

整 理 者： 陈小云

（一）

　　1939 年，我出生在泰国也拉府勿洞市"广西村"，因为那个地方绝大部分都是广西人，所以就叫广西村。祖父是第一代去那边的，到我算是第三代。勿洞市在泰国与马来西亚交界处，祖父先到马来西亚，再越过马泰边界，最后来到勿

洞。该市百分之八九十为华人，大多还是广西容县人，祖父
作为第一代移民在那边辛勤开荒种地，到我父亲时，仍然在
继续扩大橡胶园的面积。当时我虽然小，但是开辟橡胶园的
场景，我还是有一点印象的：在一片热带原始森林里，那些
参天大树，用斧头一点一点地砍，砍倒以后，放在太阳下暴
晒一个多月，再用火烧，这样开辟出一片空地，先种一茬稻
谷，再种橡胶。我父亲二十多岁从广西容县到泰国勿洞市，
种植橡胶园，现在仍然住在那里。

　　大约是 1943 年，为了躲避日本人的大刀队，半夜三更，
母亲背着我跑到大山里，躲在山里，躲了大约个把月，等到
日本人走了，我们才从山里出来，回到住的地方。

　　还有一件事说明在国外我们华人具有团结性，说明在国外
我们华人具有团结性，就是有一次一个在勿洞的一个华人扛着
盖房子的材料，在回家的路上，竟然被当地人给杀了，我们华
人就发动起来去找尸体，后来终于在山沟里找到了，几十人抬
棺材上街游行抗议，跟在后面的有好几千人，声势浩大，显示
了我们华人的强大凝聚力。还有就是我曾在勿洞市华人集资办
的学校——南华学校读书，约有两年的时间。记得那时南华学
校是木板墙壁，顶棚是一种棕榈树的叶子，条件很艰苦。

　　其它的事，因为年龄小，就没什么大的印象了。

（二）

　　因为当时泰国强制推行泰文，禁止华文，父母决定把我
送回国内读书。想让我在国内读完书之后再去泰国。从这个
地方就可以看出，老华侨在国外仍保持接受中文教育的习惯，

不太习惯接受当地的文化教育。

我是与叔伯、堂哥一起回广西的，父母仍留在泰国。当时我小，还没有中国概念，只有华人、唐人的概念，知道华人与马来人是有区别的，回中国叫回唐山，国家的概念也很模糊，就知道要回老家，叔父伯父在送回我们小孩后又回泰国去了，我们小孩就被留下来读书。

回来后由祖父照顾我们继续读书，读小学。1949年底，广西解放。当时看到国民党的逃兵跑到我们那边村民的家里找东西吃，解放军就在后面追他们，然后把他们打散、打跑。

1951年，我在高小读书时，正好赶上土改，工作队让我帮着画图，就是画土地的形状，丈量土地。高小有好多学生的，却只叫我一个人去画图，我自己也搞不清楚什么原因，我就去了，工作很辛苦。由于是第一次工作，我非常认真，起早贪黑地干，碰到山边上的地，可会有野兽出现，但是当时也不觉得有多么怕。1953年高小毕业，在县城里读中学，

封嘉显近照

目睹了社会上的几次运动，如"三反五反"、"反右派"等，参加了大炼钢铁运动。

1959 年，我考上了桂林广西师范学院，被分在物理系。四年学习中，曾参加过兴修水利，那时经常劳动到半夜三更，但是劳动热情却很高，给堤坝挑土时，我一个人挑两担。现在想想，应该是当时年轻，所以也没什么顾虑或者负担，就想着要建设祖国，因而很主动的，积极性就很高。当时物理系组织华侨学生搞活动，我也是比较活跃的一员，积极参加侨生的活动。

1963 年 8 月，我到南宁工作，可能是系里的领导比较了解我的情况，知道我是侨生，所以照顾我，直接把我分在了南宁，而当时其他同学都是要先下乡锻炼一年的，现在回想起来心里真的十分感谢当时组织上对我的关照。

（三）

1966 年 2 月，我参加"四清"工作队，在市郊群益大队，与村民"三同"——同吃同住同劳动。这个阶段的"四清"与前一阶段"四清"的工作内容是不一样的，前面一个阶段是要整人的，我们这一批主要是以教育人为主。我当时是住在一对六十多岁的老夫妇家，他们没有子女，家境很贫寒，我就住在他们家的厅里。当时条件是可想而知的，一般是吃稀饭，基本上没有什么菜，当地的农民很少洗澡，因为挑水很远，我去了之后，就帮他们挑水做饭。在生产队里则做力所能及的农活，下田、挑粪、插秧等。在那里大约有三四个月时间，现在觉得，当时这种艰苦的劳动锻炼了我，觉得经历过这个困难之后，以后也没有比这个再困难的了。

封嘉显青年时代照片与参加南宁市科技教育战线先进工作者表彰时的胸签

"文革"开始后，大约是6月份，我被调回学校参加"文革"，当时因为基本上已经停课了，就骑车到广州"串联"，按现在的话讲其实就是旅游，我们这支教师队伍骑了二十多天，一路欣赏风景。其他时间我主要在学校护校，由于我一直没有暴露我的归侨身份，而且因为工作时间短，又参加过"四清"，学校许多人不清楚我的归侨身份（虽然档案上是有的），虽然没有受到大冲击，但是也经受了批判、抄家、派性斗争和"文革"动乱之苦。当时经常带着学生下乡，参加春种秋收，下工厂锻炼，这种活动较多，教学工作很少。

我工作前是有侨汇的，是父亲通过中国银行汇给我的，工作以后基本上就没有再向家里要过钱了。1966年到1980年间，我与国外的亲戚没有任何联系，他们也不知我的生死，我也没有给他们写过一封信，因为众所周知的原因，怕被扣上一个里通外国的罪名。"文革"后与国外联系，才知道有一个弟弟已经去世了。

（四）

因为"文革"中没有跟风，平时表现一向比较好，所以1977年，被评为南宁市科技教育战线先进工作者。1984年，被任命为南宁市十五中（第二职业高中十五中是原南宁市七中的分校，后来分立）副校长，之前我是物理教研组组长。

十五中是南宁市第一个开办职业教育的学校，因此我的工作积极性很高。因为我过去下工厂劳动过，在实践操作技术上有一定专长。后来我又利用业余时间学习计算机，辅导学生学习计算机，准备参加全国比赛。我把我的休假和中午休息时间都用来培训参赛的学生，当时我们也不敢说能在全国得奖，只是觉得有的学生打字比较快，就想着去试试，结果就得奖了。如陆胜忠参加1991年"浪潮杯"全国十六城市职业学校微机比赛获汉字录入组三等奖；1992年杨新光同学在全国职业中学"浪潮杯"微机比赛中获微机录入技术组三等奖。因为我在职业教育领域做出了一点成绩，先后多次获奖，如：1991年被评为广西区职业技术教育先进工作者，1995、1996、1997年被评为南宁市永新区连续三年中小学"爱科学月"活动中学组优秀科技辅导员。1996年1月被评为南宁市优秀科技组织辅导工作者。

当时的困难是很多的，但是因为我曾带学生去工厂劳动，学到了很多机械知识，所以做起来就比较顺手，搞得有声有色。后来我办了一个计算机专业，在全区都比较有名，我也比较欣慰，自己的辛苦没有白费。我在学校里曾负责制订教学计划、教学大纲，因为以前也没有人搞过职业教育，所以基本上都是在摸索中前行的。另外，我还曾经参加过全国职业教育的专业教材编审工作。

我做过的社会工作经历有：南宁市政协委员（1985～1986年），1987年起连任南宁市永新区政协第一、二、三届副主席（兼）。还先后担任了广西区南宁市侨联第三、四、五届委员，六届常委，七届顾问。

1999年退休。

（五）

在我看来，广西和南宁市侨联工作做得越来越好，有声有色，很重视与海外亲人的联系很重视，对待回来看看的海外亲人非常热情，如我弟弟——封嘉盛是泰国广西会馆的副理事长兼秘书长，近年来，曾多次组织亲友团一行十多人，回国探亲，受到当地侨联的热情接待，政府主要领导都出面接见并招待。由此可见，侨联有和没有是很不一样的，有了侨联，海外华人回国就方便多了，回来能真正感受到家的温暖。

我认为编写华侨历史的工作要加强，而且很迫切，因为老一辈华侨越来越少了，像我父亲这样健在的就更少了。

我父亲非常爱国，很爱看泰国的中文报纸，关心祖国，热爱家乡，反对"台独"，盼望统一。我父亲二十多岁漂洋过海，辛劳一生，直到1988年才第一次回国探亲、祭祖。随后每隔两三年都回来一次。当他看到家乡的宗族祖屋倒塌了二十多年都没有人打理时，他慷慨出资赞助，建好了新的祖屋，受到了乡亲好评。父亲现在已有九十六岁高龄，仍在勿洞居住，原来的橡胶园也还在，但是缺乏劳力，今后不知怎么办，他的子孙辈几乎都在曼谷工作和生活。

我们封氏宗亲会（在勿洞）经常有联谊活动，现在正在编辑族谱，据说发源地在河南开封，当时有一封氏官员到广西容县当官，传到我这一代是第23代。

我认为与海外的联谊工作对侨联的侨务工作是很重要的，要加强，特别是文化交流，充分利用原来有华侨补校（南宁就有）的优势，让侨居地的华侨青年回来学习一段时间后，就能够培养起对祖国的感情，回侨居地后，能扩大当地华侨对祖国的认识，这种文化交流是很有意义的。比如勿洞有一位青年来南宁学习两年后，现在泰国合艾市作华文教师，传播着祖国的文化。通过联谊交流，如夏令营，让年轻人交流，开办华文教育，进行短期培训，可加强华人青年的中华传统文化观。

三部委颁给封嘉显的荣誉证书

为通侨汇走香港

——封祖暹　口述

被采访者简介：封祖暹，1931 年 4 月出生于泰国，1939 回国，曾任广西容县侨联主席，1998 年退休。

采访时间：2004 年 9 月 24 日下午

采访地点：广西容县侨联

采　访　者：黄小坚　牛秀梅　谭光盛　钟萍　封进坚
　　　　　　　黄海琨　李良

整　理　者：黄小坚

（一）

1931 年 4 月我出生于泰国口也啦府勿洞县甲美港。父母及伯父母以经营橡胶园为业。当我长到 7 岁时，父母就与各同胞商议，在我家旁搭一小屋，请了个老师来教我们几个小孩学中文。

但好景不长，次年泰国就不准教中文了，华人子弟要读书都得到泰文学校，长大了还要去当兵。说到当兵，我父母就怕到极点，因为我的堂兄弟就是由于在祖国要当兵做炮灰，才被迫逃离故乡、到泰国避难和谋生来的，否则就会被封屋捉人。为了让我不当泰兵，父母亲与其他华裔一样，忍痛决定将我这个独子送回唐山（中国）、回到老家读书。他们当时还说，回去避过几年，也可学到一些祖国文化，未尝不好。

于是，我便在1939年从泰国勿洞回到老家容县杨梅四端上学。

说到回国，在那时真是辛苦极了。我们是从勿洞埠出马来亚高呼埠再到槟城，然后从槟城搭小船到新加坡的。到新加坡后，再转上一艘较大一点的人货混装船，经越南西贡装米后过香港，最后从香港到当时叫广州湾的地方（即今湛江）登上了祖国大陆。从槟城到广州湾，足足坐了十五六天船，由于船小浪高，不少人吐到连东西都不想吃，被折磨得走路都晕头转向。当时，从广州湾回容县的道路本来行驶的汽车就少；由于日本侵略我国，为了阻滞日军车队行动，主要公路已经被挖坑断行，因此我们已无车可搭。这样，大人们就只好走路了，我们小孩子则雇请民工用箩筐一头一个地挑着走。也不知坐了多少天的箩筐，才到了我们的故乡——容县街。到容县街后，我们又换坐轿子上路，这才到了四端祖家。这次从泰国回故乡，足足花了二十多天，真是苦不堪言。

总算平安抵家了，我祖父母等家人都非常高兴。他们都希望我能好好地读书，学好本领，以便重返泰国谋生。那时自己年纪尚小，没有主见，一切听从父母安排，对于回国学习及定居，是没有思想准备的。但当我1949年冬初中毕业时，容县已经解放，返泰道路不通，无法回去随父母工作，因此在国内务农，成家立业。

（二）

解放后不久，便开始了农村的土地改革。由于当时的土改政策，我家因侨汇较多被评为华侨地主（后正式改为富农）。在这期间，我还跟同样在泰国出生的彭楚琼结了婚。她比我小一岁，是1944年回国的。

封祖暹近照

对于我这个华侨仔来说，农村的活儿并非易事。当时自己年少体力差，一切农活都未曾干过，所以感到非常辛苦。幸得我伯父随时指教如何犁田种地、播种育秧、施肥除草等，通过一两年的实践，都熟练掌握了。我不仅会种田，而且还种得比别人好。

正因如此，在我家获提前改变成份后，我于1957年被选为华侨代表到自治区参加侨代会，接着又被推选为归侨代表进京参观全国农业展览，还参观了军事博物馆以及故宫、颐和园、天坛祈年殿等首都名胜古迹，真是荣幸极了。更使我兴奋的是，在参观农展期间，我与全国各地代表一起在中南海怀仁堂旁得到毛主席、刘少奇主席、周恩来总理、陈云副总理以及邓小平、朱德、贺龙等7位中央领导人的亲切会见并合影留念。作为一个普通的归侨，能够获得如此殊荣，是令我终身难忘的。只可惜当时因经济困难，没有订这张千金难买的照片，这是我一生的憾事。

（三）

　　说起赴港，那是在我参加工作两年以后的事。

　　当时县内传说，某国一华侨是搞侨汇的，准备在某年某月抵达香港，要与大陆人联系商谈开展侨汇业务问题，因此中共容县县委统战部就跟我商量，有意叫我往港与他接洽，我即欣然答应了。统战部负责人即帮我办理赴港手续，并叫我保密，不要讲给妻子儿女及其他家人知道，以免横生枝节，我都一一应允。

　　不几天，赴港手续就办好了，我随即出发。但到了广州，才知道当时持广西签发的赴港证不能从罗湖直接出境，于是我只好改道拱北。出关时，只准换两元港币，可谓是身无分文，去不去呢？我还是应着头皮去了。

　　到了澳门一旅行社把我接去，说从澳门过港要偷渡，需收偷渡费120元港币。为了完成组织交给我的任务，在没有征得我居泰兄长同意的情况下，便擅自决定采取偷渡方式过港；至于费用，则需待抵港后由我兄长兑来方能交上，旅行社对此亦表同意。于是，我就开始了几次偷渡的冒险历程。

　　第一次，我们趁夜偷渡到香港近海，被英水师发现，结果全团47人均被捉上水师楼。天亮后问话，问完后给了一碗饭吃，便送上"大来"轮开回澳门。这次失败后，旅行社又继续将我们往港送，第二次、第三次均因风大浪高，被迫返回澳门。到了第四次，不知旅行社是怎样与香港警方联络的，他们总算将我们顺利地送到了香港。

　　说起偷渡，那实在是一件非常危险的事。他们是看人数多少，找相应大小的破旧渔船作偷渡工具的。人一上了船，就躲到船舱下面静候。由于人多船小，密不透风，一开船不久，全船偷渡客都你呕我吐、臭气熏天的，那种苦境，实在是难以用寥寥数语加以形容的！

逃脱偷渡过港的旅途危险，总算万幸了。但到了香港之后，遇到的麻烦更多。其原因是，我参观全国农展获中央领导接见之事，广为归侨侨眷及有关人员知晓，其中就有港属写信到港，说我是侨联干部，是见过中央领导的，去香港是想了解侨情的，让他们不要接待我。正因为有人作这样的猜测，所以当我到港后，事先联系好的港澳同胞、我所熟悉的乡邻梓里和我村的居港兄弟叔侄，不仅无一人到港接我入元朗（地名，我县居港同胞以前多住在元朗洪水桥一带），而且竟还不许我的朋友来接我。就这样，我只好在港岛旅店里暂住下来。

在旅店等了整整两天后，我的朋友梁生才偷偷地避开同乡，来到港岛与我见面。一谈，就知道有人从中作梗，说我是上面（即国内）派来香港做港胞工作的特务，所以不让我入元朗。谈话后，这位朋友叫我继续在外面住着，第二天就有一个拿了一份《大公报》、自称是我朋友的朋友的人，请我去饮茶。在饮茶当中，他就旁敲侧击，问我在上面是做何工作的，是不是共产党；如是，他可以帮我找香港共产主义小组。我说，我不是共产党，只是归侨，住在容县街，如有华侨归国，因为是同侨，便会找他们谈谈话，问一下海外侨情，如此而已。

这次谈了之后，又过了两天，我那朋友才把我接到他家住下。然而，事情进展得并不顺利。

我县居港兄弟叔侄及乡邻都集中在附近，他们也都知道我到了梁家住下，但谁都不愿意见我，怕我是共产党派来了解他们情况的。过了很多天后，我与梁生出洪水桥饮茶，逐渐见到了一些乡亲，但他们对我都是爱理不理的，很少跟我说句话；如有说话，就是问我是不是上面派来调查他们的。他们还散布了一些香港媒体对大陆不实的报道，我都据实予以解释与批驳。

为了减少人们对我的怀疑，梁生带我去香港北角办理临时身份证。结果很顺利，7 天便办妥了留居香港身份证。我拿到证件后就告诉大家，我已确定在香港居留了。这样一来，那些原先怕见我的熟人，渐渐地也敢跟我见面了，很多人还为我的工作出谋划策。但仍然有部分人，因为曾是国民党军政人员，有的家庭是地主，怀疑之心仍然很重。有一个当过宁明县副县长的黄生便说："要查清老封的来历，如是共产党派来的，就干脆丢他下海喂鱼算了！"后来梁生只好跟他说："他住在我家，如出事叫我如何办？"我这才安然无恙。

而后，工作基本结束，幸能平安离港。这是我一生中工作上遇到的最大麻烦和危险。回到家后，妻子问我去了何方，我才敢跟她言明，获她理解。由于我这次去香港工作较好地完成了任务，当时地委统战部领导即向我县统战部领导和县领导打招呼，要马上把我的家属从杨梅四端迁到容城，以示对我热心工作和爱国之心的表彰。

（四）

1956 年我就加入了中国致公党，到现在说来已经是一名老致公党员了。参加致公党后，广西区委会就计划抽我与马南同志做致公党容县委员会筹备委员会的工作（后改为致公党容县支部委员会筹委会）。1957 年，中共容县委员会同意成立致公党容县委员会筹委会，马南与我就被一起调到筹委会工作。与此同时，我们还兼做县侨联工作。致公党容县支部正式成立后，我被选为支委和专干。在做好党派工作的同时，我们主要是做侨联工作。这工作一直坚持到"文革"开始时。

1968 年，因我是归侨，有海外关系，被疑为特务，当年10 月即被下放到五七干校劳动改造（马南也被下放），这一去就长达 9 年多。当时，致公党、侨联都停止了活动。

我的家眷也没躲过这一劫。我爱人从 1962 年起就在县招待所工作，但干了四五年后，就因"海外关系"不让做了，理由是"情况复杂，不给安排"。我有 4 男 1 女，因海外关系问题，被送去插队的就有 4 个；其间因为表现好，公社特地选送他们上大学，但报到县里后却不被批准。至今，4 个在容县的孩子中，除了 1 个孩子在税务所工作外，其余的都是自谋职业。

还有比我们惨的。马来亚归侨周德及其儿子，"文革"期间被造反派迫害致死，留下一个孙女儿，被一个姓李的造反派盯上，竟然持枪强奸了她。此事后来经她本人报案，侨联和广大归侨、侨眷都同声声讨，那姓李的才被逮捕枪毙掉。

1979 年，侨联与致公党相继恢复活动，组织上才把我调回到原单位工作。自从打倒了"四人帮"，特别是邓小平同志提出有海外关系好、越多越好的观点后，我们的工作，便越来越获重视。

　　我从 1957 年参加工作，到 1998 年退休，工作了四十多年。在工作中，我曾被选为致公党容县支部支委、副主委，后来致公党容县支部提升为致公党容县委员会，我又获选为一届、二届主委。我是致公党广西区委会第六、七、八届委员，致公党全国第八届、九届、十届代表。在侨联系统，我担任过容县侨联会第二届至八届委员，六届主席，七届名誉主席，八届顾问；玉林市第一、二、三届委员、常委，广西区第一至五届委员，四届常委。我还被选为自治区七届人大代表；容县九届、十届人大副主任，一、二届政协常委，五届副主席。这是中国共产党对我的信任。可以这么说，没有共产党，哪有我这无名归侨的荣誉。

　　我在工作中，一切都能服从党的安排，认真自觉地做好党派工作，联系三胞工作，热心为侨服务，并积极为维护归侨侨眷合法权益而工作。因此，赢得了众多侨友的信赖和支持。在工作期间，曾获县、玉林地区、自治区侨联、全国侨联、侨办先进工作者称号；还多次获得致公党容县委员会、致公党广西区委会和致公党中央委员会授予的党务先进工作者、为社会主义双文明建设服务先进个人等荣誉。

　　回想我这么多年来所从事的侨务工作，自己最深的体会就是：

　　第一，要热心这项工作。以前条件很差，没有电话，只能依靠写信联络海内外华侨、归侨和侨眷。但凭着自己的满腔热情，条件再困难，我们也会把工作尽量做好。

　　第二，要取得党委及统战部门的支持。

我的一生是革命的

——高森 口述

被采访者简介：高森，男，1929年农历十一月十三日出生于越南北江省陆岸县，祖籍广西东兴。1945年在越南参加革命，1947年~1949年随游击队回国参加解放战争，1954年转业到广西省委联络部，1957年以后做侨务工作，先后担任侨联副主席兼秘书长，自治区侨办副主任，区政协办公厅副主任。

采访时间：2004年9月21日下午
采访地点：广西南宁被采访者住所
采 访 者：黄小坚　牛秀梅　谭光盛
整 理 者：牛秀梅

（一）

我于1929年农历十一月十三日在越南北江省陆岸县出生，我爷爷的爷爷就已经生活在越南。我的祖籍在广西东兴，祖父是富农，租法国人的土地耕种同时也出租，生活过得还可以。后来因赌钱输了田地而投河自杀。我父亲兄弟姐妹共六人，他排行老四，上面有大伯、二伯、三姑，还有两个第弟。我大伯、二伯、六叔都是国民党黄埔军校的学生，大伯是团长，二伯是团军需官，六叔是营长。六叔抗战时在深圳沙头角牺牲了，这段历史以前我们都不敢讲。

我祖父死后，父亲跟着姑婆在海防小学读书，毕业后在小杂货店当店员，后来从海防到北江，仍然跟着杂货店老板打工。我外祖父是广西北海人，外祖母是越南京族人，祖母是越南瑶族，所以我是多重混血。

我父亲在陆岸县经营木材，很赚钱，家庭生活不错。当时法国人给一片森林，规定怎么去砍树，越南农民砍下木材，编成木排运到县里，再卖到海防等地。

（二）

我参加革命时，填表是小商，因为我参加革命那段时间家里已经破落了。1944年，广西地下党一个叫林中的到我们那里，以教师的身份为掩护，宣传革命和进步思想。他对我印象很好，我当时读书不仅读得好，记忆力也强，从林中那里我受到了爱国主义教育。

我有个堂叔叫黄祖才，是个海员。他受林中影响参加了革命，是林中发展最早的一批共产党员。早期他帮助林中跟越南独立同盟建立联系。联系人中有个人叫黄国盛，后来当了越共中央委员，商业部长，当时黄国盛是越共北江省的省委负责人。1940年~1941年日本人与法国争夺越南，在1941年到1942年时把越南这块土地抢到手上。法国军队不堪一击，日本一个师就把法国打败了。日本在越南宣传东亚共荣，却杀了很多越南人，砍了脑袋放在街亭地上，野蛮残暴。1944年~1945年，越南独立运动蓬勃发展，全国上下都起来了，越南地区革命工作也发展了。

1945 年春节，我一批同学参加华越救国宣传队，任务是宣传华越团结。我的叔叔黄祖才和林中带我们到了越南解放区。因为我们中国人和越南人都受法国人和日本人的压迫，所以我们联合起来反抗法国和日本。林中当队长，黄国盛作为越南一个省的领导经常指导我们的工作，给我们作形势报告。

高森近照

我们这个队在北江周围活动。从这个意义讲，我们从那时就开始做华侨工作，也做越南人的工作。到八月份，日本就投降了，越南独立是 1945 年 9 月 2 日，在北江开了一个很大的庆祝会，我参加了。然后我们从北江走路到河内，当时正值雨季，发洪水，很多越南人被淹死，尸横遍野。到河内几天，中国国民党的部队就来了，有国民党云南的部队、广东的部队。当时越南好像很怕国民党，说我们的任务完成了，这样华越救国宣传队在河内就解散了，我们到河内是跟着越南军队去解放河内的，那时，武元甲在桥头迎接我们，跟我们握手。我们住在越南救国报的楼上，宣传队也就二三十人。回到陆岸县后，不久法国军队就进攻越南，英国人好像接收南部的日军，北部是中国国民党接收的。英国人来的时候法国人也跟着进来了。这期间我的叔叔黄祖才在调解越南人与华人之间的武斗时，半路上被日本军队抓捕，牺牲了，听说后来在中国边境宁明县爱店立了一个黄祖才纪念碑。我们回到陆岸县后，林中组织了华侨自卫团，是华侨武装，这是华侨独立中团的前身。那时我十五六岁，回陆岸县读初中，上小学时我学的是法文，可我却没学会法文，倒学会了越文，因法文和越文字母差不多，读音也一样。两三岁的小孩一个月就学会二十几个字母，拼音。会拼音，就会读报。

越南自卫团成立时，各个地方的华侨青年都来参加，跟越南人的革命热情一样高涨。国民党把日本的武装接收后，日本人都走了，国民党随后也走了，法国人却回来了。越南人学中国的办法，放弃城市，让开公路，这样我们就到山上打游击去了。1945 年，日本投降以后，中国国民党对广东南路游击队进行扫荡，南路游击队从广东退到越南。当时，胡志明也取得了政权，我们的自卫团加入了广东的游击队，叫越南东北区华侨民众自卫团。当时我在一个营里当副官，实质上就是买菜、管钱，等于营的司务长。1947 年春，李兴被派到越南部队去作顾问，我当李兴的翻译，当时这个越南军营里有两个顾问，中国顾问是李兴，还有日本的一个班长，也当顾问。李兴对我说：法国军队有坦克、装甲车、重型炮火，我们不能正面跟他硬打。日本的顾问说，法国人坦克远处起作用，炮只能打远不能打近，所以不要怕。越军营长听日本人的话。一个营的兵一字摆开打阻击战，法国军队开着坦克、装甲车、军车过来，越军就埋伏在公路的两边阻击，被法军打得落花流水。

李兴当时告诉我说，兴仔（我的真名是黄胜兴），越军的武器打不过法国人，枪一响，我跑的时候，你就跟着跑。当时听他这样讲我觉得很新鲜，但我不好问他。当时我很听话，很尊敬他，他既然让我跑，我就听他的。法国军队前面是坦克，后面是装甲车，越南军队破坏了公路，法国兵用推土机推几下就平了；越军就埋地雷，但不起作用，除了重机关枪之外连炮都没有，法国人根本就不理睬。到一定距离，法军就停下来开始开炮，炮弹就在身边爆炸，整个空气都弥漫着火药味，真是吓得屁滚尿流，胆战心惊，腿也发抖。说不怕死是骗人呢，李兴站在那里笑我，他是老兵，打过很多仗。法国兵用坦克把越南兵都压成肉饼，最后越南差不多一个营都没了。我们跑了二十多公里，到了山边，累得都爬不起来了，山边有一窝水，想去喝都够不着。后来我们在那个山上找到了华侨村庄。这段历史以前不敢讲，因为是打败仗。但这段历史我却刻骨铭心。

（三）

后来我们接到任务准备回国参加武装斗争，我就跟李兴一批人从北江边境回到中国广西龙州的边境，参加了龙州起义。听说今年在那里搞了一个龙州起义纪念会，还有纪念馆，其中有面墙，参加起义的官兵的名字和相片都贴上去了，听说我的名字和相片也在上面。其实，我并没有直接参加龙州起义，我当时只是青年干部训练班的学员。6月，我和李兴等人从龙州到靖西那坡地区。我在靖镇游击大队一连一排任政治服务员。一下连队的第二天就与国民党军队交火，不久游击队建立了大片游击根据地。我在的游击队有广东南路部队，当时叫滇桂黔边区纵队，纵队的司令叫庄田，海南岛人，我见过他，他参加过长征，在莫斯科红军大学学习过。后来他们打到云南去开辟云南根据地了。我留在广西，同地方游击队搞武装斗争，被国民党军队扫荡，到1948年，我差点被国民党军队俘虏了。后来传说我死了，吕剑还给我写了祭文，再次见到我时都哭了。1948年底，我们找到李兴，李兴在我们心目中是个英雄。李兴带人到了云南富宁县，我就跟李兴一起打入富宁县保安队。梁老保当县长，他参加过红七军，红七军走了之后，他就上山去打游击，后来当了土匪，国民党招安让他当县长。他的侄儿叫梁学政，是保安中队的中队长，红军在时他是小鬼。我在他的中队里当文书，后来那个中队起义，解放富宁县，在富宁县时我是连指导员。富宁县是1949年5月1日解放的，但是后来却不承认梁学政是起义，我们都很同情他。解放后梁学政回到广西，广西说他是土匪，抓去坐牢，坐了好多年牢，我们当时都不敢吱声。后来参加这次武装起义的领导人廖华知道了此事，证明说梁学政是有功的，不是土匪。梁才被放了出来，出狱后不久梁就死了。

1948年秋，我被调到广西成立的左江支队七十五团，在一营当教导员。当时我才18岁，很"威风"，配了一匹马和一名警卫员。全国解放了，大军南下打到广西，之后我担任七十五团团党委的委员、七十五团青年团的书记、第一营教导员。龙州地区还选举我当青年团地委委员、组织部长。到了 1950 年，我到自治区党校学习，到容县搞土改，我被派到一个村担任土改组的组长。后来第四野战军情报部将我调到司令部情报处谍报科搞越南的法军谍报。从 1951 年到 1954 年，搞了三个年头。1954 年政策发生了变化，据说有一条规定，有海外关系的人都不能在机要部门工作，也不能入党。谍报部门是重要部门中的重要部门，因此 1954 年的五六月间就叫我转业。转业之前，军区评级时评我为正连级，我问为什么降我两级，我是营教导员，当时说我太年轻了。我当了二十多年的科长，从合作干校到省委联络部，以后又调到侨务部门。开头在广西侨联当办公室副主任，后担任副主席兼秘书长，从事侨务工作。上世纪 60 年代接待印尼华侨，70 年代末当安置办的副主任。

我是建立北海华侨渔业社的主要参与者，仅一年时间，这个渔业社成员的百分之六十就成了万元户。我后来到区政协当办公厅副主任，政协常委。1993 年离休。

为农业气象事业奉献毕生

——郭可展　口述

被采访者简介：郭可展，1921 年生于印尼雅加达，就读于在印尼华校。1941 年回国，进入国立广西大学农学院园艺系，毕业后留校，是该校党组织的发起人。解放后，受命创办气象系，在气象领域多有成就，多次获国家、广西壮族自治区表彰，是归侨中的爱国知识分子。1984 年退休。

采访时间：2004 年 9 月 20 日

采访地点：广西壮族自治区南宁市桃源路自治区人民医院宿舍

采 访 者：巫秋玉　张丽琴　陈小云

整 理 者：陈小云

　　1924 年我出生在印尼雅加达，父亲是卖猪仔出去的，大哥在国内出生。祖籍是广东大埔，3 岁时曾回国，大约待了一年半左右，因生活不能安定，就又出去了。我在雅加达读的小学。我有九个兄弟姐妹；父亲是祖传的中医，母亲是祖授的草医。国民革命时，孙中山、廖仲恺到印尼宣传革命时，我父母都捐了钱，虽然我们自身的生活景况也不好，但爱国之心不减。

　　九·一八事变时，我读华侨学校四年级，参加了抵制日货的运动，我们一心向中国，比较关心祖国大事。我先后就读于丹华小学、广仁中学、巴城中学、中华中学等华校，当时受到国内革命进步师生以及我母亲思想的影响很大，所以我早就想回国读书以振兴中华。1941年我到了香港，由于这时太平洋战争快要爆发了，形势紧张，我母亲叫我赶快回印尼，我当时很犹豫，后来日本很快就开始入侵东南亚了，我就由香港坐船到了当时的广州湾，也就是现在的湛江，然后由湛江再到了广西，先后途经玉林、南宁，最后乘火车到了桂林。这时太平洋战争爆发了，在桂林广西救侨会的帮助下，我进入广西大学读书，先在先修班学习，第二年由于成绩优异，就得到直升，由西大本部转农学院分部读书，这时，从电台报纸得知延安号召爱国知识青年到农村去，或去延安参加抗日，我非常想去，但因侨汇不通，没有路费，所以没能去成。在农学院四年基本是靠学校贷金及半工半读勉强支撑完成学业的。由于我们这批学生学习刻苦认真，农学院的老师对我们很是满意。

　　1944年豫湘桂战争爆发，农学院随西大本部一起搬到了贵州，当时有家的学生回家了，而我们这些留校的师生只好跟学校一起到了贵州榕江，就在这关键时刻，进步的同班同学黄荣书要另一个同学邹长安和我一起到农村去，到他们的家乡桂平去组织抗日活动。1944年9月，我到了桂平，参加桂平北区七·七纵队，做军需工作，后来又做宣传工作，建立了队里的消费合作社，还办了一份《好消息》报。抗战胜利后，我们又回到学校读书。1947年毕业那年，正好爱国学生运动高涨，我参加了"六·二"反迫害、反饥饿、反内战的请愿示威游行，抗议北大女生沈崇被美国兵杀害。这次事件中，我们学校有七位师生被迫害。1948年经营救获释，他们被称为"西大七君子"。

我在西大毕业后因成绩优良而留校在园艺系任助教。解放战争时期，我们进行了护校运动，团结师生员工自觉组织起来反对国民党特务的破坏活动，我们坚信中国共产党一定能取得最后的胜利，黑暗即将过去，光明就在眼前。

1949年，解放战争形势已很明朗，但由于解放大军仍未到来，人们思想还很混乱，地下党的老师和同学与我联系，引领我入党。1949年元月寒假，在西大本部理工学院我光荣地成为一名中国共产党党员。之后，我开始投入迎接解放的工作，当时时局很乱，因为我是归侨，有护照，国民党看了我的护照对我没办法。当时农学院的地下党就剩我一个人，我便利用我特殊的身份开展工作，比如成功说服一些三青团的青年脱离了三青团，协助党组织把学校接管下来，把一些社会闲杂人等集中到学校培训改造安排工作……

1949年11月21日桂林解放，解放初，我是西大共青团、教育工会和妇联负责人。朝鲜战争爆发后，我承担了联系群众的工作，同时负责筹备党支部。1953年，中央中南教育部搞院系调整，广西大学农学院党委成立，该年我参加中央教育部、农业部制定修改气象教学大纲，之后我回到园艺系教学，然后筹建成立农业气象系。

50年代初，中央曾想调我到香港做侨务工作，广西区党委组织部经研究考虑刚解放学校有许多工作需要我做，所以没有让我去。

此后，我被派到江苏的丹阳学习气象学，这是由南京华东军委主办的，半年后又到北京学习。1958年农学院成立农业气象系，当时有人认为我是半路出家，搞不了气象，但我还是坚持下来了，在院领导的支持和自己的不懈努力下，于1958年第一期招收专科生，第二年招收本科生。

在农业气象系我做了几件有意义的事：（1）创立了农业气象专业，培养了很多学生，给农业气象预报做出了一定的贡献，该专业曾在国内高校中排名第三；（2）在南亚热带三叶橡胶种植业上，给予气象科技指导，曾获国防橡胶气象种植计划中央一等奖；（3）为农业气象预报服务，培养了师资，其中就有任广西气象站站长的。本人获得气象先进工作者、全国劳动模范等称号。1957年4月底，我参加中央气象局先进工作者表彰大会，在中南海怀仁堂受到党中央和毛主席的亲切接见；（4）编辑了大量教材，如《广西农业气象》等。

1984年，我被评为全国先进侨务工作者，到北京参加了

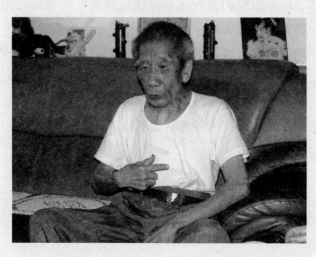

郭可展在接受采访

全国归侨侨眷代表大会，受到邓小平、胡耀邦等党和国家领导人的接见。

1984 年退休返聘，1988 年正式退下来。

1988 年被广州仲恺农业技术学院聘为客座教授。

1998 年广西壮族自治区成立 40 周年之际，荣获广西革命和建设事业突出贡献奖。

2003 年收到全国总工会寄来的一封慰问信及奖金，才知道原来自己在 1960 年还获得了教育先进工作者的称号。

2005 年中国气象学会成立 80 周年之际，被该学会授予全国气象教育先进工作者称号，全国共有 21 人获此殊荣。

回顾为气象科教事业做的一切和付出的心血，我感到很欣慰，可惜现在广西大学农学院取消了农业气象专业，实在是一件很遗憾的事。

多年来，我始终关注、关心着国家侨务的发展，积极参加侨联、侨办组织的各种活动，现在我是广西华侨历史学会顾问、客家联谊会成员。

党的侨务统战政策的方向是正确的，要把侨联办成侨胞之家，为归侨解决实际问题和困难。同时，侨史的研究也很重要，需要花大力气去做。

最后，我衷心祝愿侨务事业蒸蒸日上！

无悔的选择

——郭圆君　口述

被采访者简介：郭圆君，女，出生于印尼加里曼丹岛坤甸市，祖籍广东省潮州市。1960 年 5 月回国。在广西南宁华侨补校学习后，考入广西师范大学。1964 年毕业后主要从事教育和侨务工作，曾任中学副校长、南宁市侨办副主任兼侨联副主席、市政协副主席，自治区人大常委会委员、外事华侨委员会副主任委员，当了两届自治区政协委员、15 年自治区人大代表。

采访时间：2004 年 9 月 21 日下午

采访地点：广西南宁市东葛路自治区人大宿舍区被采访人住所

采 访 者：林晓东　苏妙英　周育毅　胡修雷

整 理 者：林晓东

　　我是一名普普通通的归侨，做了一辈子的侨务工作。大学毕业后我被分配到广西区侨委，在侨政科任办事员。1969年侨委撤消后，我到中学当教师，后来当了校长，最后又回到了侨务工作的岗位。

（一）

我出生在印尼加里曼丹岛省会坤甸市。我家在印尼很有钱，也很有名望。父亲到了结婚的年龄却不愿在印尼当地找女人，而要到新加坡去找，我的外祖父是 50 年代英皇世封的爵士，在新加坡是个很有名的人。在印尼，我们住的是座大宅院，门很大，汽车可以开进去。院里前后有两个花园，还有一个饲养场，单个房间也相当大。整座建筑全是木制结构，这样的建筑本身就是艺术品。我这次回印尼看到了我家当年的房子，但已物归他主，不知道是谁的了。我家当时在印尼还有一家电影院和一座公司大楼，在两条商业街上，有几十幢房子都是我家的，其中两幢是比较有名的餐厅。此外，还有一大片椰子林、橡胶园和别墅。

我祖父在印尼是一位有钱、很有影响的华侨富商，我祖上是广东潮州人，外公也是潮州人，我是我们家族在海外的第六代移民。我祖父不承认自己是中国人，他只认为自己是英国人。我姐夫是新加坡潮州会馆的财政部长。前几年我去新加坡探亲，在潮州会馆的有关资料中还看到了我祖父的名字，他也是一个很有名望的人。

我外祖父坚决反对我们回国。1953 年我母亲去世，姐姐一定要回中国，外祖父就是不同意，并且下了死命令，说你要是敢回中国，走到哪里我都派人把你抓回来。我外祖父的势力非常大，在新加坡、香港，不论我们跑到什么地方，他都可以把我们抓回去。后来我姐姐认别人做了哥哥，避开了外祖父对她的监视和阻挠回到了中国。在这件事上，我姐姐表现得很是了不起。她是一名医生，在单位里一直担任着支部书记，她一直住在山西太原。她的思想比我还进步，是一名坚定的共产党员。我还有一个妹妹在天津，湖南大学毕业，是位工程师；一个弟弟在柳州，广州补校学习后考入广西农学院，也是位工程师，现在他们都已退休。妹妹退休以后还在一个开发区当总工程师。我们四个兄弟姐妹都是共产党员。

郭圆君近照

我是1960年回国的，回国的时候，锁上在印尼的那个大宅院门就走了。我回国的主要原因是受新中国的感召和爱国主义的教育。上世纪五六十年代的时候，我在印尼经常接触到祖国亲人，不断受到一些爱国主义的教育，这在我一生中是很重要的。

最早给我进行爱国主义教育的是我的一个老师。他是地下党员，经常给我们讲故事，讲白毛女的故事，讲抗日英雄的故事，我们听了都很受感动。这位老师现在还健在，我很崇敬他。还有一位老师是中山大学的教授，是个历史学家，他对我的影响也很大。最近我去看他，他还给我题字留念。

六十年代初印尼发生大规模排华事件，中国领事馆的人到各地去接华侨，不方便在其他地方住，就住在了我家。在与领事馆的祖国亲人接触中我也接受到爱国主义的教育。

我父亲28岁时就去世了，死得很惨，他是日本人1943年在当地搞的一次大屠杀中被残害的。我父亲死后，我们被当地人称为受难家属，每月还有一些救济品发给我们。家庭的这种遭遇对我后来决心回国也有重要的影响。

我的小学和初中是在印尼坤甸市的华侨进步学校振强学校读的，读完了初中以后，又到雅加达中华中学读高中。张国基老先生是我的语文老师。我在小学和中学都不是很优秀的学生，但是老师都喜欢我，因为我的嘴很会说。教过我的老师，包括后来的大学老师，都对我有印象。

读初中的时候我是一匹"野马"，整天不着家在外面疯，母亲根本管不了我。在学校里，我一直都很热心、很积极地参加学生会的工作，学生会搞演出、搞比赛，这些活动我都很喜欢。我在学校不是很优秀的学生，但是个好学生；在家里面我不是一个乖孩子，但绝不是个坏孩子。我这个人不恋家，初中毕业后我到雅加达读高中，就和妹妹一起租住别人的房子。妹妹比我聪明，她上学的时候学习成绩总是处于前几名，我学习不拔尖，但也不会掉队。在雅加达读了三年高中，1957年毕业后我在坤甸上初中的母校请我回去教书，我就去了。现在我在坤甸的学生都六十多岁了，这次我回印尼，都是一帮老头子、老太婆来看我。当年的师生在一起还开了一个卡拉 OK 演唱会，大家都非常开心。我在坤甸当老师一直到 1960 年回国。

回国后我最先到达的是广州，当时我要求到北京华侨补校学习，但北京补校的学生已经爆满，于是我只能到广西南宁华侨补校上学。那时候南宁华侨补校正在建校，在开学典礼上由我代表华侨学生上台发言。三十年以后南宁华侨补校的校庆又把我请回去，还是让我代表老校友发言。

我先生是广西日报社退休的老编辑，我女儿是暨南大学毕业生，现在广西电视台工作，女婿在广西日报社网络中心工作，儿子媳妇在香港经商。

（二）

回国后我在南宁补校上了一年学，就考入广西师范大学历史系。当时正是三年自然灾害时期，同学们和老师都非常照顾我，我感动得不得了。在那个集体里我感到特别温暖，很快就适应了国内生活，学习劲头也更足了。

我这个人从小就爱说爱笑、爱唱爱跳，现在年纪大了，但还是很爱弹琴唱歌。我喜欢的都是年轻人喜欢的，像年轻人喜欢的童安格、谢霆锋等人的歌曲我都喜欢，这是我和同龄人不同的地方。由于有这样的特长和爱好，上小学、中学的时候我就是学校里的活跃分子和学生干部。上大学以后，我也很快当上了学生会干部，任学生会文化部副部长。

1962 年我代表广西青年到北京参加全国青年代表大会，并见到了伟大领袖毛主席，这是我终身难忘的一件事。

根据规定，毛主席接见时任何人都不准抢着与主席握手，可谁不想抓住机会与主席握手呢？我记得，接见地点是在中南海，我站在第一排，毛主席他老人家向代表们招手致意后就径直向我们走来，越走越近，我激动得全身发颤，眼睛慢慢被泪水模糊，我反复地擦拭眼睛，生怕看不清毛主席。主席走到我面前时我急忙伸出手握住毛主席的大手。就在这一瞬间，中国青年报的记者按下了快门，（从抽屉里拿出照片）这就是主席和我握手的照片，你看镜头抢得多好啊。这张照片发表在 1962 年 5 月 5 日《中国青年报》的头版，标题是"毛主席和青年们在一起"。毛主席接见我们的时间是 1962 年 4 月 28 日，报纸刊登这则消息的时间是 5 月 5 日，那时候我已经回到学校了。报纸登出这张照片后，我的一位老师发现并第一时间告诉了我，我赶紧跑到资料室去找这张报纸。事后我写信给《中国青年报社》，请求他们把这张照片寄给我，这就是当时寄给我的照片，我将永远地珍藏着。

　　到北京参加全国青年代表大会，对我来说是比较突然的。那是我担任广西师范大学学生会文化部副部长以后，有一天，一位同学给了我一张条子，上面写着：下午四点半到校团委有事。当天下午下了最后一堂课后我就去了校团委，在团委书记办公室里，分管共青团工作的校领导亲自找我谈话，说组织上决定让我去参加全国青年代表大会，当时我高兴极了，就像做梦一样。回到宿舍后，我把这个消息告诉了同学们，同学们都为我高兴。很多同学都说，你这次去北京说不定能见到毛主席呢！我们五六十年代长大的那一批人，都以能见到伟大领袖毛主席为最大的荣耀。

　　当时与我同行到北京开会的是桂林市工商联的徐主任。我们是 1962 年 4 月 10 日去的北京，一直呆到过完"五一"

才回广西。大会由周恩来总理亲自做报告，在听周总理的报
告时，我旁边坐的是才旦卓玛，当时参加会议的知名人士很
多，在北京开会期间，我与演刘三姐的演员住在一个房间。
她什么领导都见过，见过毛主席也见过周总理。我到北京最
大的愿望就是能见到毛主席，也想看看人民大会堂、军事博
物馆，那时候这些地方都不是随便什么人都能看的，直到大
会快结束的时候我的愿望都没有实现，我感到有些失望，但
还是希望能有意外的惊喜，果然，会务组传来好消息，说周
总理要留我们这些代表在北京过"五一"劳动节，我们高兴
得都跳了起来，我心想，这下一定能见到毛主席了，当时的
心情是很难形容的，直到现在，我想起那段经历还是激动
不已。

1962 年 4 月 28 日全国青联第四届委员会第一次会议时国
家领导人接见青年代表的合影

当时，参加大会的代表都住在北京饭店。通常，我们这些女同志每天中午吃完饭后，都要到王府井逛逛。4 月 28 日那天午饭后，会务组通知，中午任何人不准外出，午休到两点，下午有重要的事情。我问"刘三姐"这是要干什么，"刘三姐"曾经有过这样的经历，她猜想到将要发生什么，遂神秘地对我说，可能是中央首长要接见我们。我惊喜万分，急切地盼望着这一神圣时刻的到来，不到两点我们就集合前往中南海。进入中南海后，我们按着顺序排好队等候主席的接见，而我恰好站在了最好的位置上。

毛主席跟我握完手以后，好多人都挤上来和我握手。回到饭店，我很长时间都不愿意洗手，心情一直平静不下来，那一刻我永生难忘。当时毛主席给我的印象就是和蔼、可亲、高大、威武。毛主席去世的时候我非常伤心，虽然主席在"文化大革命"中犯有一些错误，但无论如何他都是一位伟人，在我的心目中，他依然那么高大、完美，我非常敬重他老人家。

参加那次会议是我终身的幸福，我会永远铭刻在心。从那以后我就不断地激励自己，一定要听党的话、听毛主席的话，一定要为党努力地工作。回到学校后，各科的老师都单独给我补了课。

（三）

1964 年大学毕业后，我被分配到广西五鸣华侨农场，不到一个月，我便被调到广西自治区侨委，在侨政科工作。1969 年区侨委撤消，领导找我谈话，说我的出身不好，不适合留在省一级机关工作。就这样，我被下放到中学当老师。

从小学到大学我一直在做学生工作，在学校当老师我不发怵，工作上我肯定不会落在别人的后面。

在学校当教师的那段时间，我尽心尽力地工作，得到了学生和学生家长们的认可。有很多学生家长都带着孩子上门来找我，要求进我的班。开门办学时我经常带学生去刘草、扫大街、卖米粉、参加义务劳动，去参与社会实践，到部队去锻炼身心等等。我所带过的班级从来没有落在后面。我的性格就是这样，要么不做，要做就做到最好。

我爱人对我非常好，我婆婆对我也很好。我有两个孩子，一男一女，现在我又有了两个孙子，也是一男一女，是龙凤胎。

我儿子在香港、广州有公司，都是他自己白手起家搞起来的。1987年，我送他去香港的时候只给了他不到三千块钱，所有的一切全都是靠他自己闯出来的。我女儿在广西电视台做编导，女婿在《广西日报》做网络工作，他是计算机专业的研究生。

十一届三中全会以后，我一直是市政协委员，后来还当了市政协副主席。

我的入党问题被压了很长时间。在学校工作时，我的入党申请始终未获批准，有关方面从未说明理由。调到侨办以后，我申请入党的相关材料在很长一段时间内没有转到侨办。我申请了十几年，所写的思想汇报都能编成书了，直到1984年我才入了党。不论是当学生、当干部，还是当老师，我都努力地把工作做到最好，我对得起党、对得起国家。我记得很清楚，入党的那一天，是在韦拔群烈士墓前宣的誓，我还代表新党员发了言。

（四）

在南宁市侨办工作了一段时间后，从 1985 年到 1990 年我当了一届南宁市政协副主席。后来我又被调到自治区人大侨委工作了十年。

侨务工作必须注重"三心"，即侨心、爱心和恒心。我做工作不求领导表扬，不求场面大小，只求做好做实。在区人大侨委工作，必须懂法，我不是学法律出身，所以开始时工作起来比较吃力，但我没有丝毫的后退，我从头一步一步地学法、懂法，进而守法、讲法、用法。我的工作武器就是《归侨侨眷权益保护法》，我经常向有关部门和人员宣传侨务工作的指导思想和方针政策。我的工作得到自治区人大的支持，人大常委会分管我们侨委工作的副主任非常支持我的工作，这给了我很大的信心。

在广西壮族自治区人大侨委工作的这十年，我跑遍了全自治区所有的农林场，不仅华侨农林场我都去过，农垦系统的农林场只要有一个归侨在，我都去走访。全区有二十几个华侨农林场，加上农垦系统的，共有四十多个农林场，我都跑遍了。自治区所有的侨乡我都去过，而且不止一次地去。我还直接到现场去解决华侨农林场与当地农民的土地纠纷问题。广西华侨农林场里有一大批弱势群体，我每次去是为了调查了解情况。广西各地涉侨部门认识我的人很多。这么多年来，我一直在从事为侨服务的工作，我一件事一件事地做，一个案子一个案子地抓落实。通过努力学习和刻苦钻研，我运用法律武器维护侨胞的正当权益，不懂法、不会用法、没有一点恒心，肯定是做不到的。

我曾帮一位华商追回钱财。事后，那位华商一定要塞钱给我，我坚决不要。我说你给我钱是为了交我这个朋友，但如果我拿了你的钱，我们就没法做朋友了，这钱你还是不要给我，让我们做永远的朋友吧。那位华商非常感动。为侨服务是我应当应份的工作，收人家的钱就不应该了。

我曾经为贫困山区办学筹集了几百万元的资金，有七十多所学校从中受益，涉及到十几个县的贫困学生。我还积极引进侨资，为医院增加先进的设备做过一些工作。

多年来，我做侨务工作的体会就是，做侨务工作一定要懂法、懂政策，以法律为准绳、以政策为依据来办事，再就是对侨胞一定要有感情，做工作一定不能怕吃苦，要耐得住寂寞。

我现在虽然退休了，但华侨农林场的许多职工有很多问题还来找我帮他们解决。我们的侨务工作不能只重视海外华侨华人的工作，而忽视国内的侨务工作。侨务工作把海外工作作为主体是对的，但国内侨务工作毕竟是基础，没有基础谈何主体？我们绝不能削弱国内侨务工作的基础作用。

我的一生是党组织培养教育出来的。我回印尼时，我的老师和学生们都问我是不是共产党员，我自豪地说是。我的亲戚、表弟表妹们问我是不是共产党员，我也自豪地说是。我抛弃了百万家产报效祖国，为党的事业终身奋斗，从来都没有后悔过，他们听后都很佩服我。现在，我感到人的生命太短暂了，如果可能的话，我希望还能为侨胞多做一些事情。我今年已经 68 岁了，一直没有停止做侨务工作，但我还是不满足，只要我还能活动，就要把为侨服务的工作做下去。

立足平凡岗位　做好服务工作

——胡大莲　口述

被采访者简介：胡大莲，女，1938年2月出生于印尼中爪哇，祖籍福建省永定县，1960年8月回国，1960年至1963年11月在南宁补校学习，1963年11月至1989年一直在柳州市三中百货大楼从事销售工作。曾多次被评为柳州市先进工作者，获得过市最佳营业员、市劳动模范称号，1985年荣获全国"五一劳动"奖章。

采访时间：2004年9月24日上午

采访地点：柳州市侨联办公室

采　访　者：林晓东　苏妙英　周育毅　胡修雷　温庆松
　　　　　　蒋万寿

整　理　者：林晓东

　　我是一个印尼归侨，1960年回国。几十年的人生经历，可以简单地概括为：回国是我最大的愿望，为人民服务是我坚定的信念。

（一）

　　1938年2月我出生于印尼中爪哇沙拉知申镇，祖籍是福建省永定县。父母早年去印尼，父亲做些小本生意，主要卖日用百货、铁器等，母亲则干些家务活。母亲生了 10 个孩子，我最大，下面还有 6 个妹妹和 3 个弟弟，我们都是在爪哇出生的。我是在爪哇"三宝垄新中校友会"念的初中，由于离家远，就住在堂叔家。初中毕业后，因为家里负担重，我就不再念书了，先是教幼儿园，后来与妹妹一起当缝纫工，做连衣裙，早晚还帮父亲看商店，很是辛苦。就这样，一直1960 年 8 月回国前。

在爪哇生活的日子里，我最难忘的是在"群众社"的那段经历。念初中时，我是学生会干部，曾担任生活委员。我对同学热心，对工作负责，而且很爱跳舞，大家都很喜欢我。每到国庆节，我们都排练节目、参加演出，很活跃。初中毕业后，我回到家乡沙拉知申镇。在当地，我参加了"群众社"，负责"文艺股"，每到中国传统节日时，我们都去募捐，把募捐来的钱交给社团，开展各种爱国活动，社团的生活很有乐趣，我非常怀念。

1960 年 8 月，我离开了父母，踏上了回国的路，实现了我的愿望。我回国的主要原因有两点：一是受华侨进步社团的影响，认为回国是爱国的，是很自豪的事，也是我最大的愿望；二是当时印尼排华问题严重，形势很不好，搞得人心惶惶的。我们家五个大孩子都先后回国，五个小的则留在印尼。我回国时带了 19 个当地的学生一起回来。我的一个弟弟1953 年回国后，到祖籍地永定陪护祖母；一个妹妹是 1959 年回国的，先到集美补校学习，后考上厦门大学化学系，毕业后被分配到天津工作；还有一个弟弟和一个妹妹是 1960 年 5 月回国的，弟弟考上华侨大学数学系，后来被分配在上海一中教书，1979 年去了香港，随后又回印尼去了，妹妹则上了幼师，毕业后当了小学教师，一直工作到退休。我和弟妹们是在父母的支持和大使馆的安排下回国的。为了支持我们回国，父母把家里的东西几乎都卖光了。

（二）

回国后，我先到南宁补校学习，1963 年 11 月读完高中，没有考上大学，被分配到柳州三中百货大楼工作。在百货大楼，我一干就是几十年，一直到 1989 年退休。

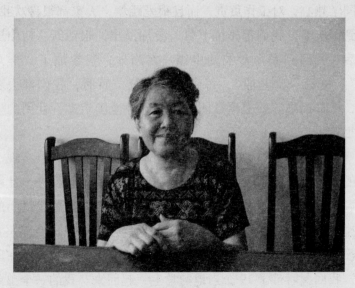

胡大莲近照

在党的关怀、培养和教育下，在同志们的帮助下，我懂得了社会主义商业的重要性，认识到营业员工作是一个平凡而有意义的工作。因而我热爱自己的工作，在工作中，我把自己放在一个顾客的位置上，要求自己端正服务态度，诚恳、热情地接待每一位顾客，并把为顾客解决困难作为自己应尽的责任和最大的幸福。

开始站柜台时，我觉得在资本主义国家，做买卖的也讲究服务态度，但他们的目的是为了赚钱。我们社会主义国家的商店，讲究服务态度是为了更好地为工农业生产和广大人民群众生活需要服务，是建设四个现代化的需要。于是我下决心，一定要牢固地树立全心全意为人民服务的思想，做到尽量使每个顾客满意。我常这样想，我们接待的顾客，都是来自各个不同的工作岗位上的同志，都是为了建设四化这个共同目标。我们服务态度的好坏，会直接影响到四化建设和广大人民群众的生活需要。因此，我在工作中，努力学习柜台语言和接待艺术，主动和顾客打招呼，做到多拿不厌，多问不烦，拿商品要准确、迅速，不扔摔商品，处处尊重顾客，把方便送给顾客，想方设法帮他们解决各种困难，真正做到把顾客当亲人。有一次，从石家庄出差来柳州的顾客在我们百货大楼选中了一件小孩的衣服，但是没带布票，感到非常惋惜。这时，我想这位顾客一定很喜欢这件衣服，也可能是找了很久才找到这样的衣服。为了满足这位顾客的需要，我就主动走过去对他说：同志，你看中了就买吧！我有布票借给你。当这位顾客买到他喜欢的东西时，感激万分。回到石家庄以后，马上邮来布票和一封写给商店领导的热情洋溢的感谢信，信中说，你店的332号和397号同志服务周到，态度可亲，她们助人为乐的精神，值得我市商业工作者学习，我也是个商业工作者，和她们对比起来差得太远了，这充分说明了柳州市的精神文明水平，让我们精神文明的鲜花，开遍龙城芬芳的每个角落。

　　有一位从南宁出差到柳州的同志，想买件毛线背心。当时毛线背心没有货，我说买件晴纶长袖衫好吗？我就带她到对面柜台选一件晴纶衫。当买好衣衫走到卫生柜时，发现有90公分厚绒开衿背心，我又主动向她介绍说：厚绒开衿背心，老人家穿很方便，比晴纶要暖和。她听了我这样介绍后，就想买件卫生背心。但她已买了晴纶衫，怎么办？我猜到了她的难处就说，你买吧！晴纶衫可以退。后来她满意地买了件卫生背心，高兴地对我说："你的服务态度真好，你肯定是个先进分子。"

　　有位顾客走到我柜台前说："我跑遍柳州市都买不到95公分的女汗衫。"我看到她那着急的样子，心想她一定急着要汗衫替换，但当时我店也没有货，我就叫她留下地址、姓名，货到后定会立即通知她。五月初，我随市商业局组织的"双佳"代表团到北京参观学习，在北京、天津跑了不少商店，只有32支纱的，我觉得纱支太粗，没有买。回到柳州不久，商店来了一种42支95公分的，我见质量不错，就写信告诉她来买，并说：你如果没有时间来，我帮你买了寄给你。后来，同事告诉我，这位同志来商店买到汗衫，很高兴，见我不在，便在意见本上写道："当我收到你的信时，我们单位的同志们都赞扬你是全心全意为人民服务的好营业员。"

　　在我们每天接待的顾客中，有城市的，也有农村的，有本地的，也有外地的，生意有大有小，我认为他们都有一个共同的愿望——就是要买到称心如意的商品，营业员的责任，就是设法满足他们的要求。在工作中，对这些顾客我都一视同仁，热情接待。一次，有几位顾客来买蓝色涤纶线卷，他们跟我说，刚才他们已来过。我心想，这几位顾客走了又来，他们一定等着用。我先在门面柜台里寻找，没有这个颜色的。为满足顾客的要求，我想起上海产的线卷里面有海蓝色的，最后总算在仓库里选到四个相似颜色的卖给了这几位顾客，并说："对不起，让你们久等了。"这几位顾客买了涤纶线高兴地走了。但是，他们并没有走出商店，而是到办公室拉我们的主任出来，一面指着我，一面对主任说："就是她，你们这个商店如果有十位这样的营业员，生意就做活了……"

三宝垄新友中小学初中第六届全体同学及教师合影

还有一次，一位从广东出差来柳州的顾客走到柜台前，我主动问他，同志你想买点什么？他回答说：想买草帽带，我介绍他要机纱带，我又问他，要安单的还是双的，他说，安单的就可以了，我帮他剪了四市尺机纱带顺手帮他安好。这位顾客戴上了草帽后，感激地在意见簿上写道：332 号服务员，不论生意大小，一样热情、耐心地接待，我只买了四分钱的边带，她不但热情介绍商品，而且还帮我安好，这种良好的服务态度如同都乐岩风景一样美丽，在她的身上我看到了柳州不但风景美，柳州人的心灵更美。

在工作中，我们经常遇到一些顾客，满怀希望地买某种商品，但碰巧无货，顾客就会问你什么时候有货来，是不是可以给他留一点。特别是有些从未见面的外地顾客，也经常来信要求买某种商品。我想这些顾客都有一个共同的特点，肯定是迫切需要这些商品，作为营业员有责任尽最大的努力去解决他们的困难，满足他们的需要。

有一次，贺县工会的一位顾客来信要我帮他买一瓶芭蕾牌珍珠膏，我在市内各商店找了都没有卖。那年五月我去北京参观时，跑了王府井等一些大商店，仍然没有买到。后来我去天津探望妹妹时，又走了不少百货商店还是没有买到。最后返回北京时，在一个小小的商店里买到了。回柳州后立即给她寄去，这位顾客感激不尽，给我写了一封感谢信，信中说："你是为人民服务到底的热心人。"

又有一次，也是一位未见过面的顾客给我来信，要我帮她买一件64公分的针织涤纶外衣，当时我店无货，我心想像这样大件商品，她托我买是对我很大的信任，我一定要设法帮她买到，而且要选一件最好最合身的外衣给她。我利用休息时间走了市内各兄弟商店，都没有买到。但我时时挂在心上，过了半个月商店进了一批上海产的针织涤纶外衣，从中给她选了一藕色底起雪花点、式样新颖的外衣，并立即给她寄去。当这位顾客收到外衣后，马上高兴地给我写了回信。信中说：你寄来的外衣，非常合身，我十分满意，你这种想人民之所想的店外服务精神，是我们学习的榜样，你真是名不虚传的优秀营业员。她的话，对我来说，虽然是过奖了，但它却使我进一步懂得了柜台连着千家万户，服务态度的好坏直接影响着社会主义制度的声誉。

在我们接待的顾客中，有时也会遇到个别顾客提出些不合理的要求。一次，有位男青年买了一斤二两毛线，不知怎么搞的，把其中的 2 两搞乱了，要求退换。接待他的同志认为，顾客搞乱的按规定不同意退换。一个要换，一个不换，两人就吵起来了。当时我在汗衫柜那边，见到这种情况后，就上去劝解，心平气和地问这位青年："同志，这二两毛线是你自己搞乱的吧。"他默认了。我又说："像这样乱蓬蓬的毛线，你退给我们，哪位顾客还会要呢？爱护国家财产，人人有责。"顾客不作声，我就说："我看这样吧，你等一下，你把毛线给我，我们想办法给你整理好。"这位青年还气冲冲地说："我没时间等你，我要回去上班。"我又说："没时间不要紧，你先回去，留个地址，整理好后我们送给你好吗？"这青年听我这样一讲，就不吭声了，但也没有走。我随即和同柜的一位同志一起帮他整理，好在当时顾客不多，很快就把这二两毛线理好了。这位青年红着脸不好意思地说："对不起，我刚才不应该向你们要态度，谢谢你们。"说完就走了。这一次小小的风波说明，对待一些提出不合理要求的顾客，我们不能用简单的办法，用规定去挡开了事，更不能用粗暴的态度与他争吵，而是要耐心、细致地做好宣传工作，并且尽可能地去帮他们解决实际困难，才能消除矛盾。

接待顾客要做到眼明手快、勤动嘴，更要满腔热情。特别是对那些来的急、要的快、个性强、态度粗暴的顾客，尤其要注意做到这一点。有一天晚上，我正在接待两位买棉毛衫的顾客，这时来了另一个顾客，敲着柜台粗声粗气地叫"买袜子！"我看他气势汹汹的样子，便心平气和地对他说："请稍等一下，我就来。"待那两位顾客买了棉毛衫后，我走过去问他："同志，你想要哪种袜子？"他不答腔，只是用手指着玻璃柜里的锦纶丝袜。我又问他："要多少公分的？"他还是不吭声，只是从口袋里拿出了一张纸条给我，我看了后，知道要的是两双23公分的女袜。我再问他："你买袜子，是给青年人还是给中年人穿的？"他看我这样耐心对待他，终于开腔说："是中年人穿的。"我讲："还是选深色的好。"他表示同意后，我便挑了两双给他看，他连连点头说："好！好！就要这两双。"他付了钱后，高兴地跟我说："你这位同志服务态度不错，今天中午，我在街上，为了买一条锦纶围巾，还跟营业员吵了一架。"后来我才意识到，他刚来的时候是一肚子的气，本来想把这气发在我身上，刚才要是他大喊，我也大声答的话，一定会吵起来。可见，接待个别态度冷淡的顾客，一定要热情，只能以热对冷，变冷为热，不能懒得理睬，以冷对冷。

多年工作实践使我深深地体会到，当营业员要做到：嘴巴勤、业务熟、技术精。因此，我虚心向自己的同行和顾客以及一切内行的同志学习。十多年来，我先后到过四个营业专柜工作，每到一个新的岗位，都努力熟悉各种商品的产地、规格、价格、质量、性能和特点。我还很注意观察什么地方的人喜欢穿什么式样的衣服，胖的和瘦的怎样穿才合身，以及不同年龄、不同体型的顾客对商品的不同要求，力求做到回答顾客询问及时，挑选商品拿样准确，选定商品结算收付迅速，使顾客满意。以我退休前所在的专柜为例，经营的商品有大有小，从二十多元一斤的毛线，到一、两分钱的边绳、带，品种多、规格复杂，营业繁忙，挑选性大，仅毛线一类就有高、中、低档之分，每档毛线甚至一种毛线就有好几个颜色，产地不同，含毛量也不同，顾客在购买时，总是挑来选去，有的还用手抓了又抓，摸了又摸，甚至放在脸上贴一贴。过去我们怕顾客把毛线搞乱、弄脏、影响质量，便规定只准顾客看样品，不准接触实物，不少顾客对此很有意见。为什么顾客买毛线时要抓、要摸，甚至放在脸上去贴呢？经过多次试验，发现毛线的含毛量不同，毛的粗细不同，它的手感和柔软程度不同。为了方便顾客，满足他们的要求，我改变了过去的做法，让顾客接触实物，并帮助他们对比挑选。

　　随着业务技术水平的提高，营业效率和服务质量也随着

胡大莲回国前的全家福

提高，为顾客当参谋也就比较容易点到点子上。有一次，一位顾客来到柜台前，指着一种上海产的 50% 的混纺毛线问我，这种毛线怎么样？我便把这种毛线的特点一一作了介绍。同时又拿出了北京、天水、天津产的 50% 的混纺毛线作比较。说明北京产的比上海产的圈数多 50 圈，手感好；天津产的颜色好，又毛多；天水产的颜色好，但价格贵，那位顾客边听边用手摸，觉到我讲的有道理，便买了一斤二两北京产的。这位顾客离开时高兴地说："你真是顾客的好参谋。"

（三）

多年的工作实践，使我深刻地体会到，在我们这个国家里，营业员和顾客只是社会分工不同，人与人之间的地位是平等的，都是同志式的关系。我为顾客服务得好些，就会得到广大顾客的赞扬，得到社会的尊重。由于几十年如一日地做顾客的贴心人，认识我的人也越来越多，许多相识或不相识的，来自外地、郊区或其他商店的顾客都曾叫我帮他们买东西或当参谋。上街时有许多我不认识的人主动同我打招呼，小孩叫我阿姨，有的则含笑点头。一天晚上，我带孩子到市人民医院看急诊，当班的医生（是工厂来实习的）我并不认识，但他一见到我就亲切如故，熟悉地叫出我的名字。这位医生看完病后，又帮我补挂号费、交药费、领药，并交待我，如果小孩服药后有什么反应再来找他。我感到他的服务态度真好，便连声道谢，但他却很客气地说：这也是向你们学来的呀！广大顾客对我的关心、爱护和鼓励，使我看到了祖国建设社会主义精神文明之花正在盛开。我想，作为一个售货员，改善服务态度，提高服务质量，不仅是改善企业经营管理的需要，而且也可用我们的行动去影响社会，促进新风尚的树立，推动社会主义精神文明建设。

　　当年我只做了点应该做的工作，为顾客尽了一点义务，但党和人民却给了我很高的荣誉。我曾多次被评为柳州市的先进生产（工作）者，并当选为市人大代表，获得过市政府授予的"市最佳营业员"和"市劳动模范"的光荣称号，1985年被商业部表彰为"劳动模范"，被全国总工会授予"五一劳动奖章"。在荣誉面前，我总感到很惭愧，工作做得还不够，离党和人民的要求还差得很远。我只得把党和人民给我的荣誉，作为自己前进的动力，进一步搞好服务态度，提高服务质量。站好三尺柜台，为四化多作贡献，这是我一直坚持的信念。

党指引我进步

——胡蓉　口述

被采访者简介：胡蓉，女，1925年生于缅甸仰光，在仰光读完小学，随家人回到祖国读中学，由此受到了进步思想的影响。1948年再去缅甸，开始参加进步组织，并于1951年加入缅甸共产党。缅共解散后，于1953年回国。在北京，被组织安排到华侨旅行服务社工作。1960年，随爱人下放到广西武宣华侨农场。1973年调柳城华侨农场。1979年被调到广西壮族自治区侨联工作，直到退休。

采访时间：2004年9月21日

采访地点：广西壮族自治区南宁市大板二区被采访人住所

采 访 者：巫秋玉　张丽琴　陈小云

整 理 者：陈小云

（一）

1925年我出生在缅甸仰光，到我这一代应该算是第四代华侨了，我的曾祖父是被卖猪仔从福建永定卖到缅甸来的，因为我们华侨比较勤劳，到了我祖父这一代，家里已经开了几个药店。因为我们福建永定出了个胡文虎，所以我们永定籍的缅甸人几乎就都八卦丹、清凉油等中药。我们在缅甸住的那个地方面积不大，人口也不多，缅甸当时全国才四千多万人，那里没有四季，只分凉季、热季、雨季三个季节，我父亲一共兄弟四个，所以每个人都分了一家药店。我们在缅甸的华侨一般不会和当地人通婚的。

因为爱国，我们华侨子女都学习中文，我家尤其是如此。在缅甸读完小学后，父母就让我回国，跟随祖父母生活。因为我家比较有钱，所以在缅甸和国内都有家产和房屋，在祖父的安排下，我们全家到了广东潮安，我也在那里读中学，后来因为日本人侵华，潮州沦陷了，我们全家就逃到永定中川了，当时中川侨育中学没开办高中。1946年我就去了大埔县读高中，并且在那里认识了我的先生朱其桂。

1948年我家又回到了缅甸仰光，因为缅甸靠近云南，所以在解放初期也就是1949年的时候，有很多的国民党的残余部队逃到了缅甸，他们在那里捣乱，使华侨社会分成了两派，我记得当时缅甸国民党的大使馆在大使涂允檀的带领下转向了我们共产党，而且在东南亚一带，缅甸是比较早和中华人民共和国建交的国家，并且很快就要互派外交官，我们很多华侨都非常高兴，感觉有亲人要来了。国民党为了破坏缅甸和中国建交，就到处捣乱，但是在大使涂允檀的支持下，各行各业的华侨联合会都团结起来抵制国民党。

在读书上，我们只读北京新华社出的书，而国民党那边则读台湾的课本，我们就努力争取更多的华侨孩子来读北京出的书。我们还在杂志、报纸上用公元纪年，而国民党那边还用民国纪年，我们利用一切机会来宣扬共产党，比如在缅甸，很多人都喜欢挂国家领导人的画像，最先是孙中山，然后是蒋介石，后来解放了很多人就挂了毛泽东和朱德的画像

胡蓉在接受采访

了，但是国民党的残余分子非常的嚣张，他们会攻击那些挂共产党领导人画像的人，缅甸很有名的爱国资本家曾顺术就被他们暗杀了，他们还用钱来收买当地人来袭击爱国人士，甚至扬言打死一个给多少钱、重伤了给多少钱。在节日里我们也和国民党进行斗争，我们在国庆的时候不用号召就会挂五星红旗，而国民党残余分子是用金钱收买那些不了解新中国情况的人挂国民党党旗。

那时候我是老师，参加了教师联合会，还在缅华妇女联合会当副秘书，也曾经在缅华永靖青年互助会任职，我在国内受到了革命思想的影响，1951年在缅甸加入了侨党，因为参加侨党也是会被杀头的，类似于国内的地下党，都是单线联系，王英秀是我的入党介绍人（因为我妈妈去世比较早，她是我父亲以前的手下，后来就成了我的后妈，她现在福建

泉州，其实只比我大五岁）。我父亲叫胡定筠，他是 20 年代
入党的，在国外如果是单个人的话会经常受欺负，所以必须
加入到社团里。其实华侨们都把祖国当成大后方，只有祖国
的支持，他们才能在当地生存下去。

（二）

1952 年缅甸共产党解散了，1953 年我和我先生回国，我
带着五个小孩中的四个一起回国，开始在北京华侨补校里待
了一段时间。当时是实行供给制，按规定四个小孩以上，单

国务院侨办平反胡蓉的文件

位配给一个保姆，于是国家就配给我们一个保姆。后来我被
分配到了北京华侨旅行服务社，在社里当行政秘书，那时候
我们一年要组织两次旅游观光。

1958 年开始整风运动，因为我先生在缅甸是缅甸《新仰
光报》的副总编，运动开始，他是社里五个领导成员中的一
个。在运动初期他工作积极，帮很多文化较低的人抄大字报，
向党交心，向服务社的某些领导人提了意见，我先生出生资
本家家庭，很快，他就被错划为了右派，因此我和孩子都受
到歧视，我也被调到了旅行社的厨房，一夜之间整个环境都
变化了，所有人都对我们避而远之，还有人劝我改嫁，找个
出生比较好的人，这样孩子和我就可以换环境了，但是我觉
得我不能这样做，我坚决不同意，最后我也被划成了中右派。
我先生被弄到北大荒接受劳动改造，那里都是些文化、电影
界的人士（和丁玲等同一批），他在那里拼命的干，表现比
较好，就第一批脱掉"帽子"，回到了北京，但是北京不能
待了，就去了广西武宣农场。

1960 年，我就带着孩子去那里和我先生团聚了。武宣农
场是军队系统的农场，都是些被划成"右派"、"中右派"的
干部。我大女儿当时已经初三了，本来想把她留在北京继续
读书，但是上面不让留，结果只有跟我们去广西了。那里非
常落后，都是泥巴墙。一直到 1973 年我们才被调到了柳城华
侨农场，这个农场是六十年代印尼排华后，国家为安置印尼
难侨在那里建的农场，当时条件相对来说是比较好的。那时
候我的工资是 51.5 元，因为我是中右派，工资福利都没有
涨，我在农场里主要就是做工会工作，因为我是属于可用不
可信的干部，只能作群众工作，在两个农场都是干工会工作。

（三）

1980 年，我才脱掉"中右"的"帽子"。1990 年，才重新核实了我党员的身份，恢复了我的党籍。在这里，我要感谢萧岗和徐日琮，因为他们的努力，我才被组织上恢复了党籍，他们帮我找到了联系人。因为我是归侨，人家不相信我是党员，因为我们侨党是单线联系的，别人不知道我们的身份。

1979 年，越南排华，我被借调到广西侨联，做归侨工作，负责帮助解决归侨侨眷的困难以及安抚归侨难侨，一直到退休为止。

我是 1982 年退休的，退休后我们缅甸归侨在南宁组织了一个缅甸归侨联谊会，我也积极参加了这项工作。

少年从军游击队，瑶山剿匪擒匪首

——黄强　口述

被采访者简介：黄强，1934 年 6 月 21 日生于马来亚森美兰州，1948 年 12 月回国。中共党员，副处级干部，讲师职称，曾任广西壮族自治区梧州市侨联副主席。

采访时间：2004 年 9 月 25 日下午

采访地点：广西梧州市新世纪宾馆

采访者：黄小坚　牛秀梅　谭光盛　黄任来　梁少坚　龚炽杰

整理者：黄小坚

（一）

　　1934 年 6 月我出生于马来亚森美兰州的芙蓉市，祖籍在广西平南。据说，我爷爷黄宗品、父亲黄进（原名黄达英）是 1913 年出国做工的，经过广州时才剪掉了辫子。他们先到了新加坡，然后进入马来亚内地砍伐原始森林，放火烧山种植橡胶、咖啡，当上了英国殖民主义者的工头。后来，他们又跑去开锡矿，也是当工头。积了点钱之后，我父亲就娶了我母亲吴娣，生儿育女。母亲是个从广州来的客家人，来时只有 16 岁。我排行老二，上有一个姐姐，下有五个弟妹。

父亲很勤奋，有了钱后，他就不做工头了，买了个果园生产榴莲、山竹、红毛丹；同时，还到芙蓉开茶栈，雇了两个工人看店、卖茶叶，自己则到各埠推销茶叶。结果他的茶栈管理不善，日寇侵马后即停业了。爷爷抽鸦片烟，到了马来亚还抽。后来我父亲把他打发回平南，他干脆把祖上留下来的木山、田地都卖掉了。

日本南侵时期，我们华侨组织队伍跟他们打。我父亲参加了抗日军，在村里联络站做联络员。1945年胜利后，他在文丁埠当工会主席。不久英国殖民者重返马来亚，对马来亚实行殖民统治，要抗日军缴枪。结果，那些不肯缴枪的人又回到山里组织抗英军队，重新打游击。我父亲以果园为活动地点，我则站岗放哨，还发过传单和材料。那时我已经十多岁了，在文丁中华学校读书。

黄强近照

一天，地下党同志找到我，说英殖民军警要来抓人，要我告诉父亲当晚无论如何都要逃走。我立即骑上脚踏车蹬了十几公里回到果园，告诉父母亲。父亲接报后便即带上我和姐姐到果园对面的马路上搭车，前往75公里外的吉隆坡，到广西会馆避难。但父亲不放心家里，第二天早上又让我回去看看。我搭车回去，提前下车回家。外婆一见到我，就急催我走，还让我带上弟弟。原来，英军警昨天晚上已经把我家抄了，并把当时已有身孕的母亲和4岁的妹妹拉去关押了。我带着弟弟回到吉隆坡，父亲便决定立即回国，并费了两周时间办妥了护照，然后坐火车到新加坡等船。住在大安旅社等了一周，我们便顺利地搭上了一艘前往香港的英国客货轮，但出关时我们的金银首饰全被扣下了（写了收条）。

　　额货轮载的是铁板，人多拥挤，非常脏乱，我们只能睡地铺。途经西贡时，要卸货下人，不巧这时却碰上了退潮，大船搁浅了。结果是用三条小船、花了一天的时间，才把它拖了出来。

　　好不容易到了香港。我们在那里住了一个星期，添置一些寒衣和日用品。接着，就搭船过九龙，坐火车到了广州。

（二）

　　那是1948年的年底，国内已经很冷。我们在广州爱群旅店小住后，又登上"花尾渡"客货船，坐船沿西江逆水上溯两天两夜到广西梧州来。梧州那时还没有解放，沿途地方很乱，土匪很多，船只被打得砰砰响，我们都被赶到船舱下去躲避。到了梧州后，我们离船在当地旅店中属于鹤立鸡群的新西旅店过了一夜，次日又搭原船到了平南武林镇。

　　上岸后，还要走上五十多华里才能到家。父亲是第一次回乡，第二天便雇了个挑夫上路。一头是行李，一头是我弟弟。晚上进了村，村上人都说："南洋佬回来了！"拿手电筒对着一照，倒把他们给吓了一跳。原来他们从没见过电筒，我姐姐那身烫发、花衣服的样子他们更感到好奇。

回到家乡不久，钱就花光了。为了生活，我只得跟着父亲上山砍柴卖。当时，100 斤的木柴只能换到 3 斤的稻谷。

我爸爸老讲共产党好，要穷人起来闹革命。正好我有一个同村的堂哥是地下党，他便在 1949 年夏天介绍我们参加中共地下党活动。不久，我担任了中共平南地下党负责人、桂中支队第十队政委黄英的警卫员，当时年仅 14 岁。跟他打游击，没得吃不说，还得穿自己从南洋带回来的洋布衣裳，人们都叫我"华侨仔"。1949 年 12 月 3 日平南解放时，我们曾配合解放军攻打警察局。

平南县成立人民政府后，黄英当上了副县长，我仍当他的警卫员。为了保卫新生的红色政权，黄英带领剿匪工作队配合解放军 461 团辗转各乡镇剿匪，非常危险。有一次，黄英在思旺区政府召开贫下中农会议，土匪发现后就来围攻。马上骑马突围，冲出思旺圩时遭到土匪射击，我们立即拔枪还击，快马加鞭冲出了伏击圈。土匪越来越猖狂，他们时常掠抢农民粮食，攻打政府，杀害干部，破坏土地改革。当时，有一千余名土匪盘踞在平南大瑶山等地，并在进山的必经之地大坳处伏击剿匪的解放军。461 团解放军虽然经过多次冲锋攻下了大坳山头，但还是有很多战士光荣牺牲了。不久，广西全境开始剿匪。为了防止罪大恶极的匪首从水路逃往港澳，西江实行全线封江并用船只运送解放军到沿江各县剿匪。黄英带领平南县剿匪工作队，跟随解放军驻梧州部队派来的一位副师长率领的解放军部队，深入大瑶山等地剿匪，在大坳处首战抓获了一批土匪。土匪逃上悬崖峭壁的石山上负隅顽抗，我们便在黄昏时吹号佯装撤退，诱使土匪下山回到据点村。拂晓，解放军杀个回马枪，又抓到了几百名土匪，还缴获了一批枪支弹药。这期间，无论是剿匪还是下乡工作，我都和黄英同床共被睡觉，同甘共苦。一次在平南水晏休整时，大家都到河边烧热水洗澡。我脱掉白扣布的内衣一看，哗，竟然有一团团白色的虱子虱蛋！我二话不说就把这些"吸血鬼"连同衣服丢进锅里煮沸消灭掉。1951年，我们配合解放军消灭了平南境内大小股土匪1.66万余人，巩固了新生的人民政权。

此时，我母亲已经出狱，寄来几百元路费让我返回马来亚，与亲人团聚。首长动员我留下不走，我就把钱捐去给志愿军买飞机大炮了。接着，黄英调到南宁任自治区党委副秘书长，叫我随他过去，但我不愿意去，结果他带个警卫员走了。两个月后，我调到中共梧州地委组织部工作。

1950年夏天，经过解放军大规模剿匪后，一小撮残匪潜逃、隐藏和流窜于深山野岭和地主、富农的家里。上级任命梧州地委委员、组织部组织科长谢玉婵为剿匪队长，我又一次做起了警卫员并有幸随她到了剿匪反霸的第一线。

我们把大瑶山的土匪打败了。一股残匪跑到藤县太平镇大楼村，伺机反扑，该村成了附近地主、恶霸、土匪的据点。我和谢玉婵队长住进该村一户农民家里，白天同农民一起耕田，晚上挨家挨户访贫问苦，宣传共产党的方针政策，打消群众顾虑。谢玉婵还多次找一个自首的土匪营长谈话。在掌握了敌情之后，我们果断地采取行动，发动农民群众守村堵路，不花一颗子弹就抓获了十多个恶霸地主和土匪头目。接着，又组织农民群众参加围山剿匪，躲在深山里的两个土匪头子眼看大势已去，走投无路，最后服毒自杀了。

一天晚上10点多，天正下着雨，在濛江一个村子的农民家里，谢玉婵在煤油灯下看文件，我倚在门口地铺上警卫。突然，我发现有一个黑影窜到靠近山边的窗口向内窥视，当即意识到是土匪来"踏点"，便一翻身跃起，边叫喊边持枪冲出去，但转眼间土匪已经消失在夜幕中。我回到屋后，大家当机立断马上转移，及时避开了土匪的偷袭。

剿匪反霸胜利后，我从梧州地委调到梧州市委工作，谢玉婵还让我去公安局工作。不过，我表示自己还想学习。于是，组织上便先让我到市委干部学习班学习半年，然后安排保送我带薪到梧州一中读初中，关系仍留在组织部。从此，我放下枪杆子、拿起笔杆子，开始了新的征途。

（三）

学校里的学习生活对我来说并不轻松。为了赶上教学进度，我每晚自修熄灯就寝后，还要在自备的小煤油灯下复习完当日老师所教过的功课。由于没有亲人在梧州，每逢寒暑假和节假日，我基本上都在蝴蝶山顶的一中学生宿舍里看书学习。就这样，我在两年半的时间里读完了三年的课程，考试成绩优秀。我在学校里还很活跃，当过学生会副主席，团委副书记、书记。

到毕业时，市委通知我到干部科报到，分配我到市政府第三办公室当干部（我是 1952 年初转的干），该办公室全称是"对资本主义私营工商业社会主义改造办公室"。记得现在的梧州淀粉厂（用木薯为原料），就是印尼华侨潘清启（后回国当广西自治区侨联副主席）在 50 年代初回国观光后筹集 10 余万侨资合资建成的，他当总经理、董事长。当年我在该厂搞公私合营工作，等他回国签字就等了 6 个月。只有他签字了，公私合营才能顺利进行。

然而，好景不长。1955 年，国内开始肃反，归侨麻烦了。我被调去当小学老师。不久，又调我到国营梧州炼油厂当榨油工人。这工作很吃力、很辛苦。干了一年之后，有一天被市委书记谢玉婵的爱人碰见，便设法让我去搞工会工作。后来，我还做过厂里的秘书、日化厂夜校的校长、河西职工校的专职语文老师等。因我热心为党报、电台和新闻单位写稿件，"文革"时，《梧州日报》社要调我去当编辑。但当时组织部的领导不同意调我，说黄强这个人不错，就是家里人在海外，没法调查。但在 1970 年，市革委会、武装部搞报道组，曾经抽调我去做记者，后来还让我搞对台、对外宣传工作，自己也写了不少的稿子被采用了。当时金门岛驻军总司令（后调任台湾的交通部长）的后母、儿子们都在梧州市，我就找他们录音，然后拿去电台播出。

改革开放后，我的工作环境有了根本的改变。1979 年 9 月，梧州市总工会牵头与市教育局和市科协等单位联合举办市职工联校，我被调去搞筹办我在任专职副校长的 6 年期间，该联校从无到有、从小到大，后来有专职教师二十余人。先后开办有 8 所分校，开设高小、初中和高中文化班以及各类技术班和电大班等 100 多个班，每学期学员人数达 5000 余人，一共有 11000 多人获得了文化或技术单科结业证书，为梧州市经济文化建设的人才培养工作作出了贡献。

1989 年，组织上信任我，特地调我去侨联当专职副主席。我到了侨联后，认真学习、贯彻党和政府侨务工作的方针政策。我分工搞宣传，负责编每月一期的《梧州侨联》。

我注意宣传表彰归侨侨眷中的好人好事，如著名蛇医，肿瘤医疗专家等等。我还注意依法维护归侨侨眷的权益，并千方百计地帮助他们解决各种困难。尤其是在帮助归侨侨眷寻找海外亲人方面，我利用自己海外亲属朋友众多以及三次出国探亲的机会，做了大量艰苦细致的工作，收到很多好评。

1991年10月，我归国后第一次回马来西亚探亲。见到了80高龄的老母和弟弟、妹妹们，第二天，我就迫不及待地开始了帮侨寻亲的工作。这一天，我先是打了7次电话，通过间接、直接的寻找，终于给梧州服装厂的刘克轩找到了侨居吉隆坡的弟弟刘克复先生。随后，我又和弟弟开着摩托车出门，冒着炎炎烈日奔波十多公里，帮梧州航运公司的老陈找到了其在马来西亚的弟弟陈先生。陈先生喜出望外，感激之余还抽空带我逛商场、看夜景、拍照留念。我还走东家、串西户，逐街逐巷打听询问，为陈贵淑找到了失去联系几十年的舅舅黄浩耀、黄浩仑先生。又几经周折，为市水泥厂的归侨老梁找到了其在马六甲的姨妈。此外，我还先后帮助市总工会干部陈世隆、市面粉厂侨眷杨敏梅以及归侨罗金勇等找到了亲人，并把书信照片交给他们，使两地的同胞皆大欢喜。

（四）

1975年我父亲在国内病逝了，享年82岁。母亲是2001年年底在大马去世的，享年91岁。在此之前，1996年春节、2001年7月，我又两次与爱人到马来西亚探亲。第二次同去的有我大姐；最后那次，我们带了两个儿子（我有5个儿子）、两个孙子去。现今在马来西亚谋生的，还有3个妹妹和

1 个弟弟。

　　我现在可谓多子多福，儿孙满堂。5 个孙辈都已经读书，其中一个中专毕业，还有两个已经大学毕业了。

　　回首自己走过的路，我有很多感慨，但人生无悔，我很知足。2001 年 4 月，我作了一首诗——《六十七秋抒怀》。

　　　　赤子回国何需求，壮志未酬古稀到。
　　　　少年从军游击队，瑶山剿匪擒匪首。
　　　　慈母汇钱催出国，儿献路资跟党走。
　　　　人生坎坷忧愁多，离休安居住旧楼。
　　　　蹉跎岁月烟云散，风云幻变眼底收。
　　　　读书栽花防衰老，颐养天年度春秋。

"我既无愧于祖国和人民,也无愧于我们的党!"

——黄镛琨 口述

被采访者简介:黄镛琨,1924 年 3 月 29 日生于马来亚霹雳州,1929 年回国,曾任广西玉林地区侨联主席。

采访时间:2004 年 9 月 24 日上午

采访地点:广西壮族自治区玉林市环城东路 237 号市政府第二生活区被采访人住宅

采 访 者:黄小坚 牛秀梅 谭光盛 韩富昌 黄漫阳

整 理 者:黄小坚

(一)

1924 年 3 月 29 日,我生于马来亚霹雳州一个海外赤子之家,属于华侨的第二代。我 6 岁那年,或许是出于生活的无奈,父母带着我和弟弟回唐山(中国)祖籍地广西容县松山镇沙田村后,便把我托付给祖父母抚养,父母和弟弟三人转身重返南洋谋生去了。此后,我们一家三代人一分为二、天各一方。海这边,我同爷爷、奶奶相依为命,以干农活、从地里取得微薄收入来维生;海那边,五个弟弟和爸妈一起,从事矿业开采。一家两地亲人虽然干的都是苦力活,可日子过得还算安稳、舒心。

老家广西容县是个山青水秀、人杰地灵的著名侨乡，有很多人到海外侨居谋生。容县还是名果沙田柚的故乡，而沙田柚便是因沙田村而得名的。每年霜降时节，只见那挂满枝头的柚子像金线吊葫芦似的，黄澄澄一望无际，令人心旷神怡、陶醉不已。

黄镛琨近照

在家乡，我读了小学，此后还曾在大庙跟从当地名师申继馨读了一年专修。申老师为人正直，学识渊博，尤其擅长诗词、对联，曾以一首"石柱挽狂澜浪静风平归大定，龙山开叠嶂人杰地灵显文明"传颂天下。在那里，我们读《论语》、《故事琼林》、《古文观止》等，聆听申老师通俗、透彻的讲解，学到了不少知识。

1946 年，我结了婚。

（二）

1949 年 11 月 28 日，容县解放了，我也参加了工作，被农民兄弟推举为沙田乡镇上村农会主席。

但容县的天下并不太平。这里人口不多，伪军官体系却像一棵盘根错节的大树，给新政权的建立造成重重的障碍。特别是此时，原国民党少将副师长夏越等人就在沙田一带网罗土匪，成立"反共救国军"，由伍文湘任军长，夏越任副军长，匪患四起。

面对如此环境，我没有退缩。1950年春，在容县军政委员会所派工作组彭汉超（女）、温士能等人的领导下，我团结农会一班人，组织众农友乡亲开展支前征粮、退租退押活动，仅用十多天的时间，就从地主的粮仓里要回了四千多斤的稻谷，首战告捷。就这么一点胜利成果，也让农友们喜上眉梢。他们争先恐后地报名加入农会和民兵队，自觉地巡逻放哨，保卫工作队。在此后数年间，我积极配合解放军对土匪进行多次的围剿，终使地方上重新恢复了安宁。

（三）

1951年，我被抽调去苍梧县参加土改试点工作，任工作组组长。当年夏天土改结束，我奉调随《梧州日报》抽调的部分编辑、印刷工人前往容县筹建《大众报》。该报从1951年8月1日创刊，到1963年1月31日停刊，历时11年半的时间，共出版了2360期报纸，产生了很大的社会影响。在此工作期间，我先后担任过编辑、记者和编委等职务。

明确报纸是党的喉舌，围绕党的路线、方针、政策和中心任务，正确把握好舆论导向，是我工作中牢牢遵循的一条准则。办报伊始，我就到地处梧州地区南端、季节来得早、又是地委发展农业生产的重点县——陆川县蹲点调研。我通过《粮帅视察记》专栏，系统地报道该县粮食稳产、高产经验，对于促进全区农业生产的大发展，起到了积极的作用。

在新闻工作中，我还注意运用群众喜闻乐见的形式，一

是通过正反面典型人和事以及群众的活思想，进行连续性
的广泛宣传；二是运用山歌说唱形式进行宣传报道；三是
要求文章短小精悍，加强言论宣传；四是大力培养和发展
农民通讯员，为报纸的通俗化创造条件；五是组织读报组，
把报纸大样先拿到读报组向农民宣读，征求意见进行修改，
这样既能使报纸办得通俗，又使农民更加关心和支持办好
报纸了。

　　由于我工作努力，思想进步，1953 年我光荣地加入了中
国共产党。

黄镛琨在口述中（中、右为其妻梁缅章、其子黄漫阳）

　　办《大众报》，我们曾经走过两段艰苦奋斗的历程。在
容县创办的第一阶段，可谓万事开头难，没有财政拨款，社
址是两层旧瓦房的粤东会馆，上面的旧木板楼大房间住着十
几个编辑人员（后来编辑人员增加到三十多个），楼下是与
工人一起用餐的大饭厅。那时，报社没有现代化交通工具和
通讯设备，平时记者下乡是坐汽车到县城，下乡镇大部分是

骑单车或步行。后来给驻县记者配备了一辆自行车，发稿是让汽车司机带回到汽车站，然后叫报社派人去拿。新华社电讯则是靠人工抄写。1958年随地委迁到玉林后的第二阶段，办公、住宿条件还是很差，又遇上了国家经济困难时期，生活极为艰苦。但是，我们全体编辑人员和工人仍然精神抖擞，团结协作，经常日夜加班突击，出色地完成了出报任务，报纸的发行量由二万份增加到三万份，成为中南五省区有名的通俗报纸。1961年，《大众报》被评为全区先进新闻单位，我则被评为区直优秀干部和玉林县宣传文教新闻工作先进分子。

1962年至1978年，我由报社调到地委、县委工作，先后担任中共玉林地委办公室秘书、玉林县委农村政治部副主任、桂平县委宣传部长、容县县委办公室主任和纪委副书记等职。在党委部门长期工作的经历，不仅进一步养成了我的大局意识和服务意识，而且还锻炼了我工作上的组织协调能力，为后来做侨联群众工作打下了坚实的基础。

1982年至1995年，我出任玉林地区归国华侨联合会主席。

（四）

出任侨联主席期间，我全心全意为海外华侨华人和国内归侨侨眷服务，大力落实各项侨务政策，协助清退华侨私房，维护归侨侨眷和海外侨胞的合法权益。在对外联络、为经济工作服务等方面，也都取得了一定的成绩。主要工作有：

1. 采取多种形式广交朋友，打开海外联谊的新局面

根据玉林地区海外华侨、华人分布于新、马、泰和港澳

地区较多的特点，我以香港为基地，以新、马、泰为重点，广泛联系世界各地的广西同乡，普遍在各地建立起联络点，形成了一个联络网。

我提出在香港安排几位侨联委员，得到地委、行署和自治区侨联、自治区人民政府的批准。经港澳工委审查，我们补选了香港的归侨蔡达祥、彭如林等人为玉林地区的侨联委员。我还提出一些活动能力较强、社交较广的人选作为主要联络对象，经常同他们保持联系。如，新加坡的成立超（新加坡广西暨高州会馆署理主席），马来西亚的有陈茂森、李格海（霹雳州广西会馆正副会长），泰国的邓深元（泰国广西会馆秘书长），美国的黄兑芳（纽约广西同乡会）等人。他们经常把各地的情况和广西社团的活动情况写信告诉给我，使我及时掌握了不少海外的侨情。

采取请进来、走出去、书信、寄贺年卡、祝贺会馆节日及重大活动等多种形式沟通各地广西社团和各地知名人士，并对回乡访问的乡亲进行热情接待，是侨联组织开展海外联谊工作的重要内容。每年春节前，我都要写一百多封贺年卡寄给海外社团和亲友；每个月，我也要写5到7封信，由此结交了大批朋友。世界广西同乡联谊会各届会长、新加坡李立忠，马来西亚广西总会会长陈茂森、名誉会长江文昌，泰国广西会馆名誉会长封君晓、封明光，勿洞八桂堂理事长黄桂忠，以及曾任马来西亚内阁部长曾永森、现任国会议员刘德琦等三十多位知名人士，是我深交的朋友。

我在做海外联谊工作时，无论在出访、接待、交谈、书信往来等活动中，都注意介绍祖国形势、侨务政策，以及改革开放以来的变化、投资环境的改善和外商投资优惠办法等，为海外乡亲和归侨侨眷办了许多实事，赢得了他们的信任。因此，国外回来的人和不少归侨、侨眷都愿意来找我。1991年3月，我和容县侨联主席封祖暹应霹雳州广西会馆的邀请访问马来西亚。在短短的7天中，马来西亚广西总会和霹雳州广西会馆会长驾专车带着我们访问了13个广西会馆、同乡会，会见了三百多名广西乡亲。访问期间，4个华文报天天报道我们的访问情况。曾永森、刘德琦、江文昌、陈茂森等一批知名人士还专门宴请我们并进行亲切的交谈，使我们了解到了不少马来西亚政治、经济、文化以及华人的情况。出访回来后，我们写了访马汇报上报到广西侨联和全国侨联。全国侨联对此很重视，在1991年《侨联动态》第二期增刊上摘要刊登，并发到吴学谦副总理、外交部、外经部、全国人大侨委。把地区侨联出访信息反馈到中央，这还是首次。

随着马政府放宽对华人出入境的限制，马来西亚广西总会当时也着手组织一个观光探亲访问团回祖籍国故乡访问。该访问团原来报名参加的只有80多人，后来在我们访马的宣传影响下增加到了140多人。访问团于1991年5月到达广西，受到自治区、地区和县各级人民政府和侨务部门的热情接待。随同来访的青年舞蹈团还在南宁、玉林和容县等地演出，表演了精彩的节目，进行了中外文化交流。接着，江沙、文冬、霹雳、玲珑、宜连突等地的广西会馆，也相继组团回到故乡观光探亲。

由于对外联谊的不断扩大，新、马、泰等地的广西社团和乡亲到广西玉林、容县观光访问、经贸考察的人越来越多，仅从1991年至1995年就有二十多个团、四百多人次，出现了前所未有的新局面。其间，我都力所能及地协助行署和有关部门热情地做好接待工作。

2. 把联谊工作和经济工作结合起来

1989 年，玉林地区第一次在澳门举行招商会。这是一次成功的盛会，一大批港、澳各界企业家和知名人士应邀出席，而其中大部分参加的人员都是根据我提供的名单邀请的。1990 年，广西区侨办、侨联在桂林、南宁举办世界广西同乡恳亲会，共有 130 多人参加，其中有 56 名是按我提供的通信地址邀请的。1992 年以来，玉林地区侨联配合行署和有关部门接待了十多个经济考察团共二百多人次，介绍给有关部门洽谈项目搞进出口贸易，引进资金、技术、设备 19 项。玉林侨联还为外经委介绍马来西亚商人搞进出口贸易，购买了大批的橡胶和棕榈油。我和两位副主席还通过驻香港侨联委员蔡达祥，介绍马来西亚腾麦机构刘盛贵先生先后两次来玉林考察，和贵港市甘化厂签订了投资 1.5 亿元办火电厂和水泥厂两个项目的协议。推荐香港侨联委员彭如林先生，投资 4000 万元港币在容县兴办了饲料厂。泰国封明光先生在容县容城镇签订了合资 2000 万元办容洲酒家的意向后，向我反映董事长人选和中方出资问题的意见。我随即向他们做了工作，统一了意见，终于使这一项目在 1993 年 10 月 21 日容县侨联办公大楼落成庆典会上正式签订了合同。为巩固和发展侨联经济实体，我主持地区侨联和港商黄南合作开办了南北泉（振侨）汽车运输公司。该公司 1993 年 8 月合同期满，我和同志们一起克服重重困难，多次到玉林、南宁有关部门设法办通了手续，然后又到广州、深圳和港商一起办理了续期 5 年的合同，巩固了侨联的中外合资企业。不仅如此，我们还经多方努力，增加了 5 个侨联主管企业，收取了一些管理费，补充了侨联经济上的困难。我还抓住侨联可接受免税赠车的机遇，在 1991 年年底赴京参加中国华侨历史学会 10 周年换届会时，找到全国侨联副主席黄军军，反映侨联无车的困难，得到她的重视和支持，终于办通了手续，使玉林侨联有了自己的交通工具。

3. 热心维护华侨、归侨、侨眷合法权益，为他们排忧解难

我在退休前的几年间，认真执行"归侨侨眷权益保护法"，积极协助有关部门落实侨务政策，解决了十多件老大难的问题。马来西亚国会议员刘德琦在容城西上街的侨房，经过多年的申诉未得落实，我访马时他找我反映并交申诉书与我。回国后，我立即向自治区侨办反映，得到重视并组织调查组邀我参加。我提出具体意见，经过协商后，调换了一间相同面积的房子给业主，刘德琦很高兴。访马时我还接到夏姓乡亲反映，说其在容县松山六武冲的祖坟被覃姓人破坏，要求政府予以保护。我回国后亦向容县有关部门反映，县里还组织有关部门进行调查，予以妥善处理，终于解决了双方的争执。1962 年，容县松山乡沙田村归侨刘志家被玉林地区行署行政科下放回家，刘多年来一直申请按政策回收却总是未得解决。他向我反映后，我即写信到马来西亚霹雳广西会馆，由该会馆寄来刘志家父子回乡的证明材料，然后和有关部门的同志一起跑了十多次，终于在 1993 年 9 月解决了此事，刘志家被批准回收，按退休办理，每月领到了 350 元的退休金，从而解决了实际生活问题。此外，我还陆续帮助刘汉祥等十多位侨属找到了他们在海外的亲人。

4. 举办和参加以弘扬中华传统文化为主要内容的活动

1992 年，玉林地区侨联曾和《大众报》联合举办中华"侨乡杯"书画楹联大奖赛，由我来担任评委主任。这次活动共评出获奖作品 180 多件，做到了书画传情，情联四海。在经费困难的情况下，我还想尽办法主编出版了《中华侨乡杯大奖赛精品集》，发给海内外各界人士，获得好评。这些年来，我个人还曾多次参加全国性的书法、书画比赛并获奖。

1993 年，参加第一届"东方杯"中国书画大赛，获荣誉金奖；

1994 年，参加"学雷锋"全国书法大赛，获优胜奖；

1995 年 6 月，参加"洗笔泉"书法大赛，获三等提名奖；

1995 年，参加纪念全国总工会成立七十周年书法大赛，获一等奖；

1998 年 12 月，参加"书堂山杯"全国书画大赛，获等级提名奖；

1999 年元月，参加"禹王杯"全国书画大赛，获三等奖；

2000 年 12 月，参加"华夏杯"书法大赛，获铜奖；

2000 年 12 月，参加"翰墨情缘杯"书法大赛等级奖（一二三等奖）的评选。

5. 开展华侨历史研究

我在前些年参加了为期 4 年的广西区直干部业余大学中文专业的函授学习并毕业，1994 年还评上了副研究员职称。我在工作中，很注意研究华侨问题。这些年来，先后写了 6 篇论文，均已发表在《八桂侨史》上。其中，《广西海外社

团的历史和现状》一文，获 1987~1990 年广西社科研究优秀
成果三等奖；《二战后东南亚华人经济特点》一文，被 1992
年底美国加州伯克利大学少数族裔系举办的世界华人研讨大
会所采纳。我主编出版的《海外乡贤》一书，刊登了广西籍
海外各界知名人士二百多人的事迹。我是全国华侨历史学会
会员、广西华侨历史学会第一届副会长、玉林地区华侨历史
学会会长。

遗憾的是，2002 年玉林地区华侨历史学会按要求去民政
局登记，被告知必须有 3 万元的资金才予办理。学会没有这
笔资金，因此没有登记，活动遂告停顿。

我担任玉林地区侨联主席十余年，工作上勤勤恳恳，取
得了一些成绩，因此也得过不少奖励。我是第三、四次全国
归侨侨眷代表大会的代表，1986 年被评为全国侨联工作积极
分子，1992 年被评为广西自治区优秀侨务工作者，1994 年被
评为全国侨联为实现"八五计划和十年规划"做贡献活动中
的先进个人、获"爱国奉献奖"，1995 年还获得了自治区侨
联工作先进个人奖。

（五）

现在，我已经是 80 高龄的人了。

我膝下有四个女儿、两个儿子。大女儿是老师，二女儿
在工商局，三女儿干个体，小女儿已下岗；大儿子做工人
（已去世），小儿子在玉林市侨联。可谓子孙满堂，足以自
慰矣！

我在马来西亚有五个弟弟，以前常来常往。在马来西亚，

我还有 16 个侄儿、17 个侄女，都还通着信。

岁月流逝，往事如烟，回顾自己走过的路，我有很多感慨。但我对于自己这些年来在国内的工作和奋斗，还是颇有成就感的。我既无愧于祖国和人民，也无愧于我们的党！

钻研是我的喜好

——蒋福传　口述

被采访者简介： 蒋福传，男，1938 年 2 月 15 日生于中国厦门，7 岁到印尼，在泗水读小学、中学。1960 年组织泗水新华中学 100 名同学回国，经安排进入广西华侨补校学习，后考入广西农学院农机系，在国家的帮助下，自己省吃俭用，努力学习，毕业后长期工作在农机一线，逐渐成长为一名机械工程师，获得过广西壮族自治区劳模等荣誉。为人正直、向上。1983—1988 年，当选为广西壮族自治区人大代表。1998 年，以高级工程师身份退休。

采访时间： 2004 年 9 月 24 日

采访地点： 广西壮族自治区钦州市进口汽车配件公司被采访人住宅

采 访 者： 巫秋玉　张丽琴　谭伟邦　陈小云

整 理 者： 陈小云

（一）

　　1938 年 2 月 15 日我生于中国厦门，7 岁随亲人到印尼，在泗水读的小学、中学。1949 年，家父蒋介智和几位侨界同仁从印尼回国观光，并在国内逗留近一年。返回印尼后，带来许多好消息。之后几年，陆续有侨胞回国观光，其中有些文人还连续在印尼的华文报纸上发表文章，介绍新中国的新鲜事。大人之间的议论，给我印象最深的有两件事：一件内容是"旧社会把人变成鬼，新社会把鬼变成了人"。说的是旧社会妇女被迫变成了娼妓，男人变成了"鸦片仙"。而新社会把娼妓集中安排到纺纱厂成为自力更生的纺织女工；而把"鸦片仙"安排去修水利，当时可能还没有好的戒毒药，只能采取逐步戒毒的办法，规定修水利担泥砂才能获得少许鸦片，并且逐步减少，直到戒毒成为劳动能手；而街上的乞讨儿也进入孤儿院接受教育，连昔日老板也安排工作。人民跳秧歌舞，唱社会主义歌曲。我当年最爱唱的一首歌就是：我们祖国多么辽阔广大，她有无数田野和森林，我们没有见过别的国家可以这样自由呼吸，……我们彼此称呼同志，有这称呼格外亲切。另一件事，新中国职工月工资在10万元（旧币）左右，国家规定职工各尽所能，按劳分配，不劳动不得食，职工的生老病死、住房等问题，子女读书问题，都在国家统筹之内。职工只要认真参加劳动，这些事项都有办法解决。当然实事求是地说，当年的生产劳动条件仍然十分清苦，但对比旧社会，已经是翻天覆地的变化了，而且生活也在一年比一年好。当年我11岁，听大人介绍，还有一些图片之类的报导，也加深了我对新中国的向往。1958年我在泗水新华中学高中毕业，找了几个月工作，最后在一家钢铁公司打工。由于家父在数个华侨团体中担任职务，为了我的前途，早打算送我回国，加上1959年印尼政府实施了第二次"剪币事件"，也就是说把国家面额最大的100元和50元两张钞票，对半剪开，有总统头像这一半贬值十倍变成10元和5

元流通，另一半作废。这样手上有大面额钞票的小商人一夜之间沦为穷人，其中一部分小贩因消息不灵通，辛苦收到的小钞都给了顾客找了去，手中中仍一堆100元的大钞，断了生活，部分商贩承受不了自杀身亡。加上1960年的排华事件，虽未殃及我们，但父亲仍下决心送我回国。由于我是独生子，家父是经过反复考虑决定的。

（二）

1960年5月10日，在泗水侨联安排下，由魏炎汉同学（今在柳州）任领队，我任副领队，带领印尼泗水100名中学生回国，其中大多数为高中毕业生，个别为初中毕业生。当时华侨社会认为祖宗风水显灵，游子落叶归根。我们原计划回福建老家或近邻广东。

蒋福传近照

　　5月中我们抵达广州石牌华侨补校，因广东、福建均已人满，无法接待。祖国接待处的领导同志给我和魏炎汉做思想工作，并要求我们做其他98名同学的工作，最后除了2名因残疾和年幼需由国内在北京、厦门的亲人监护外，其他96名随我们服从祖国分配到广西南宁华侨补校，并立即进入紧张的系统学习中，准备高考。使我终生难忘的是：我原先在印尼高中除了语文和数理化成绩较好，其他很差，历史、地理更差，没有信心参加高考，要求政府给我安排去工厂当工人。华侨补校的校长了解我的情况后，认真做我的思想工作，鼓励我参加考试，这样使我树立了信心，发奋复习，并参加了考试。考后因连日复习劳累，水土不服，再加上南宁天热缺水，我私自到邕江洗澡，不幸患重感冒，病情迅速恶化，最后送到广西医学院救治，留医一个多月，医疗费全免。补校还派人把广西农学院农机系（后并入广西大学）的录取通知书送到我的手上，令我十分感动。

　　我是在开学后好几天病愈了才去报到的。我回国时，除了带足生活用品外，手上无钱，学校核查情况后，安排国营物资收购部门收购我的部分用品，其中值钱的有一斤燕窝，一付望远镜，几枚戒指，总共卖了一百多元人民币。学校领导考虑到我大学四年的必要开支，给我发了乙等助学金，每月6.67元，当年每月伙食标准是10元。这样在大学4年中我每月只付3.33元的伙食费，其他费用全免，一直到大学毕业，钱正好用完，分配工作前我又向同学借了20元，这20元已在我首月工资42元中还清。

　　这期间，我在医院中一个多月的医疗费和读大学4年的学杂费全由政府供给，除此每月还给我6.67元的伙食补助。

如今回想起来，如果不是共产党领导的社会主义祖国，这几笔费用由我自个承担，不知我会是什么境况。到了工作单位后，我看到的单位领导除了工作比我辛苦外，生活上和我一样，也是在饭堂排队吃同样的饭菜，工资也比我多不了多少。一旦有人头疼脑热的，领导都亲自来探望关怀。这就是共产党人给我留下的永生难忘的印象。现在回想起来，那可是祖国三年困难时期过后不久。虽然那时的收入水平、生活条件都很低，可是，这是一个在原一穷二白、十分贫穷落后的旧中国废墟上建立起来的新中国呀。打个比方说，有一个人还很贫穷，他手上只有一份口粮，这份口粮还不够他一个人吃，但是为了帮助我，他却可以把这份口粮再分一半给我，这个人就是共产党，没有一丝施舍意思，我接受帮助也不感觉低人一等。政府也未拿此事做广告，就像父母养育子女一样。从现实中我读懂了"人民政府"和"社会主义"这八个字的含义。

（三）

我参加工作的第一站是贵县八一拖拉机站，这里的职工基本上是抗美援朝回国的军人，他们那种吃苦耐劳、公而忘私的精神给我树立了好的榜样，也影响着我的后半生。在拖拉机站工作一年多时间，自治区农机局长先后两次来探望我们，之后又抽调我到玉林小平山公社参加了一年多的农村四清工作队，了解农民的生产生活情况。中国农民敦厚、朴实的性格给我留下深刻的印象。"文革"初期，组织上调我到钦州地区农机处工作，之后到"五七干校"劳动4年，到农机公司 6 年，任农机校教师 3 年，转到地区机械厂任副厂长，最后到进口汽配公司工作直至退休。这期间始终服从组织分配，政府也给了我各种荣誉和奖励：

1982 年 12 月国务院侨办、全国侨联授予全国归侨先进工作者称号；1983 年 2 月广西壮族自治区政府授予广西劳动模范；1983 年 7 月国家民委、劳动人事部、中国科协联合授予科技事业发展奖状、奖章；1998 年 12 月中共广西壮族自治区委员会、广西壮族自治区人民政府颁发荣誉勋章。

（四）

我受党的关怀教育多年，党和人民政府给了我许多许多，在我身边曾经工作过的党员都给我留下了深刻的印象，因此我觉得我们党是伟大的，我们的祖国是伟大的，这在很大程度上影响着我的工作生活态度，我为社会主义祖国的富强而努力工作，我是容不得有损社会主义建设事业的事情发生的，只要被我发现，我一定坚决抵制。1983～1988 年我当选广西壮族自治区人大代表期间，我始终铭记自己的代表职责，积极调查研究，写调查报告，反映我身边存在的问题，建议政府能够及时解决。

1984 年 9 月，钦州地区行署与香港某公司联营的钦州地区进口车辆维修中心正式开业，这天晚宴过后，当时身为"中心"业务部负责人的我，从总经理手中接过一份乙方（香港公司）负责人要"中心"购进的一批外国进口汽车零件"进货单"，我细看后大吃一惊，原来这是一批上世纪 70 年代的淘汰货，于是我当即向总经理建议"本地无装配此类零件的汽车，买它等于买废铁，国家却因此要损失20万元，应该马上退货"。总经理认为我的意见很好，连夜向某公司发加急电报抵制了这批货。

不久，上级从合浦县调来一位不懂机械业务的"中心"副经理。她上任后，对于我和一些坚持原则的、维护国家、企业利益的领导干部渐渐看不惯。1985年2月，乙方负责人通过在钦州地委的"熟人"要"中心"购进他推销不出去的两千台冷暖气机。我对这种利用关系进货，企图大捞国家一把的做法提出了不同意见，并和外经委主任、"中心"总经理一起，坚决拒绝进这批质量差、价格高、耗电大、当地滞销的冒牌货，使"中心"避免了将近60万元的损失。同时，我和外经委主任、"中心"总经理一起对某领导只讲交情，不讲原则，一定要让乙方少投资、多分红的做法提出了尖锐的批评，坚持要按双方实际投资比例分配利润，维护企业的合法权益。想不到外经委主任、"中心"总经理却因此而一个一个被免职，我也在此后的三年里遭受了打击。

我还多次用口头、书面等方式，向中共钦州地委、钦州行署反映某些领导违反中央政策、慷国家之慨、搞不正之风的情况，诚恳地提出了一些批评，并以广西区人大代表的身份，建议地委、行署按党纪、国法严肃处理，予以纠正。

我自费跑到广东收集材料证据，然后给上级写了"控告书"。由于当时我是广西区人大代表，区劳动模范，并多次受到国家、区、市各级的表彰，我的被诬陷引起了社会的关注，《广西日报》对我的事件进行了大篇幅的报道，引起了读者强烈的反响，纷纷给予我大力支持。不久，区委书记陈辉光，区人大主任甘苦分别在我的"控告书"上做了批示，区纪律

1983 年，蒋福传获得广西自治区政府授予的劳动模范称号证书

检查委员会也过问了此事，钦州地委、行署责成有关部门尽快给我解决这一问题，这样，"中心"才补发了我 8 个月的工资，恢复了我的工作，并处理了当事人。

（五）

1998 年我退休后，应聘于某个资产评估机构，做机械设备资产评估人员，最近被钦州市工艺美术学会特聘为学会顾问。

为丰富晚年生活，2002 年我开始学油画，目前达到临摹名家作品的阶段，今后打算在临摹的基础上搞创作，将钦州秀丽的人文景观、三娘湾美丽的风光和目前正在计划筹建的钦州威德寺佛教胜地的神秘风采，逐一收入画中，以展示我们钦州迷人的魅力。

我现在过得很幸福，虽然2002年妻子不幸脑血栓落下半身残废，但我们积极治疗，目前左手虽不能活动，但已经可以行走了。这几年我承担家务，每日三次为妻子测血压，调理用药，病情稳定。子女在广东打工，均已成家立业，外孙女7岁，活泼可爱，每年回来小住几天，共享天伦之乐。

由于国企大批倒闭，我的单位也不能幸免。1990年代初，单位景况尚好时，因单位领导一时疏忽，将政府为我提工资而下发的红头文件当成一般信函塞进他的办公桌，半年之后，领导清点文件时才发现，此时，他才交给我并催促我立刻去办，我赶紧跑到市政府调资办，可惜因文件下达已半年了，调资工作早已结束，单位领导很着急，当年分管我们单位工作的行署地区副专员周家发同志对此事十分重视，亲自带了这份文件赶赴自治区调资办，但为时已晚。

因我得过省劳动模范，政策有所照顾，加上近年退休金有所提升，如今我的退休收入尚可。

钦州市侨办、侨联领导对我都十分关心，曾根据《广西壮族自治区侨务办公室，广西壮族自治区人事厅，广西壮族自治区劳动厅，广西壮族自治区财政厅1995年桂侨字1号文件关于工龄满30年以上归侨退休职工退休金按原工资标准发放的通知》精神，派专人为我办理退休金由基本工资的70%调高的申请工作，但是很可惜，钦州市社保部门认为，广西的土政策管不到社保的规定，政府"三厅一办"没有一个"保"管用。实际上，只要没有大病或者意外，我没有烟酒嗜好，每月工资已足用有余，只是担心我妻子的病情。

我的归侨生涯

——黎芷湘　口述

被采访者简介：黎芷湘，女，1933 年 7 月出生于南非约翰内斯堡，祖籍广东省顺德市，1949 年 11 月加入中国人民解放军，曾参加解放海南岛的万山群岛战斗，参与创建海军航空兵部队，1956 年转业后主要从事人事和侨务工作。

采访时间：2004 年 9 月 23 日上午

采访地点：广西柳州市友谊路被采访人住所

采 访 者：林晓东　苏妙英　周育毅　胡修雷　温维祥

整 理 者：林晓东

　　中国侨联领导派华侨华人历史研究所的同志跑这么远来采访我，我真有点受宠若惊的感觉。我搞了这么多年的侨务工作，还没有任何人采访过我，今天你们专程从北京来和我面对面地交谈，我很感动，有很多话想对你们说。我是个心直口快的人，有什么我就说什么了。

（一）

　　我有 11 个兄弟姐妹，他们大都生活在海外，只我一个人留在国内。我家可以说是华侨世家。我父亲是南非较早的华侨，他早年就跟着我伯父到了南非。为了谋生，他主要做点小本生意，开个小杂货铺什么的。当年到南非去的华侨多数是契约华工，在那里为矿主开采金矿和钻石矿。在南非，我父亲很热心公益事业，为当地华侨做了很多事情。他创建了华侨墓园，参与创立南非的华侨学校。1989 年，有人去南非的时候，曾专门考察过我父亲的一些事迹，华侨墓园创建时立的石碑还留在那里。我父母都是爱国华侨。抗日战争爆发后，我父亲在南非当地为筹款支持抗日做了很多的工作，还积极参与了为支持抗日而举行的各项募捐活动。八十年代的时候，我父亲在南非的很多老朋友都还健在，他们经常讲到我父亲过去的一些事情。现在我们家族在南非已经是第四代人了，他们主要居住在约翰内斯堡和皮托利亚，有些人又迁移到博茨瓦那和澳洲，还有几个人移居英国伦敦。由于种族矛盾使南非的社会治安一直不好，经济情况也不太理想，有技术有知识的第三代、第四代的年轻人就逐步迁移离开南非了。

1933 年 7 月，我出生在南非的约翰内斯堡。父亲长期在海外谋生，深感自己没有文化之苦，在国外没有文化就不可能有地位，没有地位就被人看不起，就永远翻不了身，过不上好日子。所以，父亲下决心把我们几个大一点的孩子带回国读书。我两岁左右的时候就和姐姐哥哥们一起被父亲带回家乡广东顺德，父亲把我们送回国以后自己又回了南非。

我是我母亲的干妈（广东叫契婆）带大的。契婆自己没有孩子，就把我当成她自己的孩子养，我母亲总是寄钱回来给她，一家人就靠海外侨汇生活。抗战爆发后，日本人很快就打到了广东。老家顺德实在没办法再生活下去，老百姓死的死、跑的跑，契婆带着我们姐弟几个逃到了香港。顺德是侨乡，老百姓大多数都是靠海外侨汇生活的侨属。日伪统治时期，广东的这些侨乡完全断绝了外汇来源，这也就等于断绝了老百姓的生活来源。在无法生活的情况下，只能远走他乡，否则就只能等死。我伯母就是守着故土不愿意离开，不肯跟我们去香港，结果给活活饿死了。到了香港，弟弟就上了小学，读到三年级香港也沦陷了，这样我们不得不离开生活了三年的香港，又回到了广州。广州是个大城市，生活出路比较多，随便做个小买卖、给人打个零工都可以生活得下去。当时如果再回到顺德农村去，那是没有办法生活的。日伪统治时期，我们老家顺德饿死了很多人。

　　整个抗战时期，我们一家人的生活很困难，因为外汇中断了，海外没有钱寄回来，我们重要的生活来源也就没有了。

黎芷湘近照

我的两个姐姐当时已经比较大了，她们做点小买卖或打零工以补家用，我也跟着她们做点杂事、帮点忙，就这样勉强维持着弟弟一个人把书继续读下去，我们几个女孩子就都没有书念了。一直到日本投降的前一年，我才得以继续上小学，两个姐姐还须挣钱贴补家用。日本人统治的那段时期，可把我们全家害苦了，所以，我母亲最恨日本人。80年代的时候，她曾回来过一次，到桂林去旅游，住宾馆，当她知道电梯里有日本人的时候，坚决不进。她说，只要有日本人呆的地方我就绝不在那里呆，我是绝不和他们在一起的。日本侵略者把我们全家人给害惨了。这既是家族仇，又是民族恨。

日本投降以后，我们就和远在南非的父母恢复了联系。我的两个姐姐也重新上了学，她们都读到了高中毕业。1947年我父亲从南非回到国内，1948年把两个姐姐带回南非，而我和弟弟则继续留在祖国读书。在我还没有读完高中的时候，广州解放了。

（二）

1949年11月，我参加了中国人民解放军。当时我所在的学校是广州很有名的教会学校，叫培英中学，在学校里有地下党的进步组织。那时我的思想还很幼稚，比较贪玩，但受学校地下学联组织先进思想的影响很大。地下学联组织搞读书会，动员我参加，我虽没有积极地投入，但学联组织交给我的一些具体事情，我都努力去做了。当时学校里的一些进步同学的苏联书籍没有地方藏，我就把这些书都放到了自己家里，以免同学遭到不测。也正是在地下党的影响下，广州刚解放时我没有告诉家人就偷偷参军了。

1949年渡江战役以后，中国人民解放军横扫千军如卷席，很快就打到了广东。广州解放后，军委下达指示，明确规定部队工作的重点由农村转入城市，要吸收有文化的年轻人到部队来协助开展城市工作。当时44军131师的驻地在佛山，当地有文化的兵源很少。于是，师政治部就派了一个工作组到广州招兵。我参军的事儿没敢告诉我母亲，我走的时候只留下一封信给家人，他们看到信才知道我参军了。事后我才知道，母亲找我找得很辛苦。后来她曾托人到部队里叫我回去，她说只要我回去，保证供我读大学，还说要买钢琴给我，想用这个办法诱使我回到家里去。当时我认为在部队里能受到良好的教育。解放前妇女没有地位，解放后妇女翻身了，我成为了一名女军人，自己能够独立地工作，为国家做贡献，我感到很自豪。所以，我下决心要在部队里干下去，没有听从母亲的召唤。

当时，我所在的部队担任的是解放海南岛的任务。海南岛解放以后，我们又接到军委的命令，马上投入到解放万山群岛的战斗中。刚参军的时候，和我一起的有二三十个女学生，大多数被编到文艺宣传队和文化工作队，少部分人被分配做战勤工作。在解放万山群岛的战斗中，我被分配去搞战勤工作。战勤工作的主要任务是在野战医院护理伤员。这项工作比文艺工作和文化工作辛苦多了。万山群岛解放以后，我们部队就被调到东莞。由于我在参加战勤工作时表现得不错，师领导就把我留在师政治部保卫科工作，女同志在部队做保卫工作是不多的，我算是特例吧。

万山群岛解放以后，我母亲到东莞来看我。当时新中国刚刚成立，在国外有很多谣言。母亲到部队见到我一切都很好，对部队的印象极好，从此她也就放心了。

万山群岛解放后不久，朝鲜战争就爆发了。当时我们师部没有赴朝参战，由于军队建设的需要，我们师被编入了海军，参与创建海军航空兵部队。军委的命令下达之后，我们就随部队调到山东胶县创建海军航空兵一师。在一师呆了有1年的时间，到1953年，海军航空兵政治部需要干部，于是从一师抽调了一批干部到北京，我亦在其中。到北京以后，我在政治部秘密科工作。1955年，部队实行军衔制。1956年彭德怀一声令下，对部队的女同志做了一次大的调整，大部分的女同志都被"一刀切"转业了，我转业到天津税务局人事科工作。

（三）

1953年到北京工作以后，我曾经积极申请入党，但令我失望的是，组织上最后讨论的结果是：黎芷湘同志的各方面条件都很好，但此人有海外关系，没有办法调查清楚她的问题，所以暂时不考虑她入党的事。这件事对我的打击很大，因为我的出身是先天的、是无法改变的，这也就意味着我从此无法根本改变自己的政治面貌。就是从那个时候开始，各项工作组织上都可以放手让我去做，惟独入党的问题始终没有办法给我解决。参军不久，部队解放了海南岛和万山群岛以后，我就被调到保卫科工作，保卫科干事是一个在政治上必须可靠的工作岗位，也属于部队的机要部门。当时组织上非常信任我，一些重要的公章都由我来保管。海外关系，在战争年代未曾给我带来什么政治影响，反而在和平发展时期倒成为一个政治问题。对此，我很苦恼。

就是从我要求入党的时候开始，这个政治包袱压了我几十年。从那以后我再也没有申请入党，我只能默默地按照党员的标准来要求自己。打倒"四人帮"以后，有人问我为什么不申请入党，我说不是不申请，我早在1953年就申请入党了，因为我有海外关系，党组织不接纳我，我自己按照党员的标准来要求自己就足矣了，这几十年的归侨生涯就是这么过来的，凭良心说我对得起党、对得起国家。在工作上、在政治上我没有出现过任何问题。特别是在教育子女的问题上，我尽到了自己应该尽的责任。

海外关系的问题甚至影响到我爱人的工作安排。我和我爱人是在北京海军航空兵政治部认识的，他是福建人。我爱人的入党问题是解决了，但每当讨论到他的工作问题时都因我有海外关系受到影响。对此，我一直感到非常很内疚。我爱人1949年7月参军，1955年到南京政治师范学院学习，学完之后被分配到广州军区湛江军分区教导大队任教。1958年部队整编，很多干部转业到地方工作，我爱人也面临着转业的问题。当时我已经先他几年转业到了天津市税务局，想让他也转业到天津来，并帮他在天津化工学院联系好了工作，还专门拍电报告诉他，结果部队把电报扣下来没有给他，并要他转业到了广西红河农场。那时我怀着孩子，一个人在天津生活很艰难，实在没有办法，只能随丈夫调到红河农场。

最初，这个农场的远景规划是很好的。但去了才知道，条件非常艰苦，吃的是农家饭，住的是茅草棚，我们的家境顿时一落千丈。我们在农场生活了不到一年，就调到来宾县城。那个时候我基本上没有什么正经工作。后来我爱人被调到柳州地区党委宣传部工作，我也被安排进柳州地区行署卫生局搞内勤。1963年又因我的海外关系，有人说我们俩都不适合在党委工作，于是来宾县成为我们又一次下放之地。此后，我们在来宾县足足呆了二十多年。

"文革"中，有些人知道我有海外关系，想整我，因为我这个人心直口快，原则性比较强，看不惯的事情就要说。我看不惯那些造反派整地富子女，就站出来说了一些话。我说："地富子女他们本身不是地富分子，他们有很好的业务和技术，应该发挥他们的作用，让他们有机会为人民服务。"我就是不同意无缘无故地整人。那些造反派们就说我保护地富子女，丧失阶级立场。我说："他们有医疗技术，这个本事不是人人都有的，你们有了病也要找他们去看哪，他们为什么不能用自己的技术为人民服务呢？至于他们的家庭出身是他们不能选择的，那是历史问题，和他们没有什么关系，他们没有现行的罪恶嘛。"我虽然有海外关系，但我说话办事从来都很谨慎，从来没有犯过什么错误，而且我说的句句在理，他们也拿我没办法。前几天，我还去看了那两个曾经被我保护过的人。

由于海外关系，我的一生就是这么曲曲折折走过来的。为了保护孩子，我的海外关系始终不敢跟他们说，1979年，打倒"四人帮"恢复侨务机构以后的时候，组织上征求我的意见，是回卫生局工作还是到县侨办工作，我选择了到县侨办工作。后来我调到柳州地区侨联工作。

回顾归侨生涯，我真是很感谢我的爱人。几十年来他受到我不少牵连，但从来没有一句怨言，从不埋怨我，我要感谢他一辈子。他本来在部队是很有发展前途的，家庭出身没有任何问题，是新中国军队里很早的一批大学生，1953 年就入党了，是我的海外关系影响了他的前途。

对于海外关系这个问题，总的来讲我们还算能看得开。在那个年代，这不是哪一个人、哪一个家庭的问题，而是整个社会的问题、整个时代的问题。现在我们老俩口还算有个比较好的归宿。我爱人离休，我退休，我们有离退休金，生活不成问题。我的三个孩子都是大学毕业，儿子是广西医科大学毕业，两个女儿中专毕业后自己读的函授本科，都有学位。现在她们一个是高级工程师，另一个是经济师。我的大女儿在电讯公司当营销部经理，小女儿在中国银行柳州分行工作。儿子在澳洲，现在中国国内的情况越来越好，他是较有成就的外科医生，在国内发展肯定也会有很大的空间。从小我们就给三个儿女灌输这个思想——自己不努力，就不会有出头之日。我的两个女儿都是共产党员，我想成为一名共产党员的愿望，在两个女儿身上实现了，这对我来说也是一个安慰。

（四）

我的归侨生活虽然受了不少委屈，但我感受最深的是改革开放以来我国出现的繁荣昌盛的景象，使海外华侨华人真正在全世界面前扬眉吐气。这一点作为一个在海外有众多亲人的归侨，我确实深有感触。

我家几代人都生活在南非。过去，南非是一个种族歧视、民族压迫比较严重的地方。在我父辈的时候，中国人是被划到有色人种之列的，坐电梯、坐汽车时黄种人与黑人是必须坐在一起的，看电影、进餐馆都不能和白人在一起。在南非的种族隔离制度下，中国人始终被人看不起。我父亲之所以要把我们送回国，就是因为他认为自己没有文化，因而受压迫、被歧视，希望我们变成有文化的一代。但在解放前，国民党腐败，我们华侨华人在国内一样没有地位。

黎芷湘夫妇在军队时的照片

解放以后，我留在国内并参加了中国人民解放军，开始时，我的兄弟姐妹对此很不理解。改革开放以后，随着我们国家不断取得辉煌成就，他们的看法逐步改变了。我察觉到，最近几次他们回来时的态度明显地变了。我姐姐前年回来就对我说："老三哪，现在我们中国这么强大了，我们作为中国人生活在海外真是腰杆子硬了，谁都不敢小看我们。"我弟弟现住博茨瓦那，他回来的时候也对我说："三姐啊，我回来一次就高兴一次，每次回来我们的国家都有变化，而且变化的速度越来越快，共产党真是伟大。"他说，以前的中国在他的眼里到处都是破破烂烂的，这几次回来到广州，感觉太漂亮了。我的弟媳原来从不愿回国，到过香港好几次，就是不进广州。我弟弟就做她的工作："我跟你讲的这些你可以不信，但你自己可以回去看一看，看了以后就知道了。"前几年我弟媳回来一看，感慨万千，她对我说："我全世界都走遍了，没有像中国这样的，到处都在搞建设。"我弟媳是南非土生的华人，此前她只是听说过中国，从来没有亲眼见过中国是什么样子，以前她只敢到香港，而不敢到广州。这次，她在中国玩得非常开心，刚回到博茨瓦那就跟我弟弟讲："你给我安排时间，我还要回去看看我们的中国。"雅典奥运会时，我弟弟在国外几天都没睡觉，他一定要看中国人在雅典是如何表现的。在国外的他们对中国的感情真的和我们在国内的人不一样，某种程度上可以说感情更深。

我有一个外甥女在美国驻南非领事馆工作，以前是不可能的，美国的驻外机构绝对不会用中国人的，现在中国人在国外的地位真是大不一样了。我这些兄弟姐妹在国外，他们对中国的感情一天比一天浓，他们越来越以作为一个中国人而自豪。我姐姐大概今年十二月份又要回来，没什么事儿，就是想回来看一看。我一个外甥女嫁了个英国人，过去旅游从不到中国来，这次到了中国。她在北京和桂林旅游完以后高兴极了，对中国的印象非常好，说中国太好了，到处都那么地漂亮。看到中国的情况，她感到自己高大了不少。

我的海外亲属到第三代时还都会说中国话，到了第四代就不会了。我弟弟为了让他的孩子不忘记母语，专门购买了香港出版的有关中文教学的录像片给女儿看，所以，他的几个女儿广东话讲得很好，也懂得广东人的礼节。我有两个孙子，小的会讲国语，大的不会。这是因为大孙子在学校上学时接触的都是当地人，而儿子、儿媳妇总是在家里跟小孙子讲国语，时不时地还让小孙子打电话回来跟我们聊天，经过这么有意的调教，小孙子的国语已讲得很好。

海外亲人们的这些感受、这些行为，对我的触动很大。我深深地感到，国家的富强与海外华侨华人的命运是息息相关的。以前我姐姐总是觉得我参军是一件很委屈的事情，把我的一生给耽误了。现在她的看法完全改变了，她说："你虽然艰苦了几十年，但国家富强了，这是最值得的事情。中国能繁荣富强，你也出了一份力，也有你的一份功劳，我们整个家族都因为你而感到自豪。"我听了这些话以后真是激动不已，多少年来的委屈都荡然无存了。

我的晚年生活很好、很稳定，现在我很知足，比上不足比下有余吧，有自己的这份退休金也够我自己生活了，我们也不给孩子添什么负担。我应该知足了，知足者常乐嘛。我现在退休了，还拿百分之百的工资，广西有一个政策，在睦南关解放以前参加工作的，退休以后的工资都是百分之百。

（五）

"文革"后，退休以前，我一直在侨务系统工作，在来宾县、柳州地区都是在侨办和侨联工作。地区的侨办和侨联合署办公，工作人员很少，有归侨身份的只有两三个人，我是其中的一员。

　　来宾县的侨务工作，主要是做华侨农林场的工作，更多的日常工作就是处理华侨农林场的场群关系问题。

　　记得有一次，都林华侨林场的场群矛盾激化，几乎要动起手来，我们赶到了现场，抓紧做协调工作。一方面我们说服华侨林场的归侨职工们要遵纪守法不要先动手；另一方面我们去找当地的村支书和生产队长做工作，说明国家对归难侨是有专门的政策法律保护的，你们虽然人多，如果动手的话必定违反政策。我们苦口婆心地两边调解，最后总算将事态平息下来。

　　事情的起因是这样的，当年国家给越南归难侨划拨一块地办农林场，本来这些地都是当地人不种或种不了的撂荒地，归难侨来了之后把这些地种好了，通过他们的辛勤劳动，地也肥了，收成也好了，这个时候有些人就眼红了，就来抢地、抢粮食，根本不讲什么道理。这种矛盾开始不大，但越发展越尖锐。广西华侨农林场的土地纠纷问题一直是个很严重的问题，到现在还没有彻底解决。处理这样的事情还真得有点胆量和魄力。我是一个女同志，面对这种真刀真枪的对峙，真的打起来我可怎么办哪，现在想起来真是后怕。华侨农林场的归难侨和当地群众的关系，是广西侨务工作最难处理的一个问题，有历史遗留的问题，也有现实的问题。

　　柳州地区侨联的工作条件是很差的，最主要的困难是缺少经费。我们下乡工作回来都没有办法按时报差旅费，如果再想开展一点工作就更困难了，把侨联委员组织起来开个座谈会的经费有时都没有着落，接待用车的问题也一直解决不了。当时侨联干部只有三个。过年过节时，机关各个单位都要发一点东西，侨联什么都没有。这我们倒不在乎，关键是工作上没有经费是个很苦恼的事情。我们这些基层干部做工作是很困难的，对此我深有体会。

我虽然退休了，但侨务工作的那段经历，给我留下抹不掉的记忆。这是我回国生活的重要组成部分。我真心希望柳州的侨务工作能够上一个台阶，能够更好地为广大归侨侨眷和海外侨胞服务。

"教书育人"与"管书育人"

——李大庸 口述

被采访者简介:李大庸,男,1910 年 10 月出生于印尼邦加岛。1936 年毕业于上海暨南大学外文系,1947 年 6 月前往新加坡,7 月到达印尼邦加岛,1948 年到槟港中华学校中学部工作。1961 年回国,从事文史资料编辑和图书管理工作。
采访时间:2004 年 9 月 25 日上午
采访地点:广西南宁江滨医院住院部
采 访 者:林晓东 苏妙英 周育毅 胡修雷
整 理 者:陈永升

　　1936 年我毕业于上海暨南大学外文系,当时的名字叫李劲。毕业后从事教育工作两年,抗日战争爆发后,国土日促,深感军中的政治工作之重要,决定投笔从戎。1938 年秋,武汉撤退、广州失守后,广西当局成立学生军团,我就进广西学生军第二团团部任政治指导员。不久因工作过于劳累染上脑膜炎,无暇及时就医,以致病后双耳听力受损,于 1939 年6 月退职,同年 12 月进入广西医学院图书馆管理图书。1942年 6 月底,我因病离开桂林回到博白老家。1943 年 9 月,广西国民政府以我是"共产党重要分子潜归博白活动"的莫须有的罪名,电示博白县政府逮捕我,至 1946 年春仍未获释。

日本投降后，我得知父亲李光前在印尼被日寇杀害，至亲好友劝我审时度势，南渡印尼省亲，利用有利条件，团结侨胞开展民主爱国工作。经王祥同志帮助，1946年4月，我先让爱人梅仲娴带两个小孩离开博白，稍后，我乘敌人监视松懈之机，星夜乘船逃到北海，转灵山到已约好的伯劳中学教书，改名李大庸。一年后，携眷从灵山乘船到广州再转到香港。1947年6月，乘船再到新加坡，在新加坡走访《南侨日报》社工作的彭赫生（即彭世桢），得知大弟李育全在邦加代发行《南侨日报》和《南侨晚报》。7月初，大弟李育全从邦加来接我，7月8日，我到达印尼邦加岛勿力洋。

1948年7月我到了槟港中华学校中学部工作。

（一）

1948年我初进槟港中华学校初中部担任二三年级的国文教师和班主任。在开始上课前，我对初中部主任龙运材说："眼下的工作首先应该放在开展民主爱国运动这方面。为此，首先要培训一大批干部去发动侨众，干部决定一切。因此教学必须适应这方面的要求，要把国文教学和班主任的工作当作培训干部的工作，让学生毕业后都会搞侨众的工作。如果回国升学，也能适应国内的环境。"主任听罢立刻表示赞成，叫我放手去干。

1949年春节，我们的邻居、海外党驻巴城（即巴达维亚，现在的雅加达）负责人谢石基（原名陈安盛）回来结婚。我和弟弟、邻居王政仁前往参加，大家都很高兴。谢石基说："我结婚，只请你们三位。"跟着他谈了国内外大好形势和巴城民主爱国运动的蓬勃发展，讲完了就对我说，"你回槟港即邀几位好友组织起来……"我很高兴地答应了。回到槟港，我即告知好友龙运材，由他邀约教师杨宏祥、烈港矿业工会主席叶运蕉和槟港商家周汉强（周灿），于3月17日在烈港燕窝石集会，宣布成立"新民主主义同志会"。分工时他们公推我任书记，我推举龙运材，大家同意；叶运蕉负责组织，周汉强负责宣传；我负责培训干部。我们计划举办槟港侨众学习社，以学习社名义举办侨众义务夜校，由杨宏祥负责。

李大庸近照

1949年4月9日，槟港侨众学习社正式成立，义务夜校在同月26日开学，工作十分顺利，在槟港侨众学习社影响下，不久，各港纷纷成立学习社和夜校。1950年6月25日又成立了邦加学习社总社。在总社的领导下，全岛的夜校发展到二十多所，学员的总数至少有七八千人，即在本岛的 12 万同胞中，每 15 人就有一个是夜校学员。如果把夜校的学生再加上全岛的学生、社会上的知青及有文化人士，则可见侨教的普及。邦加自 1948 年起至 1956 年印尼排华时止，堪称时侨教的黄金时代。

（二）

1956 年我因患严重过敏性鼻炎，组织上同意我到赤道边上的廖内端本学校工作。端本学校校长郑金殿是我暨南大学的同学。为了让我安心疗养，不致劳累，他只让我教高中第一班的国文兼任班主任。在上课前一天的晚饭后，校长接到一封"哀的美敦书（ultimatum，最后通牒）"，封套附着一些头发之类的东西，威胁校长，限定三天内把我辞退，否则后果自负云云。校长拿这信问我怎么办。我说："暂时不作声张，一方面向校董如实反映情况，另一方面调查研究是谁的笔迹，他写匿名信就因为自知理亏，做贼心虚。加之他附上那些东西更显得没有人格，所以不必怕他，对不对？"校长赞成我的意见。他谒见了校董，校董为之愤恨，说此人卑鄙，没有人格，不能为人师表，要撤他的职；同时叮嘱校长，先请我上课看看，如果学生表示欢迎，就要慰留。校长从校董处回来就立刻找到平时立场和我们相对的那位先生所批改的课卷，用放大镜对照信中的笔迹，竟然发现课卷上的和信上的字迹完全一样，校长高兴地跑来告诉我，反映校董们的态度及我上课后学生的赞扬，嘱我安心教学，那位先生也只好逃之夭夭，溜到外岛。

1960 年代，印尼反动当局实行排华政策，首先是经济上的层层剥削和政治上的重重压迫，继之是对侨教的步步扼杀。1960 年颁布了一道法令：凡是外侨学校的教师必须通过印尼语文考试，如果不参加考试，或经过考试不及格，则不许继续执教。此时，以我耳聋为借口，不懂印尼语，勒令学校解聘我。我国驻印尼使馆闻讯后，立即发给我护照，让我搭乘从波兰租来的最后一条轮船"美上美"号回国。1961 年，我在汕头登陆，回到了祖国的怀抱。

由于我一家都在南宁，接待归侨招待所即让我来南宁定居。

（三）

回到南宁的第三天，我就到广西省统战部谒见管侨务的统战部部长李隆同志。可是他恰巧出差未归，由秘书长何俊同志接见。何俊同志关心地询问我回国后打算干什么？我说自己的耳朵完全听不见，在国内做教师不方便，想做一些文史方面的研究工作。他说，现在政协有个文史组，手头有大量资料，将来要成立"广西文史资料研究委员会"，要我去那里用马列主义的观点研究这些资料。同时老何还劝我，最好还是把耳朵治好，医好了能做更多的工作，对革命做出更大的贡献，还给我推荐了两个针灸专家，一个是副市长胡璇，另一个是祖传四代的武医生，在听说我还有哮喘、鼻过敏等病症，就让李科长给我发了工作证，让我就拿这个工作证去治病，随便哪家医院、门诊都行。

离开统战部，到省政协报到。祝维干秘书长接见我，我提出安排工作的问题。他说:"你现在有病,身体不好,健康是革命的资本,你要先把病治好,你现在医病就是工作,所以暂时不安排。"

这样,我就去医院"上班"了,最后把在印尼医治多年未愈的鼻过敏基本治好。我治了一段时间的病后,健康也略有起色,我又去向祝秘书长汇报,要求工作。他还说:"不用安排,在秘书处有什么工作适合你干,你干就是,但是不要太过劳累,有时间还要注意学习,学习就是工作,就是革命。你在海外多年,刚回国,国内许多情况你不熟悉,所以学习很重要。"

我到了秘书处,什么工作适合我干我就干什么。去文史组旁听。帮助整理图书室。广西文史资料研究委员会成立后,我任研究会副主任,按领导的指示用马列主义的观点研究那些史料。广西文史资料研究委员会存在时间甚短,前后出版选辑20期左右,"文革"爆发后随即停止活动。会中成员十多人,副主任4人,主任1人。

在这段时间内,我还兼主管图书室。我一生以教学为第一职责,做管理图书工作为第二职责。我认为"教书育人"和"管理图书以育人"都是极有意义的工作。所以我在管理图书时,始终以"育人"为目的,风风雨雨、任劳任怨,在领导的支持下,从1961年到1984年离休,都认真地完成自己的工作。我想这些工作的效果得到领导的支持,就是最大的荣誉。

（四）

1984 年，我离休回家。在离休前后，我和高福桂同志合作写了几篇回忆性的文章：《博白革命青年社》（我 1927 年参加该组织）、《回忆早年的王力教授》、《朱锡昂烈士永远活在我们心中》、《回忆刘敦安同志的青少年时代》。自己独自撰写了一些回忆性的文字，如：《在广西学生军二团》、《在广西医学院》、《博白蒙难记》、《回忆在印尼邦加岛的岁月》、《廖内四年琐记》、《香港达德学院》、《最难忘的两位老师——洪深、李石岑》、《印尼教界桂籍侨贤韦同芳》、《＜印尼邦加广西籍华侨＞读后》、《祖国解放初期印尼邦加华侨的三大欢迎》等。

我离休后，因冠心病住院进进出出一直到今天，将近 20 年，笔耕不辍，现在仍在写回忆录。除写回忆录外，一直和国外互通信息，希望能激发他们的爱国热情。

我是一个普通的归侨

——李恒安 口述

被采访者简介: 李恒安,男,1920 年 1 月出生于广东省梅县。1940 年去印尼。1960 年 8 月回国,被安置在华侨农场,后担任小学教师,直至 1986 年退休。退休后一直担任义务邮递员。

采访时间: 2004 年 9 月 26 日下午

采访地点: 广西壮族自治区桂林鸡冠山华侨农场被采访人住所

采 访 者: 林晓东 苏妙英 周育毅 胡修雷 李戊伍 张永坤

整 理 者: 林晓东

我在印尼住了 20 年,1960 年印尼排华时回国。当时,我的年龄在同期归侨中算是比较大的,在护送印尼华侨回国的过程中,我曾帮助印尼侨团和中国驻印尼大使馆做了一些具体事情。

(一)

1920 年 1 月 15 日我出生在广东梅县隆文镇木在村。1940

年我去了印尼，在西加里曼丹山发市定居。我父亲为了谋生，他在我大概 8 到 10 岁的时候到了印尼，在一家杂货铺里给别人打工。如果在家里呆着，只能年复一年地种地，生活特别苦，于是就想到海外闯一闯、谋一条生路。我的阿婆和哥哥也先后出了国，母亲、姐姐和两个妹妹都呆在家乡，没有出去过。我是在广东梅县老家读到初中才出去的。

李恒安在回忆往事

我出去以后也是帮人家做工，我哥哥则在另外一个地方做点小生意。在当地做生意的人基本上都是华侨，当地人不会打算盘，算不了账，所以做不了生意。印尼的华侨很多，甚至连一个很小的地方都有华侨。我到印尼没有多长时间，1940 年 8 月日本人就来了，在当地做生意的华侨都纷纷被吓跑了，店里的东西也都被当地人抢光了。我们只能跑到远离市区的深山里去躲避，躲了好几个月，生活更加艰苦了。光这么躲着也不行，还得想办法找事情做才能生活下去，我只得跑到海边去干煮盐的活，给别人打工煮了三年的盐，自己煮自己卖，只有两三毛钱一斤。当时的生活虽然很苦，但还算能过得去。后来，除了帮人家煮盐，我又干了一份帮人家杀猪的活。再后来我就在另外一个城市里找到了我的哥哥，从此我们哥俩相依为命地过日子。我随哥哥到了巨港市玛达布拉镇勿里顶村，在哥哥开的店里做了两三年后，自己也在勿里顶开了一个小杂货店，生意不算太好但还能过得去。一直到1960年印尼排华前，我都和哥哥在一个地方谋生，互相照应着。日本投降以后，我父亲就回国了，留下我们兄弟俩在印尼。

（二）

1960年3月，印尼总统苏加诺发布了排华九号令，从农村的每一个小地方开始驱赶华侨。印尼政府驱赶华侨是分步骤进行的，先从镇以下的村落开始，再驱赶镇、区的华人，最后驱赶大城市的华人。6月份我们这些生活在农村的华侨，大约有三百多人的样子，被集中到玛达布拉镇的学校里。那个时候在印尼的华侨很多，到处都有华侨，华侨办的小学也很多，就连勿里顶村都有华侨办的小学、幼稚园。这些学校都是华侨捐资兴办的，它们都很漂亮，有教学楼、球场、滑梯等设施。

从那以后，我们就不能在玛达布拉镇做生意了。我们被中华总会安排在华侨学校里，等着中国政府派船接我们。我们是第三批回国的华侨。那个时候我们三百多人都在一个学校里住，有点钱的人自己解决吃饭等生活问题，一些经济条件不好的华侨就由玛达布拉的华侨总会给一些补助。当时玛达布拉华侨总会会长叫李阿三。我帮李阿三做了一些事情，一方面帮他做生意，另一方面帮他料理一些华侨回国的具体事情，比如发放困难补助、填写各种表格、把华侨编成小组等一些管理方面的事情。李阿三算不上富豪，就是生意做得稍微大一点。我们在学校里没住多少时间，中国政府派的船就起程了，随后，我们也就坐火车前往巨港市，沿途经过一些小站，有不少华侨主动上车给我们送东西，让我们这些即将回国的华侨在火车上轮船上吃，他们送的主要是饼干等一些保持期长、不易变质的食物。

1960 年 8 月 16 日，我们正式起程回国，坐的船是一名香港人的船，名叫"大宝康"号。这艘船每天的租金为一万美金，是当时比较好的客船，船上可以放电影，还有游乐场所，整艘船可以容纳四百多人。为了接我们回国，当时国家动用了国库资金，花了几千万元的外汇租船。我记得当时"大宝康"号客轮刚刚整修过，我们上船的时候油漆味道还很重。六天后，我们到达广东湛江港，上岸后坐火车前往桂林，一路上火车的广播里播放的都是"社会主义好"的歌。那个时候在印尼我们可以看到祖国的《人民画报》和电影，也能听到中央人民广播电台对东南亚华侨的广播。在画报上看到祖国欣欣向荣的面貌，在广播里听到祖国建设轰轰烈烈的消息，对华侨是很大的鼓舞。受此影响，广大华侨都非常向往自己的祖国。当年我们在印尼还看到了《祖国的花朵》这部电影，看完后，华侨们都激动不已，很多华侨就是因为看到这部电影才带着自己的孩子回国的。

　　我是从玛达布拉镇出发的印尼归国华侨团的团长。选我当团长的原因主要是因为我年龄相对较大一些，当时已经40岁，有一定组织能力，另外我也是单身一人，没有什么负担。我在学校里组织填好归侨登记表，先邮寄到雅加达，再邮寄到国内，然后由华侨总会与中国驻印尼大使馆联系，大使馆再与国内联系。一切办妥后，再通知我们香港那边的船什么时候起航，将在什么时间到，我们什么时候到什么地方上船。接到通知后，我就组织人到指定的港口等候。香港那边的船一离港，我就组织归侨往巨港市出发，一个星期以后就登上了回国的"大宝康"号客轮，这些组织工作当时都是由我来具体承办的。我是团长，团长下面有队长，队长下面有组长，层层负责，责任到人，我把这三百多人安全地带回了祖国。

（三）

　　我们从湛江港下船后就乘火车到了桂林，在桂林市住了一个星期，大多数人被分配到华侨农场，少数人由桂林市政府安排工作，主要被安排在建筑部门。

　　被安置到华侨农场以后，我们首先必须干的工作就是盖房子，国家为迎接我们新盖的房子在我们到的时候还没有盖完，我们到了以后就自己接着盖。因为是我把这些人带回来的，领导又指派我当了基建队的队长。当时我把人带回来以后就想交差不再当头了，但领导说不行，还得让我当基建队长领着大家盖房子。后来我还当过农场的会计，做表给大家发工资。

　　我们这个农场农林牧副渔都有，有水田和果树，有菜地、有养猪场，也养牛和羊。1958年的时候，这个农场是个麻场。通过我们的辛勤劳动、开荒种地，周围的撂荒土地都给开发出来了，那个时候整个农场只有一部拖拉机，所以基本上都是靠人工开发出来的。

1960年农场开办子弟小学，1965年我被调到小学里当上了老师，由于老师很少，条件也很差，各年级都是一个老师包班教学，一个班从语文到数学由一个人负责。当时学校只有四个年级，每个年级一个班，每个班二三十个学生，全校一共一百多个学生。后来这个学校从初小到高小，又从初中到高中，不断发展壮大，自治区则不断地调来一些新的老师，这个学校才逐步象个正规学校的样子。我当年是教三年级的课，除了音乐和体育课外都由我教。1986年我才正式退休。

1987年退休以后，我担当起义务送报纸和信件的工作，骑着自行车，十几年如一日风雨无阻地把每天的报纸和信件送到各个生产队。过去每天要送两百多份报纸，华侨农场与海外联系多，还有很多的国际信件。我每天要走二十多公里路，就这样年复一年地送了18年，光自行车就骑坏了三部。在农村送报纸是件不容易的事，路很不好走，遇到天不好就更困难了。当年送一个月的报纸才给十块钱，每天合三毛三分钱，现在也才加到一百五十块钱，每天合五块钱，基本上就是义务送报。我送报纸的目的很简单，一方面是为了锻炼身体，退休在家没有什么事做，会憋出病来；另一方面也是为了约束自己，我没事就想打牌，打起牌来就像钉子钉上起不来了，赢了舍不得走，输了不甘心走。有这么一件事做，既可以锻炼身体，又可以约束自己，还为大家做了件好事，是很值得做的一件事。

　　我是一个普通的归侨，这么多年来我就是平平凡凡地这么走过来的。我认为，国家对侨务工作还是比较重视的，但对华侨农场管理的力度不够。过去农场牛羊满山坡，到处都是绿油油的庄稼，现在都没有了，有的地都被卖掉了。现在有很多华侨农场是非常困难的，国家应该很好地把华侨农场管起来。老归侨越来越少了，他们大部分都被安置在全国各地的华侨农场。华侨农场建设得不好，是归侨侨眷工作做得好不好的重要指标。

　　这么多年来，我和哥哥一直没有联系，他也没有来过信，我嫂子曾经到桂林来看过我，但那是十几年前的事情了。在我回国之前，哥哥曾跟我说，他有很多子女，顾不了我了，今后就靠自己发展了。从那以后我就跟哥哥没有什么联系了。我有六个孩子，其中，有三男一女是我妻子和她前夫生的。我妻子的前夫是在印尼那边过世的，她回国以后被安置在桂林市。我和妻子是1962年结的婚，结婚后她从桂林把孩子带过来，一起在农场生活。我自己亲生的是一男一女，一个62年出生，一个64年出生。我妻子共生了六个孩子，很不容易。妻子和她前夫生的老大，很早就到香港去了，到香港后不长时间就移民加拿大，并在那里娶妻生子。我的亲生儿子，同母异父的哥哥在加拿大，也移民去了加拿大。他们兄弟俩都在加拿大做工，具体地做什么我不太清楚。每年他们都会寄钱回来。

　　"文革"中我是老师，在清理阶级队伍的运动中受到了一些冲击。有的归侨说，我带他们回来正是国家三年困难时期，认为我不该带他们回来。用这一条理由来整我并不正当，我们当时回国是对的，大部分华侨在印尼受当地人的欺负，要谋生很不容易，回来以后，国家给予了很多的照顾，应该没有什么可埋怨的。

我现在生活得很好，我现在的退休金虽然少点，但日常生活已可应付了。国外两个儿子还时常支援我们一点，因为他们的母亲患了严重的糖尿病，加上吃药，我们的退休金就不够了。以后的退休金也许要大幅度提高，我可能能拿到一千六百多块钱了，这就足够了。我还有一个女儿在身边，一个女儿在香港。

回国的时候，安置费、生活费、医药费，包括生产工具和农药，一切都是国家供给的，在计划经济体制下，我们各方面的生活和工作虽然不富裕，但很有保障，国家都是按人头下发的，每个人都是有标准的。现在是市场经济了，我们的基本生活也还有保障，相信今后会越来越好。

共产党对我有恩

——梁浩钦　口述

被采访者简介：梁浩钦，男，1938年3月出生于越南清化市，
祖籍广西自治区合浦县，1947年回国，高级政工师，1954年
在广西参军，1959年转业到广西"八一锰矿"即八一铁合金
集团，直至1998年退休，曾任冶炼厂工会主席，矿区侨联主
席等职务。曾被评为"全国归侨侨眷侨务工作先进分子"，
获得全国开拓老年事业活动"奖章"。

采访时间：2002年9月22日下午

采访地点：广西壮族自治区来宾市八一铁合金集团公司被采
访人住所

采访者：林晓东　苏妙英　周育毅　胡修雷　温维祥

整理者：林晓东

　　我是越南归侨，回国时的情况已经是过去几十年的事情
了，一下子也回忆不起来，我就想到哪里说到哪里吧。

（一）

　　我父母是广西合浦县人，解放前一直在越南做粮食贸易
的生意，兄弟姐妹五个都是在越南出生的，我排行老三。我

五岁稍微有点懂事的时候是住在越南的清化市，在当地的华侨学校里读了两年书，后来法国人和越南人开始打仗，就没能再读下去。由于兄妹几个都出生在越南，除了父母讲家乡话以外，我们都是讲越南话。随着我们慢慢地长大，父母认为我们是中国人，不能不了解中国，就带着我们回中国老家，在回国途中路过越南海防市的时候，我母亲不幸得病去世了。办完母亲的后事，父亲带着我们兄妹几个继续回国。

我1938年出生，1945年回国。回到中国以后，国内兵荒马乱、民不聊生。父亲在越南做小生意，多多少少有一点积蓄，但回来以后就一直找不到事情做，在两三年之间就把带回来的一点老本给吃光了。为了生活，为了养活我们这几个孩子，家里能够变卖的东西都卖掉了，最后连回来时身上穿的西装都给卖了，实在没法在国内生活，父亲就想重回越南。到了边境城市东兴县，我们准备从那里坐船到越南海防市去。那个时候还是法国人统治，过关要花很多的关税钱，父亲没有那么多的钱，只好把我哥哥和一个妹妹送到了越南，寄养在一个朋友家里，这样就能减轻一些抚养孩子的负担。

把两个孩子送到越南朋友家后，父亲又返回国内带着我们兄妹三个生活，生活还是越来越困难。由于生活所迫，父亲没有办法养活我们，我大姐18岁那年就出嫁了，我二妹七岁也卖给人家做养女，我九岁那年就给地主去放马，生活非常苦。就这样父亲把我们几个孩子打发了以后，他自己谋生去了。父亲回国原本是想让我们不要忘记祖国，没想到由于生活的变化，母亲不幸去世了，回国后国内的情况使父亲又没法养活我们几个孩子，在不长的时间内基本上算是家破人亡了。我小时候有过流浪的经历，我从小就没有读过几年书，

9 岁就给地主放马，12 岁在农场种地，14 岁在合浦县垦殖场当工人，1952 年家乡土改以后，情况好多了，当时每个月我可以领到 29 块钱的工资。我父亲也从北海市回到家乡，生活开始改善了。

在越南生活的时候，给我印象最深的就是越南人非常崇拜中国的功夫，他们不敢欺负中国人。我当时还很小，不太懂事，但可以感觉到越南人和华人比较友好。越南的节日和中国是一样的，端午节、清明节、八月十五、春节、元宵节等都一样过。他们过年过节也贴对联，而且都是写中国字，就连越南的不少省市地名也都是用中国字来标识的。我小时候对这些事的印象特别深，小孩子在一起玩的时候，到越南人家里看到他们供奉的都是中国神，越南人也很崇拜关公，在神位上写的也都是中国字。

我在解放前上了一点学，完全是在流浪中上的。我很想读书，但就是没有钱，只能到学校里去偷听老师讲课，后来我的行为把老师给感动了，到家里去动员我父亲让我去上学，我父亲说没有钱，老师说不收学费，只买课本。我小时候上了一点学就是这么上的，我在两个国家读了三年半的书却进了六个学校，就是这里读几个月、那里读几个月，遇到了好的老师可以让我到课堂里去听课，很多课我都是在教室外偷听着学的。我在学校里的学习成绩是很不错的，虽然我只读了三年半的书，但我的程度已经达到了高小五年级的水平。

（二）

解放前我从越南回国后在东兴县生活时候，我才十一二岁，记得国民党军队和共产党的游击队经常发生枪战。那时给地主放马生活很苦，父亲也不在身边，我就和一个好朋友商量要去参加游击队。当时生活太苦，跟着共产党打游击是有饭吃的。我们俩商量决定后就拿着简单的行装跑到郊区山上去找游击队。后来我朋友的母亲知道了，就跑来找我们，硬是把我们拉了回去。当时参加共产党的游击队是要掉脑袋的，国民党抓到了游击队员就要杀头示众，但我不害怕，就是想参加游击队。因为我们知道共产党游击队是为穷人打仗的，我要参加游击队的想法也很简单，就是为了吃饭、为了生存、为了活命，当时并不懂什么革命不革命的道理。

梁浩钦近照

1949 年解放了，部队开到了我的家乡。解放军给我的印象特别好，处处为人民着想，在土改中解放军带领穷人打倒了地主，我家也分得了土地，我也有了一份稳定的工作，生活还不算太好，但已经有了稳定的收入，吃穿不愁了，我从心里面感激共产党、感谢毛主席、感谢解放军。到了1954年，国家开始实行义务兵役制，那年我才17岁，为了能够参军，我多报了一岁。体检、政审合格以后，我就成为了一名光荣的中国人民解放军战士，穿上军装那几天，我高兴得几天都没合眼，这是我一生中最难忘的一件大事。我所在的部队是广西内卫部队，也就是现在的武警部队，主要任务是看押监狱的劳改犯。在部队的四年，我先后担任过战士、副班长、班长、司务长等职，四年的时间不长，但得到了很大的锻炼，在政治、思想、文化上都学到了不少的东西，这对我的一生都有着重要的影响。

我是苦出身，共产党、毛主席对我有恩，给我带来了新生。能当上解放军我感到非常光荣。在部队勤奋学习、努力工作时，不论在文化上还是在军事上，我都力争做到最好。在军事上，练兵中我是优秀射手；在文化上，我什么都学。我没有上过初中，初中的文化课我是在部队学的，初中的数学题我虽然没学过，但我只要看一看、听一听就能做题。老师都很奇怪，没有系统学过怎么就能算得出来呢？数学式我可能列得不规范，但只要我听懂了就能算出结果来。除了学习文化课，我还在部队还学会了拉手风琴、打算盘等技能。由于学习勤奋，脑子也好使，我很快就被提拔为司务长，管理连队的后勤工作。部队几年生活，是我一生中非常难忘的一段经历。我的人生转折点也是在部队，没有部队这几年的锻炼是不会有我今天的。部队就是一个大学校、大熔炉，是锻炼人的好地方。

1958年大炼钢铁，广西军区成立了钢铁厂，那时广西还没有钢铁工业，我们穿着军装就当上了广西的第一代钢铁工人。1959 年由于某些原因，军区钢铁厂必须下马，我们也集体转业到了八一锰矿，直到现在，一干就是四十多年。我们到这里之前，这儿原先是个劳改厂，规模很小，我们来到以后才进行了大规模的开采。由于大家的共同努力，八一锰矿发展成为今天的八一铁合金集团公司。

到了八一锰矿以后，我先后担任过采矿班长，分厂的食堂主任。因为我在部队里担任过司务长，领导上就让我管后勤工作。我比较好学，有写写画画的爱好。后来又分配我当工会干部，还担任过分厂的工会主席，离退休管理处成立以后我又担任该处处长职务。1984 年 8 月，我曾在柳州地区侨联担任过副主席，在那里工作了半年，后来发现自己的能力有限。因为当时我的年龄已经比较大了，文化程度也比较低，感觉自己胜任不了这项工作，应该让位于更年轻、文化程度更高、能力更强的人来担当，于是我就主动要求又调回八一锰矿。

没有中国共产党就没有我的今天。所以，我特别珍惜工作和学习的一切机会，从部队转业以后，我先后被评为全国先进侨务工作者、全国先进工会工作者，还被评为自治区工会活动积极分子、先进侨务工作者、优秀工会之友、敬老好儿女的金榜奖、老龄先进工作者、迎亚运优秀组织者、老年体育活动先进工作者、社会事务先进工作者、优秀归侨侨眷企业工作者、优秀业余演出奖等等，在本单位多次被评为优秀共产党员、先进政治工作者等，1990 年我还被评上了高级政工师的职称。虽然我没读过几年书，但练一手好字，琴棋书画我都爱好，都是自学出来的。

我哥哥和妹妹现在还在越南的胡志明市，每年春节我们都会通电话。1992 年他们从越南回国来看我，没想到我的生活状况会这样好，书画水平会这么高，他们都很惊讶，因为他们知道我小时候没上什么学，他们想象不到我现在是这种情况。哥哥在越南的经济状况比我要好一些，妹妹比我要差一些，他们都在胡志明市生活和工作。我哥哥今年 72 岁已经退休了，他的子女们都不懂中文，说越语、懂英文。旧社会由于生活所迫，我们兄妹五个分开了，我父亲原来的打算是我哥和我妹先回越南，我们随后就去，但后来由于各种原因我们就没有去成，就一直分开到现在。

我从部队转业到地方后，由于我的归侨背景，写过三次申请书都入不了党。我是"文革"中加入的党组织，因为我是苦出身，而且不论是在部队还是在地方，表现都非常好，虽有海外关系，但政审时发现，我是"穷海外关系"，不是"富海外关系"，所以也没有什么理由来整我，并且就在"文革"中加入了党组织。"文革"后，由于我在群众中的影响比较大，表现也好，我很快当上冶炼厂工会主席，职工生老病死的事情我都管，我跟工人的关系非常好，工作作风也很好，大家对我很信任。一说到梁浩钦，大家都说这个人是好人。

（三）

我做工会工作二十多年，我们厂有两千多名在职职工，仅离退休职工就有六百多人。在很长一段时间，离退休人员由工会管理，后来离退休人员越来越多，就成立了一个离退休管理处，当时领导就征求离退休人员的意见，谁来当这个处长，很多老领导、老同志都推荐我，因为他们了解我、信任我，知道我能把这个工作做好，后来组织上就决定让我来担任离退休管理处处长。

分管老干部这一段的工作给我的印象是很深刻的。我对这些老同志就像对我自己的父母亲一样，一心一意地为他们服务，从我当工会主席到当离退休管理处处长，老同志们都很信任我。有些老人病故了，都是我亲自给他们洗身换衣，后事都是我亲自给他们办。我从来不请专人来做这些事情，办丧事一方面要做亲属的思想工作、安抚工作；另一方面要料理一些具体的后事，有一大堆具体的事情要做。去世老人的子女不敢做、不愿做的事情，我都亲自动员他们做，或者带领我手下的人来做。我能把工作做到这一步，老同志们都是很感动的。有些老人病重在床长期不能自理，我什么都不嫌，只要我能做的我都亲自去做，就是我们离退休管理处的工作人员看到了都非常感动，认为我老梁能够做到这一步真是不容易。有的人屎尿便在床上，我给他们清洗；有的人得了麻风病，我到麻风院去接送他们。工作做到这个份上，确实有感情的成份在里头，一是共产党对我有恩，我要很好地为党工作；二是我把这些老同志都看成是我的再生父母，我对他们有感情，所以我能非常热心地、真心诚意地对待他们。不论是对在家里养老、医院治病的老人，还是躺在殡仪馆里的老同志，我都对他们负责到底，尽可能地为他们多做事情，做具体事情。因为我工作做得好，自治区民政厅专门为我颁发了社会事务贡献奖的证书。

因为我是穷苦出身，党对我有恩，我做这些事情就是出于对党的感情、对老同志的感情。从 1986 年一直到 1998 年退休，我干了 12 年的离退休干部管理工作。到我退休那年，厂里的退休人员已经达到 1700 多人。

在做工会工作和老干部工作的过程中，我还练就了一些服务技能，这对我的工作帮助很大。我会给老人画像，用一天的时间就可以把老人的遗像画出来。我还会扎花圈、写挽联、刻墓碑，这些事都是我亲自做或组织人来做。我们矿区的人员全国各地的人都有，我做这些工作是把五湖四海的老人都当成自己的亲人来看的，我和他们完全没有亲缘、血缘、地缘方面的联系，就是凭着一种朴素的感情。

我管这些事情一开始家里人是不太理解的。那个时候我爱人刚来矿区，听人说我是管工会工作的，也算是个当官的，但看到我实际做的那些事情就开始很不理解，怎么连别人后事也要管呢？她认为我所做的这些事都是些不体面的事情，一般在民间做这些事情的人都是些鳏寡孤独，或因生活所迫的人，是被人看不起的。她就很不理解我为什么要做这些事。每次我办完这些事工作回家，她都不让我马上进门，要在门口消毒、掸身后才让我进家门。她跟人家讲，我原以为梁浩钦在工会里当一个什么官呢，后来才知道，是当了个工会"棺材干部"。后来"棺材干部"这个绰号就在矿区传开了。我听到有人这么称呼我，我丝毫不沮丧，反而感到很自豪，我能当好这个"棺材干部"，就说明我为大家服务到家了、到根儿了。我跟我爱人讲，这样的工作总得要有人去做，谁都不去做，这项工作由谁来做呢？现在我们替老人们去做，将来总会有那么一天我们也老了，也要有人来为我们做。就这样，我慢慢地开导她，她也就逐步理解我了，后来我每次

工作回家她也不要求消毒掸身了，反而专门做一些好饭好菜
来慰劳我。我通过行动，再加上一些说服，把她也给感动了。

　　当年我在工会工作时，我的绘画水平曾经达到过可以画
出毛主席像的程度，毛主席的大幅油画我都画得出来，我的
作品还曾经被挂在了矿区的会场上。只要工作上需要，我就
勤奋地学，没有专门去拜师学。我也会打篮球，如果没有人
上场了，我也可以上场打一打，尽管我的个子不高，但只要
上了场，我能跑能打，当年广西军区和友军比赛篮球我还当
过主力队员呢！厂里过年过节演节目，反面人物没有人当我

梁浩钦手书

就当，什么刁德一、胡传魁我都演。跳舞、唱歌我也都爱好，过去冶炼厂教歌都是我的事，开始我不会简谱，后来也是自己硬学出来的。在部队，只要是集体场合，连队与连队之间就拉歌，很多歌我自己学会了就教大家唱，每次拉歌比赛我们连都得第一。什么手风琴、二胡、小提琴、笛子，我什么都学过，也什么都会一点。很多家具也都是我自己做的，咱们现在坐的这个沙发就是我自己做的，家里那个活动椅也是我自己做的，我还能做柜子、桌子，这些活我从来也没有专门学过，看看样子，再琢磨琢磨就能自己干。缝缝补补我也会，我孩子们出生的时候布票比较紧张，从帽子到鞋子都是我自己做的。这些小技能是我的爱好，也是当年在工会工作时逼出来的。我爱学习，学什么都能像什么，这既充实了我的生活，又为我的工作提供了很大的便利。

（四）

1984年，做侨联工作以后，我经常深入到归侨侨眷中，找他们谈心，每年都召开一两次座谈会听取他们的意见和建议，同事中有归侨侨眷经常到我家里来坐一坐。八一矿现在有归侨七个，主要是马来西亚和越南的归侨，都是老归侨，没有年轻人，最年轻的也是越南"排华"时期回来的。八一锰矿的工人素质是比较好的，即使是在"文革"中也没有出现太大的问题，很少有闹事的情况。

我从不为回国后悔，特别是我当了一名中国人民解放军战士，我很自豪，这是我一生中最难忘的，我一生的成长历程与那四年的军旅生涯都有关。我一直都有报答共产党、报答毛主席、感谢解放军的心情。因为解放前我生活太苦了，现在一回忆那一段经历我都会流泪。

　　我退休以后自学太极拳、太极剑、跳舞，学会后再教其他老同志。退休以后，我六年如一日地带领着老同志们锻炼身体，打太极拳、太极剑、练健身操等，还组织了老年门球队，我所带领的门球队曾经十五次参加自治区地区组织的比赛，并拿了四个第一，两个第二，两次获得全自治区的第一名，并代表广西参加了全国的门球比赛。我们还经常组织老同志排练节目准备演出。通过这些活动，老同志们一方面锻炼了身体，另一方面也陶冶了情操、舒畅了心情。组织大家开展各种活动也是一种乐趣，有时一个动作要教好多遍，都年纪大了，学起来很不容易，我们开展活动不强求能有一个什么结果，活动本身就是开展活动的目的，大家在一块儿说说笑笑、玩玩乐乐就是一种享受。大家都说我是万金油，放在哪里都能起作用。

　　（四）

　　我退休后精神生活非常充实，感到时间不够用。除了有时候看看小孙女，其它时间都是和大家在一起活动，我从来就没有生活空虚、难过的感觉，从没有什么失落感、孤独感。我每天都练两个小时毛笔字，一直保持着。目前厂里的效益还不错，九十年代初的时候可不行，有时候退休金两三个月才能拿到。我还为几位归侨反映情况，争取到退休后的百分之百的工资待遇，他们都非常感激我。我们厂只要有官方文件规定，一般落实得都还比较好，该享受的我都给他们办了。我是1981年兼任侨联工作的，一直到我退休，在做工会工作的同时，我都在兼做侨务工作。退休以后，殡葬工作有一些需要协调的难题他们还会来找我，比如有些人家确实很困难，除了公家给补助一些钱，他自己拿不出钱来，这就需要协调减免，因为我长期做这个工作，我出面协调的话一般问题都能得到妥善解决。

我虽然退休了，但还是归侨，因为归侨还有亲人在海外。归侨们都希望得到组织的关心，侨联组织是归侨侨眷之家，应该关心我们，希望侨联组织定期能有家访，也经常召开一些座谈会，一方面我们可以发表一些意见，另一方面大家也可以互相见见面、交流交流情况。

回顾自己走过的人生道路，我感谢共产党的恩情，感谢组织对我的关怀。

留住中国根

—— 梁运长　口述

被采访者简介：梁运长，男，1934年4月出生于泰国清迈府，祖籍广东省梅县，1946年3月回国。在梅县读完中学后，考入广西师范学院。1962年大学毕业后，从事中学教学及侨务工作。1982年后出任桂林市侨联主席、侨办主任等职。

采访时间：2004年9月25日上午

采访地点：广西壮族自治区桂林市五美路被采访人住所

采 访 者：林晓东　苏妙英　周育毅　胡修雷　李戊伍　张永坤

整 理 者：林晓东

　　1934年4月20日，我出生在泰国清迈府。1984年我到泰国探亲的时候，我的大姨妈还拿出当年我两岁半时的照片给我看，我有一部分泰国血统，我是我们家族在泰国的第三代移民。我的祖籍是广东梅县，祖父早年为了谋生来到泰国，在泰国娶妻生子。我的祖母是泰国人，她生有三个男孩，我父亲排行老二，在我父亲十二三岁的时候，祖父就把我父亲和一个伯父送回国，一个叔叔留守泰国。父亲二十岁时，在广东老家梅县成了亲。成家以后他又回到了泰国，在清迈巴汕镇的一个布行做生意。不久，他在那里又成了家。从我祖父那一辈起就有一个坚定不移的信念，即我是唐山人（中国人），我是客家人，我是梅县人。我祖父要求我父亲记住这句话，我父亲也要求我记住这句话，他让我们永远也不要忘记，并世代地传下去，千万不要断了这个根。

（一）

我是父亲在泰国的妻子生的孩子。母亲一共生了 12 个孩子，其中有 3 个男孩，哥哥小时候就去世了，弟弟也夭折了，我还有 5 个姐姐、4 个妹妹。在我们家族的第三代移民中，只有我一个男孩存活并长大，所以全家人都把我看成是梁家的根。

作为梁家的根，我是留在泰国还是回到中国呢？当时父亲和母亲就为这个事儿闹得不可开交。父亲执意要把我送回国内，母亲认为我太小，舍不得。父亲在广东梅县娶的妻子，一直没有生孩子，我称她为伯姆。父亲想把我送回到梅县老家，让伯姆抚养我，也算是在中国留下梁家的根。因为我当时太小，国内又很乱，母亲坚决不同意送我回国，只允许送我的一个姐姐回国，而父亲坚持要把我送回来，坚决要把根留在中国。我 7 岁那年，父亲

梁运长童年照

瞒着母亲要把我送回中国，已经登上回国的船了，母亲知道消息后，疯一般地跑到码头，又把我从父亲的怀里抢了回去，死活不让父亲把我带走，父亲实在没有办法，当时也就作罢了。

抗战胜利以后，父亲又继续做母亲的思想工作，坚持要把我送回国。因为我祖父那一辈就有根深蒂固的不要断根的观念，要求下一代的男孩必须会讲中国话、懂中国事、怀中国情，必须是一个真正的中国人。不回中国，怎么会讲中国话，怎么知道中国事，怎么培养中国情呢？所以，我父亲的那一代人回国是非常频繁的。祖父把他们兄弟送回中国，他们又回泰国再回到中国，来来回回很多次。

1946年，也就是中国抗战胜利后的第二年，父亲亲自把我送回了中国。我记得很清楚，我们从泰国坐轮船用了7天7夜才到达广东汕头，再从汕头坐船到了梅县，那年我12岁。母亲看我父亲那么坚决地要把我送回中国，也就不再和父亲争了，再加上她看到中国的抗战胜利了，国内的情况似乎稳定多了，对我回国的事也就放心了。我永远也不会忘记，在我回国的前两天晚上，妈妈一定要搂着我睡觉，她把我搂在怀里跟我说，你在中国还有一个妈妈，那个妈妈会比我更疼爱你，你一定不要忘记我，一定要听中国妈妈的话。那天晚上我妈翻来覆去地总是在跟我说这样的话。第二天，我跟着父母去给我的祖父母上坟，第三天我就随父亲回国了。父亲把我送回国后就又回泰国去了。此后，我一直与伯姆生活在一起，伯姆把我当作宝贝来养育，非常疼爱我。后来她年纪大了就一直跟着我生活，我也一直把伯姆当亲妈对待。伯姆比我亲妈要幸运，她身体一直很好，活到了82岁，1984年去世。

父亲虽然出生在泰国，祖父也在泰国生活了一辈子，并且他们都在那里娶妻生子，但他们从来没有忘记自己是中国人。他们每年汇款回国至少有三次，端午节、中秋节、春节各一次。另一方面给家人送钱送物，还委托水客（侨批员）了解祖国、家乡亲人的情况。水客每次回国再回泰国清迈时，华侨们就会凑到一起，让他们讲家乡和国家的情况，他们都非常关心祖国的发展和家乡的建设。客家人在泰国，经常会凑在一起谈天说地、讲家论国。每当这个时候，父亲都要把我带在身边，他要让我从小就知道祖国，永远也不要忘记家乡。在我的记忆里，父亲讲的中国是个地大物博、人口众多的美好地方，像天堂一样。但中国人在旧社会确实又是一盘散沙，国家既贫穷，国人又不团结，外国人都把中国人叫作"东亚病夫"。这些关于中国正面和反面的事情，我父亲都会跟我讲，我从小就有这两方面的深刻印象。

1946 年回国后，我在旧中国生活了四年，那四年给我的印象也很深。国民党的统治搞得国家民不聊生，我记得很清楚，当时的金元券贬值的速度真是吓人。今天十块钱能买十斤米，明天一斤米都买不到，最后，人们不得不用箩筐挑着钱去买东西。当时伯姆抱了一堆钱，给我买了一双我很喜欢的球鞋，没想到只穿了七天就坏了。

在泰国，我在家里就像掌上明珠一样，家里只有我一个男孩，父母都很疼爱我。我在泰国母亲的家族中也是很受宠的，几个舅舅对我非常好。后来母亲病重的时候，我正在广西师范学院读书，母亲自知没有多长时间了，就一定要再见我一面，父亲专门为这个事儿委托水客与我联系，让我回泰国去跟母亲告别。那个时候我国和泰国还没有建交，来去不那么自由。如果要回泰国，必须先到香港呆三个月到半年，再从香港去泰国。当时我在国内所受的教育不允许我和泰国的家有更多的联系，到泰国去就会涉及到是为资本主义服务还是为社会主义服务的问题，这是原则性问题，是阶级立场的问题。当时，我没有同意回去，水客非常失望地回泰国去了。因为这件事儿，母亲非常伤心，就这么带着深深的遗憾去世了，父亲也因为在这件事上想不开，有些神经失常，就在我母亲去世的第二年父亲也去世了。他们无法理解，为什么亲生儿子会那么绝情，自己的母亲临终前都不回来见一面。

（二）

回国前，我已经在泰国读了六年的书，读的是泰文，我在数学方面的成绩比较突出。回国以后，一切都要重新开始学，由于我的数学基础很好，所以回国后我重点是学中文，我很快就适应了国内的学习，还跳了级，非常顺利地读完了初中。1957年高中毕业时，我没有考上大学。在国内我与伯姆相依为命，以种地为生，在泰国的父母寄钱回来供我上学。大学没考上，我回到家乡和伯姆一起种地。当时正赶上农村整社运动，由于我的人缘好，合作社里就让我当生产队的记工员和保管员。凡交给我的工作，我都认真地做，乡亲们都很喜欢我。

解放以后，经过新中国的学校教育，又经过土地改革、互助组、合作社等一系列的运动，我的思想觉悟提高很快。1957年我又和家乡的农民在一起干了一年，农民们对我非常信任，都夸我是个好孩子，将来一定会有大出息。1958年，我再一次参加高考，终于考上了大学，乡亲们都舍不得让我走。原来我报考的专业是外语，但考试的最后一天，出门时正赶上下大雨。农村雨天的路非常不好走，从我家到考点要走一个半钟。等我艰难地赶到考点，进入考场的时间已经过了。很遗憾，最后一科外语考试我没有赶上。但其它科目考得都非常好，就在一科完全没有成绩的情况下，我还是被广西师范学院中文系录取了。

　　我上学这么多年，从小学、初中、高中，一直到大学，给我印象最深刻的有一件事。1955年，我读高中的时候，国民党军队偷袭驻守在东山岛的解放军，解放军给予了有力的还击。在战斗中有很多伤员从前线被抬了下来，部队野战医院在抢救伤员的过程中需要大量的血液，但血库的存血告急，医院就到学校动员师生献血。当时我是个热血青年，革命热情非常高，听党的话，爱祖国，也爱解放军，而且我的身体很好，我二话没说就到医院输了200CC的血。当时献血是有补偿的，100CC血给15万元（旧币），200CC就是三十万元，我一分钱都没有要。后来这件事被伯姆知道了，她非常生气，埋怨我做这样的事没有跟她商量，并说，如果你再去输血我就写信告诉你爸爸，我管不了你了，让你爸爸来管你。我就做她的工作，我说这是给解放军输的血，解放军在前线作战需要血，我们不给解放军献血，医院怎么抢救伤员啊。伯姆听不进我讲的这些道理，只是心疼我的血，感到没有照顾好我，没法向我父亲交待。

　　两个月之后，前线又传来血库告急的消息，我又去了。我跟部队野战医院的医务人员说，我的身体很好，可以多抽一点，通过身体检查，他们确认了我的身体状况，我又一次献了300CC的血。伯姆知道后真的写信给我父亲，讲了我献血的事。父亲来信说，你一定要听你伯姆的话，人的生命最宝贵就是血，不要血就是不要命，你要是不听话我也不管你了。当时父亲也很生气。那个时候泰国与中国之间通信很不容易，我和泰国的父母联系方式一般都是由水客带钱回来时捎一封信过去。我就写了一封长信给父亲，做他的思想工作。我说，你在泰国看到讨饭的人都要送钱、送东西给他们，国内客家人到了泰国你都是想尽办法去照顾他们，你是为了谁啊？你不也是想着别人的困难，为了自己的同胞吗？而解放军战士为了我们的国家，不顾自己的生命在前线作战，别的我们帮不上他们，在他们需要血的时候，我给他们输一点血算得了什么呢？再说，输这么一点血是不会影响身体健康的，我这么年轻，只要营养跟上，休息几天就好了，绝对不会有什么事的。失血就是丢命的观念是不科学的，我在不影响身体健康的情况下输一点血去救解放军战士的命，这样的事为什么不做呢？后来父亲也被我说服了，他来信说很理解我的行为，也为我能这样想、这样做而感到我已经长大了。但还是很心疼我，说一下输了500CC的血还是太多了。那个时候我确实是个热血青年，绝对听党的话，不管在学习上、工作上、劳动上，凡党号召的事，我都尽心尽力地做，力争做到最好。

我上的是师范院校，师范专业首先讲的就是为人师表，然后才是桃李遍天下。1962年毕业后，我被分配到桂林市第七中学当老师，一直当到1979年。从当老师到进侨联这段期间，除了1973年以外，我年年都受到嘉奖，1979年还被评为市级劳动模范。

1984年我回泰国探了一次亲，这是我回国后的第一次探亲。姐妹们见到我都非常高兴，她们还把我当作十二三岁的孩子。我到曼谷五姐家时，我的5个姐姐、4个妹妹都去了，她们把精心制作的衣服拿给我穿，没有一件合身的，但我都说好。这五姐四妹，把我到泰国的行程安排得满满的，根本不容我发表什么意见，就分配我必须在清迈住多少天，在曼谷住多少天，在老家住多少天，到哪家去住，家里人都像侍候老太爷一样照顾我。她们极力动员我留在泰国，不要再回中国了。五姐说，你只要点一下头就行了，什么事情都由我们姐妹们帮你办，你回来以后，我们姐妹们一定会照顾好你。我就跟她们讲，我在中国还有自己的工作，我是必须回去的。

1984年我已经是桂林市人大常委会委员。在前往泰国探亲之前，副市长找我谈了一次话，让我辞去人大常委会委员的职务，准备任命我当桂林市侨办主任，而市人大主任却劝我继续留在人大工作。最后我还是选择了去侨办任职，按照要求写了辞职报告后去了泰国。到了泰国后，我拜会了泰国广西同乡会的会长封钧晓。在互相介绍的时候，封钧晓先生说你现在应该是桂林市侨办主任，报纸上都登出来了，现在你已经是政府官员了。

的确，当时很多同事都判断我不会再回来了。当时找我谈话的那位副市长也很担心，因为刚任命我为市侨办主任，如果我出国不归，影响就不好了。听到任命我为侨办主任的消息后我的第一感觉是，我必须回去。于是，我就做二姐和其她姐妹们的工作，在泰国那一大家子人是我二姐当家。家父去世以后，我们家族在泰国没有男孩，我二姐一直没有嫁人，家产就由我二姐管着。1989 年她 63 岁时就去世了。我的小妹也没有结婚，二姐去世以后家产就由小妹管，今年小妹也 55 岁了。

当时二姐和我在泰国的那些姐妹们本来一定要叫我留在泰国，而我总考虑影响的。如果我真的不回国，影响很不好，在 1984 年那个时候肯定是要犯政治错误的。我作为广西自治区侨办主任，党和国家培养我这么多年，出去泰国后不回来，是说不过去的。我们家确实只有我一个男孩，是独生子，的确有一个继承海外遗产的问题，所以如果我不回国也是有理由的。但从大局出发，我还是说服了在泰国的姐妹们。

我有三个孩子，是两个女儿，最小的是儿子，他是我们梁家的第四代单传。我回泰国探亲是带着儿子回去的，姐妹们看实在留不下我，就一定要把我儿子留下。那年我儿子 12 岁，正是我回国的那个年龄，现在他也有三十多岁了。当时我儿子觉得语言不通、生活也不习惯，死活不愿意留下。如果他自己愿意的话，我也就把他留下了，起码能让他在泰国与他的姑姑们亲近一段时间。但没办法，他自己不愿意，我的姐妹们也就放弃了把我儿子留下的主意，我又把儿子带回来了。

（三）

我是 1962 年开始从事教育工作的。当年我上师范大学的目的就是要为社会主义建设培养工程师，为党的事业培养下一代，通过为人师表的教育教学实践，实现桃李遍天下的愿望。被分配到桂林七中以后，我一直担任班主任的工作。我非常热爱这项工作，学校里凡是不好管理的班级，最不好带的学生，都会交给我。

中学阶段的教育，关键是老师要善于诱导，一定要关心学生，特别是要关心那些学习不好的学生。不管是在学习上还是在生活上有什么困难都要关心和帮助他们，教他们怎么做人、教他们如何面对困难、教他们正确的学习方法。对于有些品质不太好的学生，做工作就不能只是讲道理，更重要地是给他们一些实际的帮助。有这么一个孩子外号叫破布，意思是成不了材的料。他经常旷课，找他谈要么不在乎、要么不承认，还特别爱哭，一哭什么工作都无法再做下去了。当年他被调整到我带的班级时，已是初中二年级学生。我就留心观察他旷课到底上哪里去了，后来我发现他旷课后做扒手。有一次他偷人家的东西被我抓了个正着，我非常严肃地先让他把东西还给人家，他按我的要求去做了。事后我并没有把这个事情张扬出去，而是多次找他谈话，并且特别用心地去关心他、帮助他。到他家里家访时，与他父母也从不提此事。这个孩子的家庭环境很不好，父母正闹离婚，没人管孩子，我又苦口婆心地去做他父母的工作。经过不长的时间，这个孩子就转变了，后来表现得非常好，被学校评为先进个人。像这样的孩子调皮归调皮，但只要他认识到错误，改起来也很彻底。遇到这样的孩子，如果老师嫌弃他、指责他，他很可能从此就滑下去了，如果出现了这种情况，对孩子的一生都会有负面的影响。此类学生在中学里有不少，我所接触到的这类学生，越是小时候调皮，长大以后就越是对我表示敬佩。因为在他们小的时候，我对他们就很关心，他们都铭记在心里。这样的孩子还特别重情义，对曾经关心过他们的老师特别好。在我七十岁生日的时候，他们都回来看我，给我祝寿。一直到现在，逢年过节我教过的很多调皮学生都会来看我。

我不论在哪里工作，与周围同志的关系都处得比较好，加上我的政治敏感性比较强，所以我在"文革"中没有受到什么冲击。"文革"把学校的气氛搞得一团糟，我就意识到我很可能要倒霉，因为我有海外关系。于是我给广东梅县老家的地方政府去了一封信，让他们把我家里的情况和我在农村的表现写清楚寄给我，他们按照我的要求把有关材料寄来了。果然不出我所料，不久，学校里就出现了关于我的一份小字报，说我是还没有被揪出来的资本家的小少爷。第二天就有一位老师和一名学生找到我，说我有历史问题，要求我讲清楚。因为我对此事早有准备，就拿出老家的证明材料来给他们看。我的家族几代人在泰国都是爱国华侨，我从泰国回来上学，然后就被分配到这里来工作。我回国的目的也很简单，就是要在国内留根，为家族传宗接代。我把事情讲清楚了，他们也就不再追究了。当时学校里的两派组织都想争取我，我当时非常清醒，我哪一派也不参加，也不能参加。最后他们说我是消遥派，只知道守老婆、抱孩子。由于我表现一直比较好，所以在"文革"中也没有太多的理由冲击我。

1973年，学校领导暗示我加入党组织，某领导在全体教职工大会上就说，有的同志表现很好，但就是不积极要求入党，在政治上不要求进步。他还要求教研组里的党员同志做我的工作。我当时没写入党申请书的主要原因是认为自己出生在国外，有海外关系，怕此事说不清楚反而给自己找麻烦。

梁运长近照

党组织找我谈话之后，我打消了顾虑。后来，组织上派了两个人专门到我家乡去调查，村里的支部书记跟来调查的同志说，如果梁运长入不了党，我们村里就没有党员了，我也就不是支部书记了。他的意思是说，如果梁运长这样的人都不能入党的话，我们这些人就都不够党员条件了。他们调查回来以后，我才写了入学申请书。那个时候入党审查是比较严格的，在我之前申请入党的一位同事，党组织先后三次开会讨论他的申请都没有通过，而我一次就通过了。

（四）

党的十一届三中全会后，侨务工作的主要任务就是落实侨务政策。1979 年我在当老师的时候，还兼任着桂林市侨联主席。到现在，改革开放以后在国内的桂林市第一届侨联常委还健在的就剩下我和一位去港定居的同志了，其他人都已去世。1982年我被正式调到侨联工作，成为侨联专职主席。当时学校和教育局都不肯放我，市委市侨办费了很大劲才把我调来。成为侨联专职主席以后，我当选为市人大常委会委员。1984年转任桂林市侨办主任，干了五年，1989年又回到侨联，最后我在侨联退休。

桂林是个旅游景点，来了海外华侨华人就要招待他们，但那个时候侨办侨联经费都很紧张，侨联每年只有七百元的事业费，条件非常差。经过研究，我们认为侨联要发展就一定要搞企业，自己没有企业作为基地，就没有本钱做侨务工作。每年海外侨胞到桂林来参观旅游的人很多，我们的接待任务相当重。在这种情况下，我们想方设法筹建华侨大厦，最终总算建起来了。当时商定，由侨办出面贷款一百万元人民币，由桂林市地质队出面担保，地质队的副队长是一位印尼归侨的丈夫，他有这个热情。就这样我们与地质队合作建起了现在的华侨大厦。1987年华侨大厦开工后我又被调回侨联，新的侨办主任上任后说他不要华侨大厦，让我把华侨大厦也带到侨联。因为贷款担保是有责任的，他怕负这个责任，就把这个项目推给了我。这样一来，协议又得重新签订，华侨大厦的产权和债务都转给了侨联。"华侨大厦"这几个字是庄炎林题的，当时庄老是全国侨联的主席。1989年大厦竣工，由于管理上的问题，效益一直不好，所以贷款到期后还不上，银行将此事告到了市政府，市政府责令我们必须把钱还上。我实在没有别的办法，就只能找到庄炎林主席，庄老通过香港某公司贷款给我们来还银行的钱。根据经营情况进行估算，直到我退休的时候还有六十万元的贷款没还上，最后地质队把这个钱还上了。华侨大厦现在属于侨联主管，但产权已归地质队所有，每年华侨大厦给侨联两万块钱。

大家说我什么都好就是太抠了。我抠，是因为我们侨联很穷，干点事儿都得一分钱一分钱算着花。现在侨联积累了一点资金，是很不简单的。侨联要开展工作，没有基本的硬件条件是不行的，搞这个华侨大厦真是费了大劲了。在侨办侨联，我都尽心尽力地做工作，不论是海外还是国内的涉侨事情，需要我办的，我都尽力去做。来信来访我都是一件一件地办，一件一件地落实。我们侨联只有三个人，开会请那些老归侨吃顿饭他们都不吃，他们都知道侨联穷。什么时候叫开会什么时候就来，开完会就走，这已经成习惯了。一些老归侨退休以后，只要身体允许，他们都会义务地为侨联做工作，他们都把侨联看成是自己的娘家。侨联和一般政府机关不一样，它的工作面很大，不仅要做国内的工作，还要把工作做到国外去。侨务工作的关键是要有爱心、要有责任心，有了爱心和责任心才能想方设法地去做工作。

如果让我给侨务工作提建议的话，有一件事情我们一定要做，而且要做好、做大——我们一定要大力加强华文教育工作，在全国范围内，初中、高中、大学都可以搞华文教育。现在我们国家非常安定，学校教育也越来越好，世界各国的华侨华人都希望把自己的孩子送到中国来念书。然而，目前国内的华文教育状况满足不了海外华侨华人的需要。这项工作的发展空间是非常大的。只有在华文教育上下功夫，才能从根本上培养海外华侨华人下一代人中华民族感情。我自己就有这样的体会，我虽然生在海外，但十多岁就回国了，所受的教育包括家庭教育和学校教育都是爱国主义的教育。有这种教育作基础，我一生都非常热爱自己的祖国。华文教育的资源是可以不断拓宽的，全国每一个市县都可以确定若干所学校为华文学校，这不需要再多花什么钱，只要在教学体制、办学方向和招生对象上做适当的调整就可以了，各方面的资源都是现成的，就看怎么来调整使用。现在想学中文的人不仅是海外华侨华人，很多外国人也在赶中文热的浪潮。全世界比较起来，中国的教育和社会经济的发展都是最有潜力的。国家在发展华文教育的问题上应该有一个总体的战略思路。

我在泰国的姐妹们都不会讲中国话，我只能用泰语与她们交流，其实，我的泰语也不太好，只能满足与她们沟通之需。我现在有意地让我的儿子与泰国的亲人处理好关系，逢年过节都要打电话联系。我的姐妹们虽然长期生活在泰国，但她们都有中国人的血统，也都有中华民族的感情。她们知道唐山（中国）有一个兄弟、有座祖屋、有一个祖坟。1992年，我又让儿子单独去了一趟泰国。我的两个女儿都嫁到了香港，儿子则在桂林跟着我们。我的晚年过得还比较幸福。

教书育人，热心为侨

——刘瑞文　口述

被采访者简介：刘瑞文，女，1927年生于山东青岛，幼时随姨父姨妈去新加坡，少时去香港，后考上大学，1949年，因成绩优异被推荐去英国剑桥大学进修一年，1950年回到香港，进入南华学院教书。1951年响应周总理的号召回国，在上海同济大学附中教书，1956年被评为上海市优秀教师，由陈毅市长接见并亲自发奖状。1958年支边广西，在南宁医学专科学校教书，1963年调到广西中医学院教医古文，一直到1987年退休，退休后返聘继续教书到1997年。1982年中医学院成立侨联，便加入并为之服务，在基层侨联主席的位置上做了很多工作，受到归侨侨眷的认可和好评。

采访时间：2004年9月22日
采访地点：广西壮族自治区南宁市中医学院教工宿舍区被采访人住所
采 访 者：巫秋玉　张丽琴　陈小云
整 理 者：陈小云

（一）

　　1927年，我在山东青岛出生。当时我父亲是地下党，和罗荣桓等同志一起在青岛大学成立了一个革命小组，被军阀发现后，我父亲就避难去了上海。我妈妈就带着我和哥哥回到了我姥姥家。山东有个风俗，嫁出去的女儿不能在娘家生孩子，于是家里就把怀孕的妈妈安排在一个地窖里，我就是在那里出生的。由于父亲没有消息，生活困难，当时我姨妈嫁给了一个英国牧师，正好没有孩子，我妈妈就把我交给了我姨妈，姨父姨妈带我到了新加坡，我9岁时，他们又带我去了香港，把我交给了父亲，当时父亲已经脱党，在香港大学教书。抗战前夕，我父亲去了云南，在西南联大教书，和闻一多住在一栋楼里。

抗战胜利了，我又随父亲回到香港，参加高考，考取了罗富国师资学院（后并入中文大学）。在学校时我被推选为学生会主席、香港学联歌唱组的组长，组织学生唱红歌，为此，香港政府还找了我，问我这些歌从哪儿学来的。我还参加了1949年的香港海员工会大罢工，我那时还没有毕业，还在大学，校长知道我参加了罢工后，警告我说要再发现我参加，就取消我的学籍。但是我后来还是偷着跑去参加，直到罢工取得胜利，争取到了能挂五星红旗，我心里非常高兴。

罗富国师资学院是选修学分毕业制，我的学分修的快，4年的学分我3年就修完了，所以就提前1年毕业，教育司司长何东巧是我毕业面试时的主考官，经过笔试、面试，我的成绩优异，因此他很喜欢我，就送我到英国剑桥大学去进修犯罪心理学。一年后回到香港，他就让我到反贪司（现叫廉政公署）去工作，但是有一个条件，那就是要加入英国国籍，但是我认为，我是堂堂的中国人，我的祖国又没有亡国，我为什么要加入英国国籍呢？就因为这样，我没有去成反贪司，

刘瑞文近照

他就安排我到南华学院去教书。教了一年左右，我就准备回国去，为什么呢？因为我在国外读书时，就曾听到过周总理向全世界华侨华人的号召，号召华侨华人为新中国的建设服务，我听了以后热血沸腾，很想回到祖国。

（二）

1951 年，通过中共地下党的帮助，我到了上海。回到上海以后，事业不是很顺心的，因为原来我在香港的大学里主修心理学，副修古文学，选修汉语，而解放后，上海的大学里已不设心理学这门课了。组织上看了我简历后，就把我安排到同济大学附中，教高三的语文，兼班主任，又是初中一个班级的辅导员（本来只有党员才能做的），当时教育局希望能有多一些学生去考师范，但是很多学生不愿意读师范，于是我就动员学生，几乎天天家访，后来我那个班有 90% 的同学去读了师范。我那个班的学生学习好，班风也好。因为我在教书方面，在教育学生品质方面，在动员学生报考师范方面，都做出了成绩，1956 年，我被评为上海市优秀教师（总共 10 人），陈毅市长亲自接见我们，并颁奖给我。因为学生考得很好，所以家长也很感谢我。

　　1958 年到广西支边，起初我被安排在南宁医学专科学校，后来南宁中医学院要成立本科班，组织上看了我的简历之后，认为我可以给本科班学生上课，所以就调我来了中医学院，在中医学院医古文系教课。在教学上，我兢兢业业，1958—1963 年在医学专科学校，几乎年年被评为优秀教师，1963 年以后到中医学院，教授医古文课。

（三）

　　"文革"中，我是很惨的，说我是国际间谍，因为红卫兵抄我家时，看到了我的很多照片，就说我又是到了英国，又是到了巴黎，又是到了瑞士等那么多欧洲国家，其实都是在暑假里去欧洲各地游玩而已，就凭这些，他们就说我是什么国际间谍。

　　我在香港带了很多东西回来都被红卫兵拿走了，比如在香港的教师证、英国剑桥的毕业证等都被抄走了，我曾经找过当时保管的同志，希望他们认真保管，不要丢失了，其中有些东西是很珍贵的，但是反被他们白眼，说你还想要这些东西吗？有个造反派头头最可恨，他经常跑到我家里跟我要钱，他说我在银行有不少钱，我说是有一点，他就说那些钱

广西自治区中医学校侨联组织专家为群众义诊

是特务经费，必须交出来。

那些年抄家，把我家里几乎所有的东西都拿走了，现在我家里的这些家具都是我在美国的妹妹回国探亲时，看见我家里四壁空空，实在没有什么象样的东西，就给了我一点钱。1982年广西中医学院第一栋教授楼建成时，我是第一批搬进来住的，就在那个时候，用我妹妹给的钱买了这些家具。

1971年，组织上恢复我教师的资格，我又可以上课了。当时平反的仪式搞得很隆重，组织上召集各部门的负责人开会，在大会上，宣布我是爱国的，从那时开始我又开始了正常的生活，一直教书，从这方面看，我们党是英明伟大的，及时结束了这场浩劫。

（四）

我在60年代初，曾经写过几万字文章，当时是要准备出版成书的，名字叫《古汉语虚词辨义》，但是出版社希望我自己能先修改一下，但是很快"文革"开始了，书稿被红卫兵抄走了，也就没有出成书。平反后，我工作之余写了好多文章并发表，比如最近在《广西中医学院学报》2001年4期上发表的《畅谈中医药传统特色与创新》，2002年1期上发表的《新时期加强传统道德教育的必要性》。

我是1987年退休的，但是退休后仍被返聘继续教课，一直到1997年。退休后，除了教课，我还做着很多社会工作，比如担任关心下一代工作委员会委员、卫生监督委员会委员、房改委员会委员、中医学院侨联主席等。1981年我参加致公党，1982年当选中医学院致公党主委，我们支部曾被评为全国的先进支部，1994年从主委上退下来。

在诸多社会工作中，侨联的工作是我最看重的一项，我们的侨联没有经费，但是我们克服困难，从1982年成立中医学院侨联不久后就开始经常搞一些义诊活动，主要为华侨服务，去参加义诊的主要以我们归侨侨眷队员为主，区侨联给我们出汽油费、伙食费，我们去了很多地方，如北海侨港镇、武鸣投资区、里湾华侨农场等。我们主要是给病人开药方，有很多人来，一天下来有好几百人，得到了归侨侨眷的热烈欢迎，每次活动搞得都很成功，我们将长期坚持下去。

我们侨联基本上没有什么经费，中医学院统战部给一点，但基本上经费来源于热心归侨侨眷事业的人的捐赠与赞助。有个学生叫陈慕静，每次给我们1000元，给了好几次，给我们搞活动，很热心，她自己开门诊，挣的钱也不多，但却挂念着侨联事业，真是不容易，令人敬佩，前些天她去世了，我很是伤心难过。还有一个叫岑能乐，是南宁大热门的副经理，捐了多次，每次五、六百元，其他的就是我们自己几十几十的凑起来的。

我还帮助好多归侨侨眷解决了他们的生活困难问题、调动工作问题、房子问题、子女工作问题以及工作调动问题。比如有个同志三十多年房子的问题没有解决，我帮助他找学院领导，把这件事给办妥了，还给他买药看病，为他祝寿，为此，他特意给我写了感谢信。

我年纪大了后，想休息休息，就不想再连任侨联主席了，但是我们的归侨侨眷不允许我不干，他们对我说：刘主席，你不能退休，我们太需要你带领我们一起做好侨联工作了。

这么多年来，我在侨联的工作基本上是做得很顺利的，这主要是因为学院领导和学院统战部对侨联的工作大力支持，很多问题我们反映后基本上能得到解决。

忆往昔，峥嵘岁月稠

——陆振超 口述

被采访者简介： 陆振超，男，1928 年出生于防城港市防城区那良镇，1947 年随我军独立团入越南支援胡志明领导的抗法战争，耳濡目染中越两国人民的疾苦，并身历越南人民抗美救国战争，在越南革命工作生活近 30 年，为越南人民的解放和建设事业作出了贡献。越南国防部授予三级战胜勋章一枚，"八·五"纪念章一枚，抗战纪念章一枚。1978 年因越南黎笋集团排华回国，后一直从事侨务工作，1988 年退休。

采访时间： 2004 年 9 月 23 日

采访地点： 广西区东兴市北郊路被采访人住所

采访者： 巫秋玉 张丽琴 吴 娟 陈小云等

整理者： 陈小云

（一）

那洪村位于十万大山的山麓下，1928 年，我就出生在这个小山村，父母靠租田耕种抚养我兄弟十人。1933 年因地主收回土地，父亲投亲靠友，迁居到今防城区防城镇沙潭江租大地主陈维周家的田地耕种。因贫困我无法上学读书，父亲就在晚上教我"人之初"和"天地贤王"，1941 年父亲筹了稻谷送我入私塾。国民党回来后，禁止开办私塾，父亲又克服困难送我到竹围中心小学读书，杨任登、石益两位老师经常对我进行革命教育，对我影响至深。

1947年，父亲去了越南北江省投靠亲友寻找生活出路，在那边解决了土地和耕牛，叫我也赶快去，当时我正想要去越南追随石老师的独立团，于是我和几个亲戚一道，一路艰难跋涉，途中身历和目睹了法国侵略者在越南犯下的种种暴行，更激起我要尽快找到独立团参加革命的决心。正好此时燕子山那边是独立团活动中心，春节过后，独立团的宣传干事钟润绅到村里来宣传抗法运动，我立刻就要求入伍参加革命。1948年1月26日终于到了独立团第九大队，因我在大队中文化程度较高，便被分配到敌人后方去做敌运工作，搞军事情报，设法瓦解伪政权，动员华侨不参加伪军，发动群众支援部队抗法战争等。

在艰苦的战争岁月，我向（党委书记）王乃仁透露了我想入党的想法，过了一段时间他对我说，支部已经批准我为入党对象，他负责培养我，几个月过去了，他仍然批评我有小资产阶级软弱性，不够坚强，要我努力锻炼自己，争取早日入党。

1949年10月4日，法军由间谍带领抄山路小道突然对我独立小团八池、峒荣等根据地进行扫荡，独立小团团部离村只有半公里。八池方向枪声响彻云端，政委下令37大队立即到峒荣与八池两村交界处阻击法军，当时我背的是法式冲锋枪，子弹只有四颗，部队急跑到峒荣村边时，战士们就不敢前进到政委指定的阻击地点，在这关键时刻，我二话不说，冲在前面，战士们见状也跟着向前冲，可是来不及了，地点

陆振超近照

已经被敌人占领了。刘永清副大队长下令撤退回垌荣，这时我又撤退在后，敌人就在我的身后紧追过来，在村边红薯地，敌人用密集的机枪狂射，一时尘土飞扬，我用红薯垅作掩体急爬到山边，部队回到保卫小团的唯一制高点，但又被敌人抢先占领并向我们开枪，我们被迫撤入山里埋伏，敌人不敢进山，用八一炮乱轰。群众已先疏散入山，敌人无一所获，烧掉群众两间茅房后就撤走了。在这次反扫荡战斗中，我冲锋在前，撤退在后，鼓舞了队伍的战斗士气，受到政委的高度评价，在总结大会上表扬了我。党支部根据我的战斗表现和其他条件批准我入党（东洋共产党），1949 年 10 月 15 日，是我一生中难忘的日子，支部大会在小团党委办公室召开，有党委书记杨行和王乃仁作我的入党介绍人，在党旗下，我举起右手庄严宣誓：绝对忠于无产阶级革命事业，为共产主义奋斗到底。

（二）

独立小团在取得夜袭汪秘市法军据点大获全胜后奉越共中央华运会指示，东进到海宁省开展华运工作，并与武装斗争相结合，建立扩大根据地。经过艰难的行军，激烈的战斗，受省委指示，独立小团派我们泰山队执行恢复潭河抗法根据地的任务，后来又再次派我到潭河县敌后去搞恢复发展地下秘密组织的任务。前后一个多月的时间，我走了6个乡的华侨村庄，恢复了地下秘密组织三十多个，解决了华侨群众不准越南干部到华侨村活动的矛盾，初步恢复了潭河抗法根据地。

这时正是抗法战争最艰苦的阶段，法国侵略者派出重兵企图切断中国对越南的支援。我在胜利完成敌后任务后回到独立小团。1950年8月，华侨独立小团受整编隶属于海宁省武装部统一指挥，参加中越边界战役，我被编入28大队，任文化教员，28大队在河桧县负责深入敌后进行骚扰，阻击援兵。在竹排山据点外围打援兵时，我和黄协带一个班在离公路10米远的小山头埋伏，1950年10月21日上午10时，敌人蜂拥而来，在三次冲锋都被我们英勇打退后，指挥部观察到了战斗的激烈情况，随即增调轻机枪一挺、掷弹筒一门支援我们阻击高地。敌人又兵分三路运用弧形战术向我阵地扑来，他们利用农村分散的房屋作掩体，一步一步迫近我阵地，一时枪炮声大作，战斗极为激烈。突然一梭子轻机枪子弹打过来，我旁边的沈队长被击中了头部。我利用一堵约40公分的土墙作防御，隐隐感觉胸前有东西顶着，低头一看，原来是一颗子弹已经穿透了墙体，正顶在我前胸上，真是捡了一条命。

（三）

战斗结束进行表功，领导认为我是勇敢善战的年轻人，决定送我到越南海宁省军事学校学习，后来省委又选送我和其他8个人一起去了广州的南方大学学习，经入学考试后，我被编入了财经学院，学习财政。学习8个月后，被分配到广东省财政厅工作，在财政厅工作了两个多月后，中共华南分局应越南方面要求，又把我派到越南去工作。

1951年12月，越南海宁省委书记黄青同志任命我为海宁省委直属武工队指导员兼队长，常驻芒街活动，主要任务是在广大华侨地区及少数民族地区搞武装宣传、巩固根据地，发动人民参加抗法战争。在敌后，我武工队受令全力以赴粉碎了敌人建立的长荣小区白色地。1953年我任芒街县军事指挥部政委，配合奠边府战役，敌人在即将彻底失败的情况下，企图用卷席战术，全歼我芒街武装力量，他们用绝对的优势兵力对我方进行扫荡，我们则机智巧妙地运用麻雀战、地雷战粉碎了敌人的这次阴谋。

1954年11月，我从芒街县武装部调任省委宣传部任副部长，刚一安顿好，就开始到永福、北江等省参加土改运动，帮助群众反霸剿匪。1955年6月北江省陆南县民主乡反动头目企图破坏土改，武装反抗，我只身前去策反该头目的内线人，他是一个乡的民兵副营长，是反动头目的秘密情报人员，我一个人去了他家里，他倒是热情地招待了我，把节日留下的猪脚煮了一大碗，我吃第一口时，感觉全是一种怪味，无法下咽，一连三次吞到喉里又呕出来，但是，我深知瑶族人有易信易疑的特点，为了不致引起他反感，说我不尊重少数民族，也为了策反的顺利，我硬是吞了下去，真是吃的终生难忘的一餐啊！

1955年12月完成土改任务，回海宁省宣传部工作，海宁省是越南华人最集中的地方，有16万之多，越南劳动党决定要成立民族区域自治区，1956年开展声势浩大的自治运动，决定以瞍族定名为海宁省瞍族自治区，但是在自治运动中没有做好政治思想教育工作，强迫华侨于部入籍，引起了大多数华侨的不满，在别有用心的华人怂恿下，爆发了一场史无前例的华侨示威活动，单是河桧县就有6万人左右到城镇，包围了县政府，先安县华人罢市，学生罢课，芒街、潭河等县同时也进行了不同程度的示威活动，大批华人青年回到祖国。后来经各方耐心宣传动员，揭发怂恿华人示威活动的阴谋，才平息了这场风波，华人才逐步参加地方建设，为越南抗美救国、动员华人青年上前线打下坚固的基础，在抗美救国的十年中，上前线的华人青年多达3.9万人。

从1948年我参加独立团在越南支援抗法战争起，在长期艰苦的战争中每次和战友谈到胡志明主席，心里总是想着何时何地能见到这位越南人民的杰出领袖呢？越南北方解放后，我更加渴望能够见到胡主席。1956年我率领海宁省华侨代表团前往河内参加中国驻越南大使馆组织的中国国庆节活动，在活动行将结束时，突然被告之，胡主席要在主席府接见我们。在主席府的大厅里，我们代表团33个人，心情极为紧张，当胡主席从办公门走过来向我们挥手致意时，全场响起了雷鸣般的掌声，经久不息。接见结束时胡主席提议，请我们大家一起合影留念。至今，每次拿出这张珍贵的照片欣赏时，我都激动不已。

<h2 style="text-align:center">（四）</h2>

日内瓦协议签订后，越南以北纬17°线为分界线暂时分为南北两方。新解放区急需大批有领导能力的干部，1957年7月，海宁省委决定派我去河内马列学院学习，经过近三年有系统的马克思主义经典著作学习，使我对辩证唯物主义和历史唯物主义的世界观有了更深刻更全面的认识，学会了如何运用马克思主义的立场、观点和方法观察事物，学会了实事求是的工作态度。

1959年8月，我回原单位工作，10月初，省委副书记杜正召见我，说明华人青运工作很困难，赶不上形式发展的要求，省委认为我在华人干部中是搞青运的最佳人选，要我担任省团委书记，以扭转目前的困难局面，把青年组织起来。当时，经过省团委常委会议讨论，决定在宣传教育上，以国际主义与爱国主义相结合，强调中越友谊的来由，打消华人青年想回国的念头；在具体操作上，以"打篮球"这种形式为手段，组织友谊赛，争取在半年内融通中越青年间的关系；当时，越南经济还很困难，化肥供应不上，我就号召青年每人要积各种肥料"5吨"；经过这些具体的措施，华人青年对团的认识有了提高，自愿入团的人多了起来，各地也纷纷建立起了团的基层组织。到1960年8月基本解决了华人乡村没有团组织的问题，进行工作总结时，我被评为越南共青团

"社会主义青年劳动积极分子"，并授予青年劳动奖章一枚；当年省团委的工作也得到了省委的积极肯定。

1962 年，我被调任中央国营棠花茶场首任党委书记兼场长，场里种植茶叶 700 公顷。1966 年我又被调到新垦的广宁友谊农场，在该农场重点发展了蔬菜果树种植，以满足省里几十万矿工的蔬果供应。为了完成组织上交给的建设示范农场的任务，在白手建设农场和对空作战的艰苦条件下，我带领场里职工日夜奋战，克服困难，苦学苦练技术，仍取得了不小的成绩，使得 1970 年以后广宁省矿区工人的蔬菜供应就不再需要外省运调了。值得一说的是，1967 年 10 月 3 日，一架"雷公"式轰炸机被高炮击中，飞行至我农场上空，危急中飞行员跳伞逃生，按军区指示，敌方飞行员掉落到哪个单位，就由哪个单位负责活捉，于是我们场发动起来搜寻，为防备敌人派直升机来救援，我直接指挥猎机组预先埋伏在高山山腰上，果然，一架 AT－6 型敌方电子侦察机先来确定敌飞行员的准确地点，被我猎机组击中，摇摆着尾巴掉到海里去了。下午，一架敌方直升机突然出现，在敌飞行员即将爬上软梯时，我几十民兵奋勇直上，用机枪猛烈射击，直升机带伤溜走，敌飞行员只好举起双手束手就擒。此次战斗，国防部为表彰我们农场自卫队的英勇战绩，授予我三等战胜勋章一枚，另 17 位民兵"八·五"纪念章各一枚。

1970 年，中越之间的关系越来越紧张，这时我又被调到了省良种站工作。

（五）

　　黎笋集团上台后，有步骤地推行反华政策，对越南各级党政领导中的华人干部采取逐步边缘化直至清除的政策，我原是省委宣传部副部长、省团委书记，工作成绩也是得到大多数同志的肯定的，但受中越关系恶化的影响就把我从宣传部和省团委调离，到中央国营棠花茶场任党委书记兼场长，三年后，再把我调到地方农场任副场长，1973 年再次调到省农业良种站任站长，1978 年春，省委组织部直接通知我退休，那年我才 47 岁。

　　1978 年 4 月 25 日，良种站一职工到省农委办事，从好友口信中得知，近日省公安厅将会拘留我，要我赶快离开广河。情况紧急，我不敢告诉家里人，只安排了两个孩子赶紧组织家人逃难。当晚，我去了亲友家住宿，26 日早上和一个老战友一起，沿着当年抗法战争时熟悉的崎岖的羊肠小道，走了一天一夜，于 27 日早上到达中越边界，一到边界上，顿时双膝瘫软跪下，手捧泥土，泪水夺眶而出。后来家人逃难到东兴时才告诉我，4 月 27 日早上，省公安厅果然派人驱车到广河——我在越南的家去找我，爱人只说我去农村买稻谷了。

（六）

　　当时的东兴，已经成了一座难民城，几万难民集中在那里，还不断有从越南逃回来的同胞加入，大批的难侨使得安置成为一件很困难的事，丽光是广西越南难侨的第二大安置点，丽光华侨农场成为当时安置越南难侨的一大去处，共安置了六千多人。本来我已经被安置在南宁华侨服装厂，因要在东兴参加接待难侨的工作，还未到单位报道。广西侨办从我的简历中发现，我在越南做过农场的主要领导，于是就决定调我到丽光华侨农场任副场长，分管安置难侨和生产管理。为了安置好众多的难侨，使他们安心生产生活，我认真贯彻中共中央关于安置越南难侨的十六字方针"一视同仁，不得歧视，根据特点，适当照顾"。起初几千难侨都被安排在农业生产第一线，后经汇报，争取到场领导的一致同意，逐步在难侨中发现人才，进行适当调整，对口安置。由于难侨基本上得到了妥善的对口安置，丽光华侨农场成为广西安置难侨的典范。

农场的管理基本上还是计划经济思想，经济效益低下，甚至亏损，改革就成为当务之急。1980年秋，自治区侨办召开华侨农林场领导会议，讨论在农林场中实行计件工资方案。我提出，根据难侨工人的结构特点，实行计件工资只能按中下水平的要求，得到首肯。后经实践证明，这在当时是合理的，得到了广大归、难侨的拥护。联合国难民署欲援建丽光华侨农场100万美元，用以建成一座年产3000吨的罐头食品厂。为此，难民署专员莫揭亲自到我农场来考察是否具备建厂条件。于是，我带领全场上下奋力拼搏，种植了三千多亩菠萝，为建厂原料提供了保证。1982年只用了8个月的时间就修建了两座庞大的空罐，调试安装了生产设备；修建了供电供水设施，铺设了清洁的水泥公路，培训了熟练的生产工人。这8个月的艰苦奋斗，终于换来了验收专员的微笑点头。

1985年11月，全国侨联在青岛召开会议，讨论中共中央

26 号决议，其中议程之一是关于华侨农林场的经济体制改革问题。中央的要求是：把现行的由侨务部门主管的领导体制，改为由地方人民政府领导。改革是大势所趋，但是问题的关键在于如何改革才能适应华侨农林场的特点。我经过实地考察，并结合自身多年的工作实际，在会上，仍坚持我先前的想法，如果改由县级政府主管，生产会无法进行，广大难侨的生活会更加困难，华侨农林场只能下放到地市一级管理，并具体阐述了其中理由。可能是我的意见得到充分地关注，中央 26 号决定指出："华侨农林场由省区侨务部门直接管理。""华侨农林场经济体制改革……不搞一阵风，一刀切。"多年过去了，当年没有立即把农林场下放到县级政府管理，不搞一刀切是十分正确的，实践证明，下放到县级管理的农林场，遇到的困难非常多，特别是县级财政困难，没有投资条件。县级领导干部的政策水平也有限，甚至不了解侨务政策，国务院给难侨的优惠政策没有得到贯彻，归侨困难重重。

（七）

　　1988 年底我离休了。为了顺应中越边境开放，上级把我安置到东兴市，主要是做些有益沟通中越之间关系的工作。从那以后，我就在东兴一边工作一边做些生意，先后做过啤酒、茶叶等，还建了小桂油厂一座，自建了楼房，生活稳定下来，并达到了小康水平。

　　五十多年来，我为侨服务，感到很高兴，为归侨侨眷做事，我始终是乐意的。

不忘党恩情，努力做奉献

——马保泉　口述

被采访者简介：马保泉，男，1934 年 2 月出生于印尼棉兰，祖籍广东省潮州市。1960 年 6 月回国。长期在桂林市建筑安装公司从事技术、质量管理和侨联工作。多次被评为"市劳动模范"、"自治区归侨侨眷侨务工作先进个人"。

采访时间：2004 年 9 月 25 日下午

采访地点：广西桂林市临桂路被采访人住所

采访者：林晓东　苏妙英　周育毅　胡修雷　李戊伍
张永坤

整理者：林晓东

　　我是一个普普通通的归侨，小时候没上过学，没有多少文化，说要来采访我，我很发愁，不知说什么好，就想到哪儿说到哪儿吧。

（一）

　　我的祖籍是广东潮州，1934 年 2 月 28 日出生在印尼棉兰，父亲是早年被卖"猪仔"卖到印尼，到印尼后一直是种植橡胶，后来日子好过一些了，又把我母亲带了出去。我有七个兄弟姐妹，我排行老三，弟弟已经去世，还有姐姐和妹妹，她们现在都还在印尼。我回国后一直没有再回印尼，但我和她们仍有一些联系。

我在印尼生活了26年，1960年6月回国，回国的原因主要是六十年代初印尼排华，当时认为祖国就是自己的家，回国就不会再被人欺负。回国后我就被安排在桂林市建筑安装公司，直到现在。

我父亲在我12岁的时候就去世了，我母亲就靠帮助人家洗衣服谋生，拉扯我们几个孩子，我没有读过什么书，小学没毕业就失学了。由于家庭生活非常困难，家里只有两个男孩子，我又是年龄大的，所以我12岁就得去打工挣钱贴补家用，种菜、泥瓦工、店铺打杂……什么活我都干过。印尼当地人很歧视我们华侨，随着日本人骂我们是"支那猪"。

在印尼，我15岁就参加了印尼华侨总会，华侨总会是一个爱国的政治组织，也是一个华侨之间互助自救的组织。总会经常开会介绍宣传国内的情况，我在回国前一直参加这个组织，会员每月要交少量的会费。会员如果遇有困难，总会会根据情况给一些补助。会员如果受到老板的欺负，总会会站出来替会员说话，维护会员的权益。海外华侨华人社团在增强团结、维护权益、密切与祖国的联系等方面起着重要的作用。在这个组织里，我了解了自己的祖国，这对我日后决心回国产生了很重要的影响，我是当时第一批回国的印尼华侨。我很小就知道自己是中国人，那时就有回国的想法，后来在华侨总会里又受到各方面爱国主义的影响，在那里可以看到祖国的电影、报纸和杂志，得到祖国的消息，那个时候给我的感觉就是毛主席真伟大，中国是了不起的国家，自己作为中国人无比的自豪。家里当时没有什么钱，我就这么两手空空地回来了。

马保泉近照

我是和爱人一起回国的，当时我的大孩子才九个月，是抱着回来的，我母亲和其他姐妹们都没有回来。我岳父母也是在印尼打工的，我爱人的兄弟姐妹也都是打工仔。我从广东湛江上岸，接着政府就把我分配到桂林建筑安装公司。那个时候政府组织我们开会，要求我们服从国家分配，我的运气算比较好的，我爱人没有分配工作，后来孩子多了，生活负担加重，我爱人也要求参加工作，被安排在在桂林被服厂当工人。和我一起分配的有 5 名归侨，现在就剩下 2 人了，其他 3 人都过世。

（二）

我没上过几年学，没有什么文化，回国后我在桂林建筑安装公司当了一名泥瓦工。我在印尼干过这个活，所以，工作很快就上路了。尽管干得是一样的工作，但生活要比在印尼好得多了。政府给我安排的工作我已经很满意了，生活、工作、工资都非常稳定，而在印尼是今天有工作明天就不知道还有没有工作，非常不稳定。早先政府给我分配了12平米的住房，我们在那里住了四十多年。1961年市里调我去侨办，我没有文化去干什么呢，我就没有去。

我是老黄牛式的人，没有文化，也不太会说话，就知道干活。日复一日、年复一年地上班干活，加班加点没有任何怨言，也不计较个人得失。我的最高职务就是带领大家干活的队长，明天要干的事情今天一定要考虑好，每天都没有正点下班的时候，都是天黑才回家，有点什么小病的根本挡不住我上班，工作总是第一位的。领导分配的任务我总是超额完成，我曾经在工地为救一位女同志，自己被砸得晕过去了，第二天醒过来还继续上班。当时我当个小头头，不算什么官，按现在的话说就是个领班，领着工人干活，但责任很大，我是很少休息的，没白天没黑夜地干，没有星期天和节假日，加班加点我从来都是带头的，我所经手的每项工程都是保质保量超额完成任务。多劳是要多得的，我每次多劳的所得，我都不要，都分给其他工人。有的时候白天干活，晚上还要值班搞保卫，我这个人从来就是心里只有工作，其它东西都装不下，按照现在的说法，我就是个"工作狂"。我虽然没有文化，但我的工作经验是很丰富的。我到现在也是工人待遇，但做的是干部工作，我没有任何怨言。我就是一个思想，没有共产党、没有毛主席就没有我的今天，只要是我应该做，我又能够做的，我就一定要做，而且一定要做好，就是想用我的行动来报答共产党的恩情。

我1989年退休，因为工作需要又被返聘，一直做到1993年才正式退下来。我虽然没有文化，但我参加了各种业务考试，只要您问到的是与我工作相关的问题，我都能答出来，我考试成绩曾经达到过99分。我每年都被评为先进工作者，得到荣誉以后我想的最多的还是要继续加油干，再接再励。我以前是市侨联委员，也参加过历届的党代会，被评为"市劳动模范"。我是1973年加入党组织的，如果不是海外关系早就入党了。1968年我就写了入党申请书，是请人代笔写的，组织上经过反复调查才吸收我。在这期间，每次党员和群众评议都认为我工作最出色，我从来也不灰心，一直努力地工作。

回国的时候，国家给过我一些安置费，过后，每年都有一些问寒问暖的活动，在生活上政府都给我照顾。孩子在高考时还能够加五分，孙子今年考上了桂林工学院，由于分数够了就没有加分。我是按工人待遇退的休，拿工资的百分之七十五，现在

马保泉全家照

我的退休金是五百多块钱，我差半年就可以享受归侨三十年退休百分之百的工资待遇，虽然可惜，但我也没有什么怨言。

我退休以后的主要生活就是养好身体。我有两个儿子、一个女儿，女儿现在香港，是 1990 年出去的，现在生活一般。两个儿子下岗了，生活困难些，可以再想办法。我现在的住房面积有 64 平米。

（三）

我作为老归侨，对归侨有一种特殊的感情，我觉得每年侨联要组织一个座谈会，让大家见见面，叙叙旧，老归侨越来越少，年纪都大了，见一面就少一面了。归侨都有这个愿望，希望侨联侨办能够经常组织一些座谈会、联谊会这样的活动。

加强基层侨务工作，首先要解决这方面的认识问题，起码的侨务知识是要知道的，基本的侨务工作是要做的，比如：涉侨工作者都应该懂得一些侨史和海外华侨对祖国的贡献等这方面的知识，应该定期组织一些归侨侨眷活动，听听归侨侨眷的意见和建议。

回国这么多年了，我从来没有对当年回国的选择产生过怀疑。我是非常感谢共产党和毛主席的，是共产党给了我一切。我始终是一个心愿，用辛勤的工作来报答共产党，用归侨的赤子情怀来回报我的祖国。

祖国的强大才是我们华侨的依靠

——马瑞鸿 口述

被采访者简介：马瑞鸿，男，1928 年 9 月出生于印尼中爪哇省三宝垄市。祖籍福建省泉州市。1960 年 8 月回国后安排到广西贵县糖厂工作，主要搞糖厂的机械技术改造。于 1981 年担任贵县第一届政协常务委员和自治区第三届侨联委员，1982 年获中华人民共和国工程师证书，从 1982 年—2004 年曾多次获得"归侨侨务工作者"、"少数民族地区科技工作者"等荣誉称号。

采访时间：2004 年 9 月 22 日下午

采访地点：广西贵港市贵糖集团股份有限公司会议室

采 访 者：黄小坚　牛秀梅　谭光盛　封浑云　李汉生

整 理 者：牛秀梅

（一）

我是印尼归侨，1960 年 8 月我带着爱人和三岁的孩子离开印尼回国。

归国前，并不大了解国内的情况，只是在读书、工作及与朋友交谈中了解到，祖国在解放前，十分贫穷落后，解放后因为经济基础薄弱，国家一穷二白，工业落后，人才外流。

每当我思念自己的祖国时，经常是泪水满眼，期盼着：祖国啊，何日才能富强昌盛呢？

我是 1954 年荷兰文中等专业机械制造学校毕业（相当于中国的大专）。当时我想自己读了这么多年机械专业，能回国参加社会主义建设多好，开始产生了回国念头。

1960 年，印尼政府大举排斥华侨。我受到怀疑、诬害、打击。但是在这场斗争中，我明白这次印尼反华排华，是由于祖国解放后，在中国共产党领导下，像巨人一样站起来，在各方面都做出显著成绩，世界地位日益高涨，在世界上产生了深远影响。而反动派和一些敌对势力，害怕我们的祖国强盛，所以开始反华排华。清楚这种情况和道理，我反而心情万分激动，不仅希望祖国一定要变得更加强盛，而且增强了回国的决心和信心。

我的爱国思想被一位天主教神父所知，他特地来家劝告我：中国很穷，回去没有出息，更兼国事混乱，性命难保，太危险，还是去别的国家，如马来西亚、新加坡或者巴西。半年的生活费用由他的教会负担，保证我找到工作等。我们不认识他，当时就谢绝他的"好意"，并说：不管中国怎么样贫穷落后，她总是我的祖国，我有一点知识能够参加建设不好吗？我们祖居印尼与当地人民友好相处，为何印尼政府还是排斥我们呢？这神父素不相识，为什么到处鼓吹，迷惑我们呢？我相信这一切都是祖国变得富强的象征，祖国的强大就是我们华侨的幸福，因而我决心回国，随后把在印尼的家具等统统变卖，远涉重洋回到祖国。

（二）

回国后我被安排在广西贵县糖厂工作。当时的困难很多，首先是语言不通。为了更好地为祖国服务，区侨办、厂党委于 1963 年至 1964 年送我去南宁华侨补习学校学习中文，我爱人也去学习，儿子送去轻工业厅幼儿园。我们从头学起，白天学，晚上学，不懂就去请教。于 1964 年 1 月 31 日获得南宁归国华侨学生中等补习学校学业成绩证书。在初等补习班我爱人的成绩是最优秀的。

我的业务专长是设计、改革、绘制各类机械设备及冷冻机械。多年来自己勤勤恳恳，勇于实践，善于改革，同工人和技术人员一起革新，试验成功了许多设备，为提高贵县糖厂的生产能力做出了应有的贡献。

马瑞鸿近照

以前各车间的机械零件图纸全部集中在厂生产室存放，如果需要加工零件，找图纸时，技术人员起码要花费几个小时甚至一天时间。为了改善这种管理方法，我把这些零件图纸进行了编号整理，并且绘制了车间主要机械零件及备件图纸，收集在本车间自己管理。这样一来既清楚又方便，平时就是工人也能又快又准地找到自己岗位需要的加工零件图纸。

过去制炼车间所使用的几种阀门，每一种产品规格都不一样，备品备件复杂，机械零件图纸繁多，加工零件时很感棘手。后来我和大家一起，设计绘制统一规格的各种阀门图纸，使用起来十分方便。

1966 年 7 月"文革"期间，电厂 3200 千瓦的汽轮机出了故障。为了抢修，我们连续工作二十多小时，在回家稍微休息后，中午回车间发现汽轮机叶轮组放在两个人字木架上，准备把烧坏的螺丝母用氧焊割掉。当时我找到了有关汽轮机的资料图纸，发现图纸上说明汽轮机叶片是分组由 6 条直径 24mm 大螺栓固定起来的。我立刻和有关修理人员去找车间主任，把图纸给他看。但主任毫不理睬我的建议并骂了我一顿。想到这种可能损害国家和人民财产的行为，我们心里非常焦急。这时正好遇见生产调度室主任陈福鸿同志，他接受我的建议，很快跑到汽轮机房进行了制止，当时氧焊已经开了火准备动工。

在讨论会上我把汽轮机图纸摆在桌上一再向大家说明道理。一旦割断螺栓，整台汽轮机叶片就会散架损毁。当时有一些人不相信，认为叶片不可能是一组一组依靠六条螺栓固定下来，而是由一条大轴承担的。当我坚持看法时，有人骂我是资产阶级技术权威，但事实证明我坚持的意见是对的，既保护了国家财产，又避免了一场事故。

1969 年 8 月，因碳酸钙短缺，导致造纸用料供不应求，影响生产。厂领导叫我和两位同志去上海等地参观学习。另外派赵庭钜同志去唐山等地要资料。我们根据各地的经验，初步设计绘制出日产三十吨碳酸钙方案图。安装之后，投入生产碰到不少困难，主要是筛选岗位赶不上生产要求。六角筛经常出现毛病，铜网很快损坏，达不到日产三十吨碳酸钙的要求。我们做了各种各样试验，如对打碎机、旋风分离机、磨面机进行调整改进，但还是没有达到目的。最后自行研发制造的圆筛机，使碳酸钙车间生产能力达到日产三十吨的要求，并一直沿用至今。

　　我们厂除了制糖以外还有造纸、碱回收等车间。长期以来碱回收车间排出大量的白泥流入小江河，污染十分严重。为了化废为利，利用白泥制造水泥，1973 年 9 月，厂领导叫我参加设计小型水泥车间的任务。回收白泥必须把烘焊炉改为热交换器装置的湿法回转炉。为了加大转炉的尾部和加长炉身，在有关部门的协助下，我们攻克了许多技术难关，终于设计制绘了所有设备图纸，造出了广西第一个日产三十至四十吨小型热交换装置的湿法回转炉水泥车间。

　　当时，厂动力车间每日必须运煤 500—600 吨。旧的运煤系统不能达到要求，厂领导叫我设计绘制新的运煤系统。另外根据车间领导的建议，我绘制了拆除锅炉炉排装置改为烧煤粉炉的工艺方案图纸。

　　除了完成本职任务外，我还多次到部队、医院、农场和社队帮助维修安装冷冻机器，培训修理人员。

　　有一次，厂领导通知我带上制图工具前往驻贵部队某部汽车连，协助绘制革新项目零部件图纸。由部队派车接我去，但当天该零件仍在湛江市，一直等到晚上还没有到货。吃了晚饭后，首长亲自陪我去礼堂看样板戏，让我坐在第一排观看。第二天一大早，零件就摆在工作台上，我马上开始对零件的绘制工作。一直干到晚上十点多钟，终于把零件图和装配图全部画好，并连夜赶回厂部进行复印、晒图等工作，第二天，正好是星期天，我骑单车亲自送到部队上，首长非常高兴。中午部队就派人带着图纸去广州参加全军汽车部队革新项目大会了。

又有一回，我到驻贵县部队帮助维修冷冻机器时，突然生病发烧到 39°C，军医给我打针服药，干完活后我就想回家，他们不放心，让我打电话回厂里，转告家属并安排我在卫生院里留医。我用自己的知识和才智为拥军爱民做了一些贡献，得到了领导和军民的好评。

（三）

1979 年，为了改善糖厂职工的饭菜问题，在本厂设计、安装两座各 15 立方米冷冻库，买回的设备只有两台冷冻机组和两组蒸发器管，没有冷冻库和自动控制零件。我经过反复设想和制图，终于设计出自动控制的线路图。多年运行证明，设备工作性能良好。

1979 年，制炼车间的 8 台甲、乙糖分密机需要全部更换新的国产分密机。机组很重，但旧钢梁尺寸不同，领导叫我负责设计新操作台和钢梁布置图，另外新机组没有配上风压自动操作需重新设计制图甲、乙糖膏分配槽，我和同志们通过参观学习，回来一起想办法，设计并安装了自动控制设备，减轻了工人劳动强度。

蔗糖是我县一大优势，由于县领导调动群众积极性，原料甘蔗产量也有所提高。为了提高日榨量，糖厂必须增加和改革一些设备，把原来日榨 1500 吨提高到日榨 2000 吨。1980 年 6 月领导叫我参加扩建小组，在高级工程师赵庭钜的带领下，我负责设计制图，主要内容有：（1）煮糖罐、助晶箱、糖浆箱和压滤机钢梁布置。（2）石灰窑消和器下面的高频震筛的安装布置。（3）改革自动称的出汁阀道和阀座。

1978 年，甘蔗产量又提高了，厂党委等有关部门研究要把日榨糖量提高到 2500 吨。我又参加扩建小组，在副厂长陆一栋工程师和高级工程师赵庭钜带领下，共 8 人去福建省和广东省的一些糖厂参观学习，顺便收集资料。

我的任务是：把原来输送白糖链斗机改为用 1 米宽胶带输送机；为新增加的几台 55 立方米 90 千瓦卧式真空泵设计图纸；绘制 200 平方米加热器和修改蒸发罐图纸；增加一台消合器、石灰升运机和滚筒出灰机。1 米宽胶带输送机设备是从南宁买回来的，安装布置由我设计制图。我们厂原使用的 55 立方米卧式真空泵是从捷克进口，国内没有生产。厂领导决心自己加工，并把真空泵制图任务交给了我。我通过努力，将整套复杂的真空泵设备绘制出来。真空泵复杂的机械部件是在柳州第一压缩机厂加工，还有一部分是在南宁和梧州机械厂加工的，其他的是在我们厂机修车间加工。由于大家的努力和机械厂的协助，这台真空泵在 11 月 15 日榨季投入生产。经过一个榨季和炼糖期间实践说明，设备运转能达到设计要求。在设备改造、安装期间，每次工人加班时，我都利用业余时间到车间去看一看。即使在贵县开几天会议，晚上我仍赶回车间看设备的安装情况，如发现问题及时研究解决。

贵县191军医院的五官科开刀手术是用冷冻工具。装冷冻气体的小瓶 F12 气体用完了，长期无法为白内障病人手术。一个小瓶能支持1个月开刀手术。要灌 F12 气体就要派汽车去柳州，邮电局不给托运。我知道以后就想办法绘制加工几个零件，在我们厂试灌 F12 气体成功之后才告诉医院的医生怎样灌进 F12 气体。现在191医院五官科的医生能够继续使用他们的冷冻开刀工具为病员服务。

1982年至1988年，糖厂连续扩建，从2500吨/日处理量升至10000吨/日处理量时，我负责制炼车间机械设备设计制图工程。重新布置一米宽白糖输送带和分类筛设备，绘制糖斗等用风压的放白糖闸门；重新布置修改输送糖包的钢带输送机和胶带输送机；设计石灰乳化大搅拌桶和回熔间炼糖用的回熔搅拌桶；炼糖复筛分密机钢梁和分配槽；设计布置临时用0.6米宽白糖输送胶带；重新布置制图各种泵类和水箱的基础；布置几台瓦斯泵并参加安装瓦斯泵任务；设计、绘制两组比较大的甲糖膏分配槽；绘制真空喷射冷凝器和钢架布置；绘制1400平方米蒸发罐等制炼改革的设备；建立270立方米新石灰窑的任务也是我参加设计制图的。

1986年，在制炼车间完成炼糖用的设备设计制图、绘制整套高压热水泵和其他备品备件任务之后，车间领导叫我在1986年7月12日去扩建办公室参加270立方米石灰窑扩建任务。

根据工艺技术要求，本石灰窑必须增加眼孔装置、操作和行人道及楼梯装置、窑顶入料装置，原来是用空气压力来操作。赵工程师要求不用空气压力等于减少用空气压缩机。

利用入料升运斗的重量来启动入料装置。每一种机械设备都要先绘制装配图，然后才能绘制零部件图。

石灰窑修改和增加设备任务完成之后，就开始消和车间的机械设备设计制图。为了搞好设计工作，在1987年2月份领导叫我和黄寿康同志去天津塘沽碱化厂参观收集资料。回厂后开始设计绘制石灰窑和消和器的厂房和机械设备的总布置图。

根据广西壮族自治区基本建设综合设计院要求，我们绘制石灰窑的厂房基础和设备基础的工艺布置，和第一、二、三楼的预埋件和留孔布置图，为了这些工作，到南宁来回好几次。除以上工作任务外，还多次去柳州联系工作。

我们新建大厂饭堂，原来是15立方米改成25立方米，这样能装入冷冻猪肉7吨左右，为在我厂食堂开饭的同志解决用餐问题。

中华人民共和国轻工业部委托黑龙江省轻工安装公司和广东省轻工业建设公司联合编制《制糖设备安装工程施工及验收规范》（初稿），要求我们贵县糖厂派一位同志去轻工业部成都设计院参加"初稿"审查会，詹厂长派我去参加会议。

（四）

1979年10月8日贵县成立了侨联。在县统战部、侨办、侨联领导的支持下，由县侨联一位副主席领几个热心侨联工作的归侨、侨眷组成了理事会，于1981年4月份创办了贵县侨属公司。成立公司需要投资，钱哪里来呢？自从我儿子参加工作以后，家庭生活好转，我们不抽烟不喝酒，想到安排一批归侨、侨眷、港澳台同胞亲属的待业问题，经一家同意，我把存款拿出来带头投资。党和政府给我的荣誉很多。1979年任贵县侨联委员、贵糖侨联小组的组长，在1981年1月26日担任贵县政协第一届常务委员，1981年7月26日任第三届自治区侨联委员，1982年5月1日得到中华人民共和国工程师证书。

1982年8月被评为"广西壮族自治区归侨、侨眷和侨务工作者先进个人"。

1982年12月被评为"全国归侨、侨眷和侨务工作者先进个人"。

1983年7月获"少数民族地区科技工作者"。

1983年1月担任贵县侨联第二届常务委员。

1984年9月26日担任县政协第二届常务委员。

1984年贵县糖厂第13届职工代表大会代表。

1986年9月1日担任贵县糖厂第二届侨联小组长。

1986年12月广西壮族自治区侨联第四次区侨联委员。

1989年10月26日召开的第三届中国人民政治协商会议贵港市委员会会议上，我被任命为第三届政协常务委员。

虽然自己在工作上取得了一些成绩，但这完全是大家帮助的结果。我与别的同志相比较，差距还很大。今后我要努力工作、学习，为伟大祖国的社会主义四化建设做出新贡献！

历尽坎坷　无怨无悔

——石琪高　口述

被采访者简介： 石琪高，男，1932 年 7 月出生于福建省福清县，1938 年去印尼爪哇，高中毕业，1952 年 7 月回国后在北京华侨补校学习，1953 年考入清华大学，毕业后被分配到广西柳州市工作，曾任柳州市二建公司生产技术科副科长、公司副经理、柳州市市长等职。

采访时间： 2004 年 9 月 24 日下午

采访地点： 柳州市人民政府会议室

采　访　者： 林晓东　苏妙英　周育毅　胡修雷　蒋石寿

整　理　者： 林晓东

我的一生有几次大起大落的经历，颇具传奇色彩。

1932 年，我出生在祖籍地福建省福清市江阴镇下石村。由于姓氏宗族矛盾的原因，我们姓石的家族在村里受到排斥，最后只剩下我们一家。全家不仅生活很困难，精神上也非常压抑。由于生活所迫、环境所逼，1920 年我父亲就跟随祖父到印尼谋生去了。出国后，父亲极少回来，每次回来都是白天在家，晚上躲在亲戚家。只要回来，村里人知道了，就会有人上门借钱，名曰借钱，实则老虎借猪，有借无还。他们认为归国华侨必定有钱。1931 年我父亲最后一次回来，也只是夜里进村，住在亲戚家，第二天天不亮就匆匆地走了。

父亲这次回家时，母亲怀着我，没有随父亲同行。1938年我6岁时，母亲带着我离开了福清老家到印尼去找我的父亲。我还有两个姐姐留在了家乡福清。因为她们是女孩子，在家里不会有什么危险，那些人到我家里要不到钱不会抓女孩子，但会抓我。所以我母亲不得不把我带到国外，而把两个姐姐留在了福建农村。后来，我大姐嫁了出去，二姐做了别人的童养媳。

我在印尼呆了14年，从小学一直念到高中毕业。1952年7月回国，我记得很清楚，是7月7日那天到的北京。我在北京华侨补校学习和工作一年，1953年考入了清华大学土木工程系。

（一）

我随母亲出国后，就在印度尼西亚马吉朗市读书，高中则是在巴城中学读的。在荷兰殖民统治时期，雅加达市叫巴达维亚市，简称巴城，巴城中学的校名就是这么来的。巴城中学在印尼是一所很有名的华侨学校，当年从巴城中学回国的印尼华侨学生非常多，现在国内还有印尼巴城中学的校友会。下个月的15号，巴城中学52届毕业生，共有150名校友要到广西桂林、柳州、南宁等地参观访问，来自印尼、美国、香港等国家和地区的校友们都要来广西聚会。

1943年日本人占领了印尼，我们兄弟姐妹就没有办法再读书了，只好帮父亲做些买卖。我父亲开始时做的是放高利贷的生意，后来干不下去了，就搞起了养猪场，养了一百多头猪。我没法念书，就每天骑着单车到养猪场帮父亲干活。当年日本人侵略印尼的时候，在当地豢养了一批印尼人充当雇佣军，在中国国内这样的军队叫伪军、二狗子。雇佣军在印尼马吉朗市各地设有很多岗哨，规定中国人经过岗哨时必须鞠三个躬才能过去。我每天骑车去帮父亲干活都必须从岗哨经过。岗哨设立之初我还不知道这个规定，经过那里雇佣军喊我停下来的时候，我也就没太在意，因为过去并没有岗哨在那里把守，我当时又是个血气方刚的毛头小伙子，什么都不在乎，就没听岗哨的招呼。几个雇佣军看我不理睬就火了，接着就是几声枪响。我根本没想到他们会对我开枪，这可把我吓坏了，我立即停了下来。他们跑上来不问青红皂白地就打了我几个嘴巴，打得我顿时鼻青脸肿，这还不算完，他们还让我跪在地上像狗一样的在他们面前来回爬，他们则在旁边取笑。爬了很长时间，膝盖都爬烂了。

这件事对我产生了强烈的刺激，雇佣军之所以这么欺负我，没有其它的原因，就是因为我是华侨。日本强盛，他们就可以给日本人当"二狗子"；中国贫弱，他们就不把中国人当人看，没有强大的祖国作为靠山，华侨在海外定会遭受欺侮。在我很小的心灵深处就扎下了这个根，我是中国人，长大后我一定要回中国去。我为什么那么爱国，为什么要动员那么多人回国来，除了在华侨学校接受的教育外，就是因为这件事情对我的刺激太大了。从心底里我向往着自己的祖国，盼望着祖国强大，盼望海外华侨能够真正扬眉吐气。中国站不起来，海外华侨就抬不起头来，什么时候都是海外孤儿，不仅日本人欺侮中国人，就连当地的"二狗子"也欺侮我们中国人。在印尼，我们家的东西多次被抢过，明明知道

石琪高近照

是谁抢的，母亲就是不让我还手，生怕惹恼了当地人。在中国没有强大起来之前，华侨在国外是处处受欺侮的，这是我非常痛苦的一段经历。

（二）

后来我父亲的生意做得还不错，家庭生活也慢慢好起来了，吃穿住都没有太大的问题。我是在印尼马吉朗市念的小学，印尼日惹市念的初中，高中则考入了雅加达的巴城中学。当时雅加达有三所华侨中学，即巴城中学、中华中学和八华中学，巴城中学和中华中学是非常倾向中国大陆的，当时中华中学的校长就是毛泽东的同学张国基老先生。在念初中的时候，我就参加过地下党组织的读书会。我记得很清楚，在读书会里我看的第一本书就是毛泽东的《论联合政府》，第二本书是艾思奇的《大众哲学》。这两本书给我留下了非常深刻的印象，基本上奠定了我此后的思想基础。

到了高中，我受国内进步思想的影响越来越深，我们一些同学自发成立了进步组织。我在巴城中学读书时接触到的大部分老师都来自国内。我的语文老师叫钟士明，毕业于广东中山大学，解放以后去了香港，十几年前我到香港还见到了他。教我代数的老师叫刘宏谟，毕业于国民党时期国立南京中央大学。他的弟弟叫刘宏谦，教我几何和三角，也是国民党时期国立南京中央大学毕业的。还有一个教我们化学的老师也是国民党时期国立南京中央大学毕业的，她叫胡世苢。这些老师都很不简单。我们巴城中学的师生，新中国成立后有百分之八十都回到了祖国。巴城中学学生的学习成绩也都非常好，我后来之所以能考上清华大学，与在巴城中学打下的基础是分不开的。当时巴城中学全部都是用中文教学，主科语文是中文，外语是英文，课本基本上都是中国大陆传过去的。虽然我是在印尼念的高中，但教我的老师是由中国去的师资，所学的教材大部分是和中国一样的。所以，我回国后很快就能与国内教育的内容和步骤衔接上了。教我的还有一位物理老师叫韦同芳，他是上海交通大学（前身南洋大学）毕业的，教得非常好，我回国考试，成绩最好的就是物理，他对我们的要求相当严格。

那时我与印尼共产党的书记有些接触，我还经常参加游行示威，曾与进步学生一起被印尼军警包围过。我从小所受都是进步思想的教育，对中国共产党有很深的感情，共产主义就是我的信仰，祖国就是我的母亲。即使后来回国后把我打成"右派"最困难的时候，我也把祖国当成母亲，我也认为那是母亲打错孩子，但母亲终归还是母亲。

当年回国的主要原因就是向往祖国。1950年已有一批印尼青年学生回国，我们1952年回国的是第三批。我们这一批共有724人，由我和其他两位同学带队，称做华侨回国学生升学团。我们回国完全是自发组织的，直接目的就是到祖国继续念书，有回来考初中的，也有回来考高中的，我是回来考大学的。我们回国一路上都受到热烈的欢迎。

我出国是随母亲出去的，父亲到雅加达市码头接的我们，我回国也是父亲送的我。我记得当时父亲从三宝垄坐火车把我送到雅加达，然后从雅加达坐船回国。当时国家刚解放不久，还比较困难，吃的很不好，吃的第一餐是盐粥。后来到了北京也就慢慢想通了，经过一系列的思想教育，我们也了解到国家正处于经济恢复时期，人民群众的生活不可能很舒适，我们的心绪也逐步平静了。

在印尼雅加达巴城中学读书的时候我兼了一些职务，但我的学习成绩还是不错的。到了北京，在华侨补校学习和工作了一年后，我参加了清华大学的入学考试。我的作文考得很好，作文题目是"记述一件新人新事"。我写的是朝鲜战场上的空军英雄张积慧。在补校学习期间，学校组织我们听了很多英雄模范人物的报告，我对赴朝参战的空军英雄张积慧的报告印象最为深刻。他在赴朝参战以前驾驶飞机的时间才有两个多月，就凭着对祖国的忠诚、勇敢和智慧，他打下了美国的王牌飞行员。这名美国王牌飞行员在第二次世界大战中曾击落过德军的十几架飞机，却在朝鲜战场上败在了我们青年空军英雄张积慧的手里。我把这个事情写了下来，作为我考清华大学的命题作文，结果得了高分。另外我的物理考得也很好。结果我被清华大学土木工程系录取，与我同时考进清华大学的巴城中学毕业生还有十几个人。

（三）

我这个人的性格可能从小就定型了，直脾气，干事情执著，天生爱打抱不平。我回来后在清华大学念了四年半书，1958 年毕业前夕就被打成了"右派"，然后被带帽分配到广西进行改造。在反右初期，我算是积极分子。反右斗争开始时并没有搞得那么极端，讲的是以教育为主，就是通过运动使大家都受教育。开始时说在教师队伍中不搞反右，后来反右斗争扩大到教师中，又说在学生中不搞反右，后来学生队伍中也搞了，当时的反右斗争就这么逐步地扩大化了。

清华大学的反右扩大化先从整教授开始。有位数学教授课讲得非常好，有一天学校突然宣布这个教授已经是右派了，要求学生只能听他上课，课前不准起立，也不能给他鞠躬，他也不准给学生鞠躬。特别可怜的这么一个老教授被打成右派就是因为讲了一句话，说苏联进口的机器太笨重了，就是讲了这么一句实话便被打成了右派。

在最初阶段，我还是反右的积极分子，当时批斗钱伟长老教授我也是很积极的。我记得，在反右运动中《中国青年报》还刊登了记者采访我时我讲的一句话："反右派斗争是一种清醒剂"。但随着越来越多的老师被批判，我感到这个事情搞得太过了，就提出了一些不同意见。

当时整个反右运动搞得轰轰烈烈，我就在这个当口提了意见。我说党不能对运动放任不管，要出来抓一抓了，有这么多人被打成右派肯定是有问题的，而且运动把学校秩序都搞乱了。于是有人说我反党，说我对反右运动有看法、有不满情绪，这是我的一条罪状。在被打成右派前，我是土木工程系学生会体育部的部长，也是黑板报的编辑，还经常给黑板报和校刊写些文章。得到稿费我都慷慨地请大家吃一顿，这个事情后来也算是我的一条罪状，说我用资产阶级的金钱腐蚀同志。现在听起来是很可笑的事情，可当时事情就是这么发生了。

没过多少日子，我记得很清楚，是1958年2月4日立春那一天，我的宿舍和走廊里贴满了批判我的大字报，我也不知道这是怎么回事。后来有人通知我，今天你就不要上课去了，也不准外出，就在房间里呆着，准备接受批判，就这样我成了"漏网右派"。

本来我还有一个弟弟、两个妹妹在印尼，1952年就我一个人回来了。全家人都不同意我回国，只有父亲还比较支持我。1960年我的弟弟和两个妹妹也都回来了，当时印尼排华事件主要发生在农村，城市并没有波及，他们完全可以不回来，是我把他们动员回来的。我被打成右派分子之后没有工资，只有生活费。1958年10月份开始我每月才拿二十七块五，没法养活他们，他们回来以后根本无法生活，就把带回来的三部单车给卖掉了，后来为了生活又把所有的金银财宝都卖了。那个时候我的想法很单纯，甚至可以说是幼稚，我认为这是党对我的考验，这个事情很快就会过去。就是在那种情况下，我对党也没有二心，还是动员我的弟弟妹妹回国，他们回来后看到我这种情况非常气愤，也很不理解我，说我是个骗子。1964年我的一个妹妹和弟弟去了香港，那个时候他们已经回不了印尼，只能呆在香港，他们跟别人讲都是说："回国是被我哥骗了。"在那种情况下我真是说不清楚，他们不理解我也是有道理的，我的眼泪只能往肚子里流。人最伤心的事情是不被理解，特别是不被亲人理解。

我当时回国的想法非常单纯，就是认为自己是中国人，印尼不是我应呆的地方，我要回到自己的祖国。我动员华侨回国也是讲这个道理，只有劳动人民翻身做主人的新中国才是我们自己的家。我动员他们回来，他们回来后都吃了很多苦，他们也是到处骂我，也说是我把他们骗回来的。

在如此困难的情况下，我从来没有告诉我父母我被打成右派分子的事情，也从来没有讲过我拿多少钱。而我母亲在印尼那边宣传的却是我在国内拿的工资是中上等的工程师水平，我过得很好，弟弟妹妹回来跟我过肯定会很幸福。1953年我考上清华大学，在这之后不断地写信回去，父母每次收到我的信都非常高兴，我寄回去的照片把家里都贴满了，他们想以此方式来告诉周围的人，我儿子考上了清华大学，他们为有我这样的儿子感到光荣和自豪。在这种情况下，我能跟他们讲毕业后我每月只拿二十七块五的事吗？我能讲我被打成右派了吗？我能说祖国已经把自己看成是阶级敌人了吗？如果这样讲不就是对祖国的诬蔑吗？自己受了这么大的委曲还不敢跟亲人讲，我陷入了极度的痛苦之中。

"文革"期间我受的苦就更大了。我曾经在批斗中被打折了两根肋骨，有两次在几秒钟之内，就能决定我的生死，结果我还是活下来了。作为一个右派分子，在文革中我是哪一派都不能参加的，但这也逃脱不了被专政的命运，两派中的一派把我拿出来游街，并把我关押在单位内，不准自由活动。其他所谓走资本主义道路当权派的游街帽子是六十到八十公分高，我的帽子有一米高，胸前挂的牌子上写着"右派分子——资产阶级的孝子贤孙"，游街时沿途不断受到不明真相的群众的谩骂和攻击，文革可把我整得惨极了。

后来我实在受不了这种精神和肉体上的折磨，就逃跑了。当时我和我爱人还没有结婚，她在卢寨县插队。在走投无路的情况下，只有到卢寨县去找她。可还没有找到她就被当地农民发现了，他们把我抓起来，用手指粗的麻绳绑了我一天一夜，到现在我手上还有当时被捆的痕迹呢。第二天我被拉出来示众。那次批斗非常危险，差一点我被打死了。为什么没有死成呢？我爱人得知我去找她的消息后，马上跑到卢寨县武装部报告，说石琪高是个归侨，被造反派抓了，被打得很厉害，有生命危险。武装部的政委亲自赶到现场，制止了造反派的施暴，把我给救了。那些人停手后，有个造反派头头还埋怨打我的人，说你这几个小子真笨，打人都不会打，在关键的部位上重打一下他就完了。如果我爱人带的人再晚几秒钟到，我可能真的就被他们打死了。

那次没有打死我，但打折了我的两根肋骨，我的牙也被打掉了四颗。即使把我打成这样，造反派也没有放过我。他们把我从卢寨县押回了柳州市，我被蒙着眼睛关在市委礼堂里整整四十二天，这四十二天真是无法想象我是怎么过来的，那真叫是暗无天日啊！是什么布蒙的眼睛我都不知道，就这么蒙着眼睛躺着不准起来，想解大小便要报告，然后由一个打手拿着棍子带我到厕所，眼睛依然被蒙着。吃饭时蒙着眼睛坐着吃，吃完躺下，眼睛还是蒙着。吃的东西就是一碗饭、一个菜，我数了数，菜里最多只有十二粒小豆子，一天就一顿饭，根本吃不饱。造反派这么做，就是给你点吃的，保证人死不了，让你活受罪。文革中我可受了大罪了，有很多故事没有时间一一去讲。

（四）

我这个右派分子八十年代初就已当上柳州市的市长。1983年广西党委对柳州市的领导班子进行调整，我和田民搭档，他当书记、我当市长。八十年代初右派分子当市长的情况，在全国我是唯一的。

在我的记忆里，我很快就被摘掉右派的帽子。1958年2月4日我被拉出来批斗，8日被带上右派分子的帽子。1959年国庆十周年大庆的那一天我就被摘帽了。那个时候摘帽的不多，我之所以能被摘帽，主要是因为我表现好，劳动积极肯干、开会主动发言、能安分守已地改造。当年和我一起摘帽的有十几个人，其中有一个人给我的印象最深，他是位作家叫秦兆阳，《前进在田野上》这本小说的作者，他在柳州机械厂劳动，我在柳州市政工程处劳动。

1986年我在中央党校学习的时候，有一位新华社的记者来采访我，写了一篇题为"春风得意马蹄急"的文章在《人民日报》海外版上发表，这个题目出自唐诗。在私下与我聊天时这位记者说我能当上市长有三个突破：一是右派分子平反后能当正职领导职务的在我之前没有，不论职务高低都只能当副职；二是归侨领导干部通常都是副职，我能当上正职也是一个突破；三是我从正科级干部一下就提升为正厅级，这又是一个突破。当市长之前，我在柳州市第二建筑公司工

作，这是一个集体所有制的小建筑公司，后来被提升为副经
理，也只相当于正科级，1983 年直接被提为柳州市市长，提
升跨度之大在此前是没有的，我算是"坐火箭上来"的干
部。从那以后，这样的事情也没有了，我算是空前绝后。

社会普遍认为，当官能当到市长这个份上的人，总要有
点背景，要么是老红军的后代，要么是其他什么条件……，
一个归国华侨怎么能当市长呢？在当时那种社会舆论背景下，
很多人对我当上市长的事很不理解。于是，有人找到当时重
用我的田民书记，问他为什么要选我当市长。他回道："我就
是专门要用那些有能力的'右派'分子。"在他看来，当年
被打成"右派"分子的人，有一部分是精英。除了我，他还
用了两个"右派"分子当厂长。我被市委市领导发现是在柳
州市"群英会"上，柳州市每年都要召开表彰先进工作者大
会，也叫"群英会"。我曾经四次代表市建二公司出席大会，
我的事迹市领导也因此都知道了。市领导看我是个归侨，又
曾经被打成右派，就非常关心我。当时柳州市的市委书记兼
市长叫欧济文，延安抗大出身，我当市长就是接他的班，是
他最初发现了我，他曾专门派人去看我。当时我一家五口人
只住在二十四平方米的一个小房子里，条件非常差，他了解
到情况后很感动，又了解到我是清华大学毕业的，就想重用
我。有记者曾经问田民书记，听说你和石琪高很熟，他当上
市长完全是你一手提拔而成的。田民书记回答说，从没这样
的事儿，我原先根本不认识石琪高。我和田民书记原先确实
不认识，最初发现我的不是田民，而是欧济文。

1983 年初，党中央有一重要文件规定，各级领导班子一
定要选拔"四化"人才，即具有革命化、年轻化、知识化、

专业化背景的人。根据"四化"的要求，柳州市长人选当时先由各部门、各单位提出近千人，第二次筛选到六百多人，再精选到四百一十人，最终剩下五个人。每次都有我的名字。当时我的情况比较符合中央有关"四化"人才的要求。从革命化来说，当时我完全可以回印尼继承财产，但我没有回去，这是有记载的，这说明我爱国。从我一生的思想成长逻辑来说我也不可能再回印尼，我是坚定地要跟共产党走的，这一点我确实从来就没有动摇过。这样一个爱国华侨在政治上肯定是可靠的。我是五十年代清华大学毕业生，在知识化和专业化方面也没什么问题，上世纪八十年代初有我这样学识背景的人非常少。我还连续四次参加"群英会"，是市二建公司劳动模范，从个人表现来看也没的说。最后定了五个人选，一个市长四个副市长，但谁当这个市长还是定不下来，最终田民书记力推由我当市长，他讲了四条理由，石琪高一是热爱祖国；二是清华毕业；三是劳动模范；四是表现优秀。

　　1983 年 12 月 30 日广西壮族自治区区委决定由我当柳州市长，31 日通知我去开会。当时柳州市委会议室在哪里我都不知道，获知让我当市长的消息后，我都蒙了。会议上我一时讲不出话来，会议怎么开的也不知道，脑子里尽是考虑这个市长怎么当法。在这之前，政府的任何部门我都没有去过，什么工作经验都没有，一下子就叫我当市长，真不知道如何是好。回到家里，老婆看我垂头丧气的，就问我是怎么回事，我说区党委领导让我当市长，她说那不很好吗？我说好你去当当看。真的，当时我没有感到丝毫的兴奋，我有整整三个晚上睡不着觉。第一次参加市委常委会议时，我讲了一席话，没有讲别的，就是讲我的压力太大。田民书记说："好，我选对人了，假如说你当了市长以后还能睡大觉那就不行了，你睡不着觉正说明你有责任心。你一定能干好的。"

我是1982年12月14日入党的，1983年12月14日应该转正，但没有按期转正。12月31日市委第一次召开常委会的时候，田民书记问我组织问题解决了没有，我说已经到了转正的日期但还没有给我转正。他当即打了一个电话，第二天我的转正问题就解决了。党内有规定，党龄必须在五年以上的人才有资格就任市委常委，那个时候我刚刚转正，按规定是没有资格参加常委会的。而田民书记的主张是，市长不参加常委会无法开展工作。他就此事请示了自治区党委，经区党委会同意，我可以列席常委会，并可以列席每周一次的书记碰头会。列席会议者有发言权但没有表决权。每次开会时田民书记都让我先讲话，他要我大胆地讲、大胆地干，错了是他田民的，成绩是石琪高的，他说，他是老党员，是书记，应当承担责任。在这样的书记领导下做事情怎么能不大胆地去干呢？老百姓都说我石琪高当市长时做了很多事情，实际上我心里明白，没有田书记支持、鼓励和帮助我，我是很难做出成绩的。当时我和田民搭档的那个班子是很团结的，田民书记这个人非常重视人才、爱护人才。

从清华大学毕业后，我被分配到柳州市政工程队。我记得是1958年9月12日来的，当时市政工程队一共才29个人，1959年一下就增加到两百多人，遂改名叫市政工程处。人员增加了以后，就派了一个转业的解放军大尉来担任书记。我是带帽"右派分子"，按规定拿不到正式的工资，只能拿一点生活费。1959年10月1日我摘掉了"右派"的帽子，但生活待遇没变，我的身份也没变，仍是"右派"，国庆节之前叫"戴帽右派分子"，之后叫"摘帽右派分子"，"右派分子"的身份还是去不掉。当时大学毕业生第一年的工资应该是 48 块，第二年转正就是 54 块。摘帽以后我的生活费一直是 27 块 5 角。直到 1962 年 7 月我才按应届毕业生的标准拿到 48 块钱的工资，当时我的很多同学的工资已是 68 块了。1963 年我的工资才变为 54 块，直到当上市长，才涨到 70 多块，落下的这几级永远也补不上了。

（五）

当了市长以后，我总是想怎么才能当好这个市长呢？后来想了一个办法，从我的优势出发来当市长。我是学土木工程出生的，我就从抓城市规划、建设、管理及环保做起，把我熟悉的事情先管好，其它的事逐步地上手。财政工作我交给了当时的常务副市长董世忠管，人事权则交给了杨基常，他是当时的副市长。这些重要的权力都不抓，我就专抓城市规划、建设、管理及环境保护。当初有些人就说我石琪高真笨，关键的人权和财权不抓，光抓个城市建设有什么用啊！我当时的想法很简单，我是正市长，他们做出的任何成绩都有我一份，而且五十万元以上的大开支还必须要通过我来审批，重要的人事安排也要经过我，再交给党委会集体讨论。后来大家都承认，还是石琪高英明，老百姓看得见、摸得着的就是城市建设，楼房盖多了、道路修宽了、工资增加了，他们就会叫好。老百姓不管是谁抓的财政，是谁抓的人事，谁能让老百姓过上好日子他们就拥护谁。前几天有一个孩子问他奶奶现在谁是柳州市的市长，他奶奶还说是石琪高呢。

说句老实话，我当市长的那几年，真的是为柳州市的老百姓干了一些实事，柳州市的老百姓对我的印象也很深。

我正式退下来是1997年满65岁的时候。从1983年12月到1989年3月我当市长当得都比较顺，1988年2月田民书记调到区里去当人大副主任，主要领导工作变动后，我的情况就完全不一样了，1990年3月对我正式立案侦查，1990年6月我被停职审查。1992年我已满60岁，曾先后两次打报告要求退休。1997年领导找我谈话，我才正式退下来。

在接受审查期间，中纪委派了两个人，监察部也派了两个人，区纪委、监察厅都派人来对我的情况进行复查，中纪委的批文是：证据不足，定性不准。中纪委的结论下达后，最后给了我一个不影响提拔的党内和行政严重警告处分，这算是最后结论了。

我的问题是1991年定的性，1990年底，柳州市侨办和侨联向全国侨联反映我的情况，后来柳州市政协也把这件事报上去。全国侨联还专门派人到柳州做详细的调查，并亲自找到自治区党委的一些人，想解决我的问题，但直到现在我的问题也没有彻底解决。

（六）

2000年8月柳州市新一届市委市政府领导班子成立。上级派了一个新的书记来，叫沈北海，现在任自治区党委常委兼宣传部长。沈北海书记到任没几天就到我家来看我，一进门就叫我石市长，说我来看望你了，你是柳州市的有功之臣。听他这样称呼我，我很感慨地对他说，敢到我家里来看我的书记有两个，第一个是田民，第二个就是你。他接着说："我来看你有两个原因，第一，你是柳州的有功之臣；第二，我要请你出马帮助我们"。我立马答应说可以，我说你这样看重我，我有很多想法可以提供给你参考。对于我来讲，一定做到召之即来，来之即能战，战之能不能胜就看你了。他说，我们准备成立一个顾问团，你一定要来参加。就这样，我就算重新出山了。但对当年整我的那些问题，始终都没有一个正确的说法。不过，现在我仍然是正厅级，我也就不去较那个真儿了。

当年，中国侨联法律部主任、一级律师、印尼归侨梁钦汉，专门来调查我的事情。他从老百姓那里给我总结出五项政绩：一是办教育，二是修道路，三是建商业，四是发展轻工业，五是治理环境。我在任期间建立了广西第一所全日制大学——广西工学院，我兼任院长。我组织修建了广西商业第一楼——三十层高的工贸大厦。在经济发展方面，1985 和1986 上半年柳州市连续两年被评为全国经济效益最好的十佳城市，且均排在首位，我们当时提出的口号是"藏富在企业"。我上任时柳江污染很严重，江的两边都是破破烂烂的民房。我组织全社会修筑江堤，第一次实现了政府不掏钱搞城市建设。开始时向社会集资 150 万，等堤的大体轮廓修起来之后，再向社会公开提出，谁要在堤边盖房子，谁就出钱把江堤完善起来，用这种方法就把柳江上主要的一段江堤建好了。当时柳州市政建设的这种运作方式是很具有开拓性的，在这之后，全国有很多城市建设都借鉴了我的这套做法。

我从坎坷的人生经历中得到的感悟是：人生道路一直都平坦并不一定是好事，坎坷可能是人生的财富。回顾自己坎坷的人生也算是一种乐趣吧，挫折并没有压垮我，我现在的身体很健康。想想经过两万五千里长征的那些老帅们很多都活到八九十岁，他们吃过更多的苦，还能够那么长寿，关键就是做人的心态一定要平和。所以，我个人把三件事情看得很淡：把金钱看得很淡，把坎坷看得很淡，把官位看得很淡。我还总结了四句话：地位是暂时的、友谊是永恒的、财产是儿女的、身体是自己的。我经历了那么多事，但现在回想起来，我还是我，我回国报效无怨无悔。我这个当年立志回国报效的热血青年被打成了"右派"，在"文革"中几经磨难、几乎丧命，又从一个"右派"分子到当上市长，为柳州人民做了那么多的事情，虽然此后我又受到了一些委屈，但说句老实话，我已感到非常满足了。如果再进一步比比陈毅、贺龙这些老帅们，那我就很欣慰了。他们为了中国人民的解放事业，在战争年代出生入死，吃了百般的苦，"文革"期间却受了那么多的委屈，最后落得个含冤九泉的地步。相比之下，我受的那点坎坷委屈算不得什么。

从1991年给我的问题定性到1997年正式退休这一段时间内，我在家里闷头写书，想通过写作来给自己画个句号。我和其他两位同志共同编写《探索与思考》、《探索与实践》、《探索与发展》。三本书都是田民同志写的序言。每一本书里我都写了一两篇文章，如《我的柳州梦》《永恒的主题》等。

"这条路是走对了"

——覃汝清　口述

被采访者简介：覃汝清，1931 年 6 月 15 日生于侨居于马来亚怡保，1951 年 6 月 6 日回国，曾任广西梧州市侨联主席、政协副主席。

采访时间：2004 年 9 月 25 日下午

采访地点：广西梧州市新世纪宾馆客房

采 访 者：黄小坚　牛秀梅　谭光盛　黄任来　梁少坚　龚炽杰

整 理 者：黄小坚

（一）

我是 1931 年在马来亚出生的，祖籍在广西岑溪南渡镇。1912 年父亲只身去了马来亚霹雳州的珠宝埠，做割（橡）胶工和锡矿工。后来他结了婚，生下 3 个男孩和 5 个女孩。我自己从小就没念什么书，只陆陆续续地在几所学校读了 4 年多（1945 年日本投降后念了两年多，1951 年回国前在培正学校读书，其间还当过矿工，割过橡胶）。

50 年代初期，马来亚社会极为动荡。1951 年回国那一年，我才 20 岁。促使我回国的因素，是英国殖民主义者要强征华人去当兵，而我恰恰被抽到了。情况紧急，我顾不上读书了，赶紧跑到一家叫联昌锡矿有限公司的矿山去躲避风头，在那里做了6个月的矿工。但后来他们还是找到矿山来，只是没找着我。我父亲看形势仍然很危险，躲得了初一，躲不了十五，便决定让我回国。于是，我就改名覃清回国了。

（二）

我很庆幸能够回到祖国来，是英国殖民主义者逼迫我回来的。

记得那是在 5 月的中旬，我同几个认识的朋友一起坐轮船回来，船上共有七百余人。他们和我一样都是被殖民主义政策逼迫回来的。起先我们坐火车到新加坡，然后坐轮船到香港。因护照上注明是到广州的，我们抵达香港后不能下船，只能换船前往广州。到了广州后，我乘船到了梧州，再由梧州改乘汽车到老家岑溪南渡。当时梧州一带刚解放，从外地进入县城的公路路况很差，所用汽车很落后，最方便的交通工具就是船了。而从梧州到南渡不过九十多公里，坐车却花了十多个小时。那汽车是靠烧木炭来提供动力的，司机必须配备两位，一个把握方向盘，一个负责烧木炭。尽管两位司机都忙得满头大汗，车子却仍然行走得如同蜗牛爬行般的慢。在走到两县交界的牛岭界地段的山坡时，由于坡很陡，任凭司机加再多的炭，车子也还是无法开上去，于是包括司机在内的十多位乘客只好纷纷下车，使劲帮着推车，并不断地舀水往炉外炭木泼水以增加蒸汽动力。就这样，大家推一下，车子便挪一下；泼一下水，车子便走一截……好不容易到了

覃汝清近照

岑溪南渡镇，叔叔便把我接到镇上住了下来。

到了老家，一晃呆了两个月，闲来无事，还是想念书。一天，我跟几个从马来亚回来的朋友到今南渡二中找到侯校长，希望免试入学。校长了解到我们5个人都是归侨，当即表示同意收下我们读书。我在那里念了整整3年的书。

初中毕业后，到底读不读高中？我考虑读高中要花很多钱，父亲那里也难以继续支持了，便想到了读师范。那时候国内读师范、农业类学校不用花钱，于是便考进了广西省立梧州师范学校。在那里，我很用心地读了三年书，1957年顺利毕业了。毕业后，校长留我在梧州市一所小学教书，后来我又调到民主路小学。无论如何，自己总算自立了。

现在想来，自己走这条路还是走对了。

（三）

　　我从 1957 年参加工作，到 2000 年退休，在国内工作了 43 年。这期间，从事教育工作 25 年，从事党派、群团工作也有 18 年之久。

　　在学校里，我做过普通教师，教导处副主任、主任，还有副校长。从事教育工作的 25 年中，有 19 年是在小学，6 年是在中学。

　　做党派、群团工作是我原先没有料想到的。十一届三中全会后，民主党派恢复活动，梧州市的致公党也酝酿恢复活动。但当时因"文化大革命"的影响，梧州市原有的致公党成员就只剩下两位，需要发展成员壮大组织。他们动员我参加。起先，因以前遭受过各种政治运动的冲击，我没有同意；后来，学校党支部书记、市侨办主任等挨个做我的思想工作，我才于 1979 年 10 月加入了致公党。1982 年，市里民主党派、侨联恢复活动，组织上调我到梧州市致公党当副主委，同时兼做侨联工作（开始为委员，后来是副主席）。到了 1990 年，致公党、侨联换届，我就过来当了侨联主席。适逢梧州市政协换届，我又被推选为副主席。在侨联、政协的领导岗位上，我都干了两届，直到 2000 年退休，那年我已 69 岁了。

　　有人说我傻，问我干嘛回国？回来是对的，否则对政治、对国家就会一窍不通。我回国后，一直受到党和政府的关怀，得到培养和锻炼（我在学校做过学生会主席等），所以成长较快，可谓一帆风顺。我曾经在 1982 年被评为梧州市和广西壮族自治区的归侨侨眷积极分子；1988、1989 年，被评为梧州市"双文明"积极分子；1993 年，又被评为广西壮族自治区先进侨务工作者。我担任过梧州市第四届人大代表，第三、五、六、七、八次政协委员。在大约 15 年的时间里，我提交过 36 件提案，其中有大约 20% 的提案受到了党政部门的重视和采纳。如果不回国，肯定没有今天的我。

当然，有些工作开展起来也并不容易。例如，我在侨联工作的 10 年期间，曾经引过外资，但是成功的不多，主要原因是我们的投资环境还不够理想，可能还有我们的思想也不够开放等多种原因。

（四）

我现在家庭状况很好。三个孩子（一男二女）都在梧州市工作。大女儿在市政府文化中心，小女儿在一家服装店；儿子在市国有资产管理局下属的一家公司，儿媳妇在一家银行，生活都还过得去。爱人是当地人，小学教师，现在也已经退了。

在马来西亚那边，我现在还有一个姐姐、四个妹妹、一个弟弟。他们都很好，比过去好，经常回来看看。

我是在 1951 年 5 月 1 日离开马来亚回国的，万幸的是，1992 年 5 月 1 日，在阔别了 42 年之后，我和我的爱人又得以回去探亲。这是个多么巧合的时间啊！我那次赴马探亲，首先是要看看在那里生活着的七位姐、弟、妹以及他们的家属近 150 人；其次，我作为长子，回国后双亲均已去世，有必要去扫扫墓、寄托我的哀思；再者，我还想走访当年的同学、朋友；最后，我还要做一些我应该做的事情——主要是借此机会向我的旧同学、朋友和亲人宣传中国改革开放20年来所取得的各方面的成就，动员他们回来中国探亲、观光、访友。虽然我那次获准赴马探亲的时间不长，仅有19天，但我还是觉得收获很大。我跟当地华人社团领导人建立了良好的关系。后来，他们还常常邀请我去马来西亚参加他们的各种盛会，不过因出访经费等各种原因，成行的却很少。

报效祖国是我一生的愿望

——汪泗通　口述

被采访者简介：汪泗通，男，1924 年 10 月 1 日生，祖籍广东揭阳，泰国归侨。1953 年 10 月 30 日回国。回国后，长期从事建筑机械工程工作，在建设中国第一座长江大桥——武汉长江大桥时被晋升为工程师，以后，长期在广西少数民族地区从事建筑机械、科技工作，多次荣获国务院、国家民族事务委员会、国家科技协会的嘉奖。

采访时间：2004 年 9 月 20 日下午

采访地点：广西南宁市被采访者住所

采 访 者：黄小坚　牛秀梅　谭光盛　蒋晓筠

整 理 者：牛秀梅

（一）

我的家乡是广东揭西县美德乡，属汕头地区，是个侨乡。那里的人多数靠侨汇过生活，大部分华侨居住在东南亚的泰国，从事各种生意，一般同居住国人民较融洽。乡下每年都有人从国外回家探亲、祭祖。

汪氏的宗亲，在国外居住的人员多于国内。国外有些地区均为本乡及邻村人集居在一起，讲的是中国家乡本地的客家话，对泰国人讲话时才说泰国话。在华人居住区，过年过节同中国国内的过年过节一样，甚至泰国本地人，也同中国人一样过节，否则，买不到东西吃。因为做买卖的都是中国人，过年过节都休息去了，市场上没人卖东西。

抗日战争时期曾经侨汇不通，家乡农业又欠收，造成了大范围的饥荒，很多人浮肿饿死，有点能力的纷纷逃往江西省，我也和一个堂弟逃往江西省泰和县。当时该县还是国民党统治着，当时从广东省逃荒到江西省泰和县的难民很多，居住条件很差，谈不上卫生条件，痢疾流行得很厉害，死人的事情经常发生。我住了些时间家里人怕我病倒，叫我回广东老家，因此我又回到家乡。

日本投降后，中泰的海运也通航了，侨汇也流通了，到泰国去的航船也开航了，很高兴看到家乡又涌现出了兴旺的生气。

我从小就不愿意在家乡做农活，很早就想到泰国我二哥、三哥那里去。我大哥给我筹了船钱，我搭船走了七天七夜到了泰国。到泰国第二天，泰国政府对我们进行卫生检疫后才让我们登陆。我二哥来接我，带我回家。在家里尚可讲中国话，一出门便不行，我不通泰语，好像傻子。

抗日时期，我家是个大家庭。我祖父三兄弟均去过泰国，我二、三爷定居在泰国，在那做生意。我爸有四个儿子，老大在中国，老二、老三在泰国。

我父亲及我大哥在中国的家当家长及理事，专门负责接受从泰国汇款回来的收受及清理，并做在家乡建筑房子的理事，当浮田浮租的债权人，当时家庭是较为富裕的。

日本投降后，国民党统治时使用的"关金券"贬值，我

家的浮租田地（用光洋
买的）全部用"关金
券"赎回，家庭便逐步
衰退为一般的农户。在
新民主主义革命阶段，
被划为华侨中农成份。

汪泗通近照

我到了泰国，办完
泰国一切"入口"手
续，住进了我二哥家。
在我二哥家，帮助我二
哥办了一个香烟小厂，
工人全部是泰国女青
年。这些女工很调皮，也打扮时髦，经常用泰语来逗我，我
又听不懂，她们又笑我，我很难为情。

我暗中下决心必须学会泰语，哪怕是生活上的语言都要
抓紧学习。我厚着脸皮向女工请教，向我侄女、侄子学泰文、
学泰语。泰国字是由三十多个字母拼音而成的，掌握了字母，
掌握了拼音法是最重要的，于是边做工边学习，我很快掌握
生活上的语言及初等的泰国文化，会写烟箱包装上送往的地
点及字号等，会拼读泰国生意上的简单文字、信件，有些知
其然，不知其所以然，弄得女工们哭笑不得，但我哥哥知道
后很满意，表扬我。

同行是冤家。我在拜访叔父过程中，了解到我叔叔们生
意做得很大，但却不支持我哥哥的生意，他们之间竞争很厉
害。这时我又暗中盘算我自己的生存计划。哥哥的本钱不多，
哪有闲钱可供我这个当弟弟做生意？我难道在哥哥处帮工一

辈子？做生意又做什么生意呢？即使哥哥有钱给弟弟做生意，也很难为哥哥的。

我想法讲给哥哥听，我哥同意我的考虑。初期让我到泰国首都曼谷学习无线电（收音机）。我认为这门技术难挣钱，挣不了大钱。有一天，我毅然决然地走进了新加坡客商在泰国办的修理厂，这个厂主要修理电冰箱，电动机、变压器、发电机等机电产品。

我边工作、边学习，掌握了不少技术，就决定离开这个厂。经朋友介绍，我来到到澳大利亚在泰国开办的发电厂工作，这个工厂每星期发一次工资，每周能拿三四百元，这时我真正做到了自食其力。我在发电厂的工作是监视操作工，工作很是枯燥无聊，不久又从电厂跳槽出去打零工，修电机、变压器、冰箱以及普通电器，甚至修理跑马场的自动电路等，收入还比较可观。

中华人民共和国成立后要大搞建设，祖国需要大量有技术、有知识的人员。这时我有一位中国籍的女朋友，她经常带我到她家玩，她父母也很喜欢我，他家没有男孩，只有亲生女和一养女，家里共有四个人，相处时间长了，这女朋友的父母想要我做儿子，并希望我同他生女结婚，征求我的意见如何。我自己倒没有什么意见，回家把此事告诉我哥，我哥说当女婿可以，做儿子不行，我哥最爱惜我，不同意我给人家做儿子。我随后把我哥的意见告诉了女朋友及其父母，她父母很难过，女朋友也很难过。我回国时她送给我很多东西，回忆往事，就在眼前。

回国支援祖国建设的事，在国外宣传得很热烈。宣传说回国给国家做工，有劳动保护，人们到了 60 岁工作能力较差时，国家允许办理"退休养老"。我衡量自己，已 30 岁了，再做 30 年才 60 岁，不做工也能生活。目前国家正需要我出力，等到我 60 岁出不了力时，国家会养我，这么一来，我一辈子的事国家给安排好了，不为工作、不为吃而操心，安心劳动就是了。

此时我的数位朋友对回祖国工作，意见较统一，大家做好准备，毅然买了船票回国。

我上轮船时同我哥及工友告别，同师父告别，这时朦胧中见到我女朋友在擦眼泪，船开得很远，我还在望着我哥和亲人们。

（二）

五天后我们的船到达香港海域，船员说要开进香港加油，停了一个晚上，加了油第二天向汕头方向驶去。

在汕头侨办的接待下，我们到侨办招待所住下。汕头边防办事处为我们办理边防手续，边防站对我们几位年龄较大的青年，做了较慎重的询问，最后还是给我们办好了手续。

手续办完，回到家刚住下一天，汕头侨办就来电报，要我速回汕头去，有工作安排。我又匆忙告别父母到汕头侨办，一问侨办，说我来迟了些，汕头电厂原来想要我，结果又安排别人了。侨办又说：你们这一大批人到广州侨办去，由他们给你们安排工作。于是我们到了广州市，住在一德西路，广州市侨办临时接待我们并安排住所。

在广州的第四天，侨办干部安排我们坐汽车到广州台山县华侨学习班学习。这是东南亚各国归侨的学习班，在学习小组里，国家的归侨都有。学习内容有新民主主义革命时期的内容，有社会主义社会、共产主义社会的内容。

学习班历时四个月，组织安排我们下乡搞普选工作，对普选我们更是摸不着头脑，但是我们抱住一个原则：干部怎样讲我们就怎么讲。通过普选工作和学习，我们懂得了很多道理，也锻炼了我们语言的能力。

1954年6月，班干部要我们几人回学习班，在班里除有从泰国回来的干部数人外，尚有从新加坡及马来亚回来的数人。干部分别找我们进行了就业谈话。

1954年6月中旬，通知从泰国回来的5人、新加坡的3人、马来亚的2人，一行共10人，随中央中南行政委员会中南局干部去武汉，这时才知道政府要安排我们去工作。

我被安排在电气车间，另外一个人到钳工车间，一个人在切削车间，两个人到翻砂（即铸造）车间。其他到机械队搞操作机械。第一个月我们虽然没上满一个月的班，但组织部门给了我们全月工资，我们很感动。工资当时是用工分粮折算人民币的，每个人得了45元，拿到钱心里很激动，这是回国后政府发给我们的第一个月工资。

时值夏季，汉口非常热，恰逢长江涨大水，水位高于汉口市。武汉市发出誓死保卫武汉、抗洪斗争到底的口号，广播传遍了全武汉市，此时组织上把我抽调去武昌镇防汛指挥部工作，协助修理广播器材、小型发电机和做发动机的启动工作。

洪水退了，抗洪指挥部召开了庆功大会，由李先念副总理作总结报告，事后由指挥部开具证明让我回单位。

此后不久，第一座长江大桥开工了，工地很大，人也多，建设浪潮空前热烈。

厂领导派我去大桥工地抢修机械。到了工地，见到工地上放了一台三四十米高未安装好的塔式起重机，此机安装好了能起重六吨，并能立着走路及转弯。塔式起重机的机械零件横七竖八地散落在地上，需要安装后才能使用。我以为让我维修机械，就问技术干部：哪个部件有问题？工地有五六个工人是该吊车的临时负责人，他们说不是修理而是需要安装。他们又说，为了要安装这台吊车，大桥建设指挥部派他们六人去苏联学习。到苏联之后，却叫他们远远地坐着看他们安装，不让接近和动手，看了两三天就让他们回国了。他们虽然去学习了，但仍然不会安装，因此请我来帮助安装。我说我都没见过塔式起重机，不懂安装，是新手。

工地干部说，请你看一看，你见多识广，可能能够帮助他们安装。我也不好意思推脱了，暗暗下了干则干好的决心。心想我们刚从国外回来，要为祖国争光，为建设出力，做点成果给祖国。我很谦虚地问工地干部，该机有没有安装说明书。若有请先给我看一看，一星期后再作答复。于是我拿说明书回厂，整整看了两天，第三天我请厂里干部帮助在机械队请卷扬机司机与我共同研究。第四天研究后我们决定安装，边做边学嘛，细心谨慎就是了。并初步定我当指挥，司机操作提升吊车，苏联学习回来的 6 人作为协助我们的工人，并请工地干部帮助协调我们的工作，初步方案就定了下来。我们前后经过五六天的反复学习和思考，第六天到工地去开始安装。

到工地后，我又请从苏联学习回来的同志，将看到的安装过程，能讲多少就讲多少，经过这一讲解我更有安装的信心了。我说，第一，我们试安装，但要安装好，不为时间而抢工时；第二，我们成立个安装小组。我同司机二人，去苏联学习的六人，一共八人成立一个安装小组，我自任组长；第三，工作如遇到问题，要请示组长，全组要听我的指挥。并请工地干部协助我们做好下面几件事情：首先，向我们报告吊车提升那天的气象情况；其次，提升吊车那天，确保我们的用电；最后，请工地加强我们的安全保卫工作。

因这台吊车是自己安装立起来的，我们都没有见过，很多群众感觉好奇，引起轰动而前来围观。因为塔吊司机躺在驾驶室内操作，我们都怕群众影响了操作司机的注意力。第二天上班，到工地便做好岗位的安排，当我吹响第一声哨时，把下垂的塔身（包括驾驶室在内）提升为水平，而暂停在空中不动。我叫数位工人向塔身上去跳动，这时所有钢丝绳拉力负荷最重，是考验地牛的"稳抱力"和钢丝绳的拉力。在各方面没有问题后，我随即吹响第二声起升哨，这时塔身徐徐上升，到了八十多度，钢丝绳由紧变松时，我又吹逐步刹车的哨子，防止塔身猛然往下坐的危险。从而司机很顺利地将塔吊竖立在空中。没有人知的千斤重担压在我心中的责任感，这时我向党、向国家、向人民交了满意的答卷。我暗中为自己鼓劲，终于给六位工人挽回了志气和中国工人阶级的神气。

这部吊车三十多米高，几十吨重，我本人都没有见过。据说是苏联图纸，中国制造的，建国初期能制造这样的吊车是不简单的。分配给中南局的是第一部。安装完后，试好车，行走转弯都正常，交给工地使用，工地的媒体也进行了报道。中南局同时把我的微小作为，报到了中央民委、科技协会、国务院科技局，给我鼓励和奖励。我感谢党和政府对我的信任，今后工作更加努力。

工地的任务完成后，我回到厂里仍然做电修工作，1956年初，组织上照顾我到广州六公司机械站工作，任机修车间的负责人。

五十年代中南局管广东、广西、湖南、湖北、江西等五省区，支援广西是中南局辖内的事情，此时中南六公司支援广西来了。约在1958年的时候，我被分配到了广西南宁，见南宁各方面均不如广东，街道很小，人也少，只看见两三个警察，也没有公共汽车，火车站是个小庙堂，饭店只有家万国饭店，东西很便宜，白切鸡0.5元一市斤。我们工作地点在南宁市河南区，住宿在河北区，没有桥，没有公共汽车，上下班靠骑自行车。当时过河是摆渡，车及人过渡是二分钱。当时是在"反右"时期，每天晚上都要进行政治学习，用毛竹搭的工棚作为生产车间、维修设备。

1959年9月18日我宣誓加入中国共产党。这时我更严格要求自己了，组织上也就宣布我为副厂长。当时是困难时期，很多单位发不了工资，我们也免不了要面临这一局面。我带领职工开动脑筋，做衣车架、三轮车架、铁锚等轻工业产品，从而解决了职工工资的问题，同时还有余利，可以支援上级单位的资金问题。

困难时期，大家都缺吃的东西，当时又是供给制，凡吃的都要票。瓜菜当饭吃，当时街上写的对联是："新三年、旧三年、修修补补又三年。"

和厂里其他职员相比，我家的境况有所不同。我哥在国外，怕我们没有粮食吃，时不时邮寄给我大桶的猪油、鱼罐头。组织上又把我作为保护对象，每月特殊给我一斤猪肉、一斤花生油、一条香烟、二十多斤大米。在困难时期，比上虽不足，比下却还是有余的。

　　大跃进在全国开展得热火朝天，上级提出需要的小千瓦的电动机是国家计划分配的物资，市场是买不到的。我提出自己做，但矽钢片买不到。我也就用大跃进的脑子，大胆用黑铁皮代矽钢片做电动机。在同等矽钢片带动的电动机的标准负荷下，温度虽高些，但不至于烧毁。

　　"文化大革命"中，我被批斗了好几次。被迫低头、点头、鞠躬、敬礼了不少次。我想，我回来是为参加国家建设的，但工作组却说：地球少了你，照样在转。这话我听后只好将眼泪往肚子里咽，还不敢让孩子知道，也不敢让海外的兄弟知道。在泰国时我哥曾经对我讲，假如不顺心的话，你逃往香港，我去香港接你回泰国。我想我逃开了，我家里怎么办？我小孩能生存下去吗？我有"海外关系"但绝不是特务。当时思想非常矛盾。我还是相信共产党。

　　哥哥时不时寄钱给我。有钱来时，银行会发通知单给我。当时正怀疑我是特务时期，工作组把通知单扣下不给我，并派人到银行去看我的通知单。经过很长时间，才把银行的通知单给我。我到银行去取钱。四五个银行的同志朝我看，自言自语地说：没有什么不同样子，是个工农子弟。我不理，我接过通知单，在汇票的回执上我立即当众写：请哥哥以后千万不要寄钱给我了。当时我是违心地复信给我哥，晚上自思，请哥哥理解我这句话，原谅你弟弟只能说这句话啊。

　　我时常安慰自己，只有自己解救自己。我不怕，我有技术，我下决心不当这个穷干部了，回车间去当工人。支部把我回车间的想法告诉了工作组，工作组说，老汪的四不清仍没有搞清楚，应继续批判。第二晚又叫我去接受批判，连续批了两个晚上，第三个晚上我仍作好挨批判的准备。但是工作组没有通知我开会，我便主动问工作组今晚还开会吗？工作组说：不开了，你把前两个晚上的批判内容好好想想就是了。

过了数个晚上，工作组通知我开职工大会。我想我不怕，反正我被批判习惯了，无所谓。我做好了思想准备，不外乎再多挨一次批判吧！我拿了小木板凳，坐在群众的中间。工作组宣布开会了，工委开始讲话，说"四清"运动搞了很长时间了，取得了如期的效果，为今后开展"四清"运动取得了很好的经验，大家鼓掌我却没有鼓掌。现在根据你们领导汪泗通的交待，根据群众的揭发，我们派两组人马，在不同时间下到广东老汪家乡进行审查，两组人员回厂的调查材料是一致的，是工农子弟。我代表工委向老汪同志的支持表示歉意，并代表工委在这大会上宣布：汪泗通同志还是你们的好厂长，请大家鼓掌欢迎，并请老汪同志上台讲话。掌声响了很久，我就不理。工委又说话了，汪泗通仍是你们的好站长好厂长，请大家相信老汪会做好工作的。请大家热烈鼓掌欢迎老汪上台讲话。我就是不上去。第三次工委又再次叫大家鼓掌欢迎老汪上台讲话，我还是不上去。心里斗争很厉害，很难过，我哭了，我流着眼泪上台讲话，感谢党，感谢同志们的善爱、支持和信任，我会努力工作的。

接踵而来的"文化大革命"，在全国大张旗鼓地开展，我的办公室被封，公章及我的财务私章被封死不能动。在银行取钱须经两派头头共同掌控！简直就是无视政府和法律的存在，抢部队的枪、弹，到处发生斗殴。时不时听说哪里打死多少人。全国乱得"一塌糊涂"，还说越乱越好。上北京回来的"革命派"表示对毛主席要忠，要跳忠字舞，我也勉强地跳了。

此间我得了严重的胃溃疡，在医院开刀治疗，出院后医生给开假二十天，让我在家休息。但在那个非常的年代，医生开的病假条没有用。我不得不带病勉强天天上班，除在车间劳动外，造反派给我一把锄铲，叫我跟干部劳动，修理防洪堤。到了工地我照样铲土、照样吃和大家一样的饭。人家躲着我，不敢和我一起吃饭，我自己蹲在角落里吃，好像罪人，低人一等，但我仍装着笑脸对待大家。

出院单上写明三十天后到医院复查刀口的愈合情况，我如实地向医生报告，我每天能吃二、三两饭，跟大家一样，没有什么特殊的照应。能用铲到防洪堤工地劳动。气候转变时刀口缝合处会发痒。医生说："原先想钡餐检查，现在你的情况发展得比我想象的还要好，你不用检查了。"我表示遵医嘱。医生给了我几点建议：1. 不能过度劳累；2. 不能吃得过饱，宜吃易消化的东西。3. 少食多餐，以流质食物为宜，有情况及时到医院检查。

谢天谢地，我的胃开刀开对了，经受了三十多年的考验，切除去3/4的胃，能恢复的这么好。

出院后，在原单位给三个建筑公司处理物资设备（桂林、柳州、南宁）。工作不多时，我主动去车间检查工作及劳动，感觉日子好过些。

这时军管解放军怕我在单位出事故，以出差为名把我派到上海去，调离原单位。我去上海后也适当为公司及局里办点事。事情不多，我很理解军管的情意。我在上海过了新旧历的两个年，无事就看书、看报，有时脑子里重复"四清"、"文化大革命"的缩影，一幕一幕地演着。

此时我写了封信给南宁我单位局里的驻军代表。烦请将我农村的老婆调到机修厂工作。在返回南宁时，我发现我老婆已在机修厂上班（临时工），我很感动，很感谢驻军代表。

文革运动转入新的阶段，社会上有个单位的电动机400KW左右，说大也不大，不大也算大。马达的接线头又不符合当地电路上的接线电压要求，买回了不能用。他们的人不懂电机原理，局里叫我去看看。我去看后，把电机全部拆开，又重新把线头改了过来，使电动机的电压承受负荷符合电业局的线路电压，结果启动了，机械也运转过来了。

我本人被机械化施工公司吸收了。由于有"海外关系"的问题，组织上没有任命我的职位。虽是人到公司，但什么任命、什么职务也没有，我也不便去过问。我在机械化公司数个月，组织上又把我调到机修厂去，就是说去当干部。这时机修厂的运动开展得很激烈，书记、厂长、科长、工程师80%的干部都下放车间劳动。组织上宣布我接厂长的工作，而不是当厂长。通过这么多运动，我这个不是厂长的厂长聪明了些，首先是听意见，不随便表态，尽可能靠自己的观察了解人与人之间的关系。

"文革"在整改，很多单位成立了革命委员会。安排了革委会主任、副主任工作，机修厂也不例外。由于我的"海外关系"，不能在革委会组织里面任职。

（三）

　　1972 年，听说中央建材部要在广西南宁建一个建材机械厂，专为建材行业服务。我在想如果消息可靠的话，我为自己打分，我是满分的负责人选。局驻军很信任我，有驻军的支持，我胆子较大。有一种铸件，约要 30 吨铁水才能一次性灌完铸件，要求不能出次品及废品。我同大家商议后，决定用 1.5 吨、3 吨、5 吨的化铁炉轮流地开炉，接出铁水，分工负责，统一由调度员指挥调度。为了避免干扰，除了应留的职工外，其他全部人员，我宣布放假一天，避开职工凑热闹围观。同时关紧大门，谢绝外单位的参观，在一个上午，稳妥地完成了任务，广大施工者非常高兴。

　　1973 年上半年我从机修厂调到省建委，搞筹备建材机械厂的建厂工作。初期只有我一个人，什么事情都要去办，中央的、地方的、政府的、农民的，规模多大，钱有多少，工期与设备，职工多少，所有这一切都要我把棋子摆好。劳心是苦，劳力也是苦，这苦这责任我都愿意吃，愿意承担，再也不会去戴"海外关系"的特务帽子。现在不论事情大小，我都乐意去做，去想办法。征地时没有办公室，便在甘蔗地里蹲着办公、及睡午觉，口干了饮用山泉水（当时没有各种饮料）。肚子饿了吃碗素粉，公家尚未配给我小汽车，骑的是自己的"防盗牌"自行车。后来帮助搞筹建工作的人逐渐多了起来，搭有工棚，下大雨时，人家往工棚里跑，我却穿起雨衣，拿着铁铲往外跑，为的是怕泥土冲击农田，搞坏工农关系。

中央建材部部长很关心我们的工作。经常通电话作指示，配小汽车给我们，还说只要我们到北京去，会给予多方面的支持。这句话鼓励我建厂的信心。我们每次去北京，不是要钱就是要汽车、工艺设备以及材料物资，部长真是说话算数，全部给予支持。若评先进建厂分子，我投部长一票。

部长的行为，很大程度地鼓舞了我们，1973年9月，我到部里去审核我们的扩初设计，部里说：要地方计委、建委写个两委报中央两委的设计任务书的报告。我立即在北京买回南宁的机票，可是没有航班，机场同志帮我想办法，先到广州再转南宁，不需加费用，我非常高兴。到南宁后路过我家，我没有回家，直接到建委办公室，吃点干粮，就动起笔来。写了半天效果不好，措词不够理想，语音组织能力有限，省计委有个秘书姓陈，刚摘掉"右派"分子帽子，文笔非常好。他帮助我修改好，给我打字并盖章，能使我第二天又乘飞机到北京去。

区建委、区计委，市建委、市计委、供电局、自来水公司、电信局等有关单位对我厂进行扩初设计的审查，我大胆回答各单位的提问，并把投资1200万元、定员1200人等资料拿到北京去汇报。并说要求计委给广西下达建厂的计划任务书。当时我认为国家计委是计划管理全国计划的，肯定是高楼大厦的办公楼，办事人员是很多的（73年时期），又是谷牧副总理主管的部委。通过建材部的介绍到了国家计委，呈现在我眼前的国家计委很整洁也很简陋，听说谷牧副总理也经常在此办公。这就给我一印象：中央领导很朴素。我说明来意后，局长说我定不了，要谷牧副总理才能定。临走时我请局长把广西的情况多多讲给谷牧副总理听。

第二天谷牧副总理指示：机械厂的问题不少，是个组织的问题。叫我们先回部里去。建材部部长说：部里每年用边角废料给你们建厂吧。得到上级领导的支持，我心里非常高兴。

设计院对建材机械厂的扩建及施工图由我说了算。我是驻院的代表当权人。我把建材机械厂的规模搞得比南宁重型厂还高还大。自治区建委说我贪大求洋，我说北方工厂那才是大。我们这个才有十多万平方米，不算大。我照样在设计院按规模设计，进行投资施工。

改革开放后，我感觉这设计太小了，不够用。我几乎每个月到北京一次。每天都要同区市各业务部门联系，还要处理现场施工的问题，工作是比较辛苦的，但我感觉很有意思，能发挥我的积极性。

搞好工农关系是我工作中的重要议程，当时政策上规定，征用农民一亩地，就要无条件地造一亩地还给农民，保证农民的吃饭问题。当我们准备计划造地给农民时，突然几个来势凶猛的农民来干涉我们。青年工人叫我赶快到鱼塘去，我高声叫不要吵，听我说，挑塘泥是经过村支书同意的，可能来不及通知你们。而挑塘泥是造田造地还给农民的，多少钱我们会付给，不要钱要水泥水管也行。你们找我，我会批给你们。我说完后，农民就回村去了，不打了。

对农民要求的水泥、水管、钢材，子弟入学，医疗卫生等问题，我们都给予照顾，农民与我们关系逐步好起来。

有一年，相邻的平板玻璃厂投产需要大量的装运玻璃的铁架。我们把任务接了下来。看了图纸，都是一个规格的铁架，要求六个月完成。

　　我们接了任务，由技术部门审查图纸，都是统一规格的图纸，在工艺生产上，听了技术员的意见。我提出以下几点意见：1，技术部门继续对图纸详细审查有没有不符合尺寸、互相矛盾的地方。2，根据技术部门提出的材料要求进行备料。3，生产部门做模具生产的施工布置，然后才全面安排生产。第一季度作生产准备工作，着重生产模具，第二季度再投入全面的计划生产。第一季度恰逢元旦、春节，客观存在是要妨碍生产的，因此第一季度着重模具生产，生产及技术部门要多下车间，多作生产、工艺上的交底工作，事情不多的职工，要主动地协助工作多的职工。

　　在党委会上，我作了汇报发言。书记怕我不能实现计划，因职工请探亲假回家的很多，怕完不成任务。我说第一季度施工准备工作做好后，决定在三月下旬开个职工生产动员大会，这会我来做动员报告，跟职工讲我们的有利条件。施工准备工作做好后，请假回家的职工已回厂，生产工艺大家已掌握。听了我的报告后，大家都心中有数，按计划生产了。通过大家的共同努力，六月中旬便可以把喷漆、编号全部做完。六月底便可陆续出厂。大家完成任务非常高兴，存下来的工作就是厂办公室的任务了。

　　工厂开始由自治区管理，之后又下放市里，隶属市管理。当时有金城发电总厂欲迁来我市，看中了我厂的规模、地点有发展的余地，不需很多投资，迁厂时间短，不久便可投产，适合迁入的条件。于是自治区出面，提出同我厂合并，合并后初期挂两个牌，一为南宁建材机械制造厂，一为南宁发电设备厂（这时我已退休了），合并后有干部对我说：我厂吃亏了。我说:"不是吃亏了，而是厂里个别所谓的领导干部想当"大官"，没有当上而吃亏了。客观事实是改变不了的。
发电设备厂职工多，产品较固定，生产基础较好，很自然大
厂吃了小厂了。你们新上台的几位干部，建厂时作了很大贡
献，合并后想当大官的想法应该去掉。特别当前是找米下锅
的时候，更应该统一思想，步调一致。统观全国生产发电设
备的企业很多，为了发工资和吃饭问题，竞争是激烈的。当
前解决发工资、吃饭问题，是厂里关心职工的急切问题。"

（四）

我是 1985 年 5 月退休的，是全国掀起市场经济大潮的时
期。这时我退休应该说是适合潮流的。时值那几年有数十万
越南难侨回国，广西集居了好几个营地，要吃要穿，国家对
其生活全负责。

区安置办公室考虑我是归侨，有侨心，叫我帮助做点事
情。我也考虑自己当了数十年的干部，做这个工作还是合
适的。

我是广东人，由于地缘关系及自己家庭的客观因素存在，
在珠海又有我的同胞二姐，全家人在珠海市，认为珠海不错，
也就产生去珠海定居的念头。

我到珠海买了按揭商品房，住了数年，突然得了脑血栓
病，搞得全家对房子有意见，从而打消在珠海定居的念头。
同时我女儿叫我回南宁去，看病也比珠海便宜些。房子没有，
我们租房子就是了。回南宁后，我听从女儿的建议，早上去
公园活动，九点多钟回家休息，看报、看书、看电视。我喜
欢看《参考消息》，事情由它报道，是非由自己去评论。数

年的阅读，对世界大事，有所了解，对国家发展，心中高兴。如今，中国重新走向繁荣富强，是海外华侨最深切的愿望。这使广大侨民扬眉吐气，也给广大侨民带来了福气。

世道是沧桑的，岁月是蹉跎的，
淡泊世事最重要，祖母箴言在耳边。

统观神州是沧桑，为学本领走南洋。
修身已有十多年，贡献祖国是本钱。

"我是海外归来的赤子，爱国华侨！"

——王贞武 口述

被采访者简介： 王贞武，1925 年 5 月 23 日生于印尼邦加勿里洋，祖籍广西博白，侨居印尼邦加勿里洋，1941 年 3 月 13 日回国定居，曾任广西壮族自治区博白县政协副主席、侨联主席，1990 年退休。

采访时间： 2004 年 9 月 24 日上午

采访地点： 广西壮族自治区玉林市其女儿住所

采 访 者： 黄小坚 牛秀梅 谭光盛 韩富昌 黄漫阳

整 理 者： 黄小坚

（一）

我出生于印尼，青年时期回到祖国，是"正宗"的归国华侨。回国时年仅 17 岁。

我父亲共有五兄弟，其中四个兄弟包括我父亲都远走南洋。1925 年 5 月 23 日，我就出生在印度尼西亚邦加岛的勿里洋，从小在那里长大、上学的。

悠悠往事，片片情思。这么多年来，印尼这个第二故乡总是让我魂牵梦萦，难以忘怀。尤其是我在勿里洋中华学校就读的那段时光，更是时常勾起我许多美好的回忆——当然，这跟勿里洋中华学校鲜明的办学特色，是有很大关系的。这些特色主要有：

其一，推行中国国语（普通话）教育。

记得有一次，我们在校礼堂举行师生周会，校长周修斌郑重宣布在校内推广国语，于是全校上下雷厉风行，掀起了讲国语的热潮。学校明文规定，从四年级起，学生未踏进学校大门时可以讲地方话，而一旦踏进学校大门后就必须讲国语，学生之间、师生之间都必须用国语进行交流。校规是很严厉的，大家都能自觉遵守、互相监督。如果有谁一时疏忽、嘴里漏出一句地方话来，立即就会有人向学校举报，予以一分钱的处罚。这罚款虽少，但日积月累、积少成多，结果被拿来做学校公益事业的费用了。在当时荷兰殖民者统治的环境下，华人学校居然能够积极地推行祖国的标准语言，这委实是很难能可贵的啊！

王贞武在接受采访

当然，中华学校推行国语并非仅仅用制度来要求，而是从教学上做了扎实的基本功的。学校从二年级起就开设了国音课，着重教学生学习语音，每周都有两三节课。国音字母与国内现在所用的拼音字母不同，但读音却是基本相同的。高小阶段则设置"说话"课的老师，每周一节，课文用会话的形式编写，即甲乙对话。周校长能说一口流利标准的北京普通话，还亲自担任"说话"课。他严格要求学生读准字音、弄清声调，并要求高小生人手一册四角号码小词典，校内校外随身带，以方便随时查阅。尤为精彩的是，学校还规定，每个星期六的下午进行国语演讲比赛，四至六年级每班派出两个代表参加，比赛结果于下个星期一公布。

由于教学有方，从勿里洋中华学校出来的学生国语基础都很好。1956 年，中国教育部要求全国学校推广普通话教学，那时我正在博白凤山中学执教。于是我一马当先，在讲台上得心应手地讲起普通话，令不会讲普通话的老师羡慕不已！每每想起此事，我还是感念自己当年在中华学校所接受的严格、科学的国语教育，它委实令我受益匪浅。

其二，实施严格的校规校纪。

勿里洋中华学校是一所完全小学，学校制定了严格的校规校纪，以此来维持学校的教学秩序。

我印象最深的一种做法是，学校从高年级里选出部分学生组成纠察队，由学生管理学生。纠察队员每周值日三天，下课后就在左臂上戴上红袖章，在已经划定好的辖区内巡行。我在学校里是个循规蹈矩的学生，五年级时老师让我当过纠察队员。一次我正在值日时，一位四年级的学生下课后也许是"内急"了，匆匆忙忙地往厕所跑，突然在我身边不远处摔倒了，膝盖上还磕出了血。我马上把他扶到卫生室去上药。为此，学校特地在师生大会上表扬了我。从此以后，我的责任心更强了，凡见到学生争闹，便会从中婉言规劝；若处理不了，则把他们送到学校训育处。到了训育处，情节严重的肇事学生到了期终时，其操行会被评为"丁等"，这是要留级的。因此，一些调皮捣蛋的学生碰到纠察队员时，亦畏惧三分，可见纠察队在学生心目中是何等的地位，也可想而知纠察队在维持学校秩序中起到了举足轻重的作用。

其三，充满爱国主义激情。

日本帝国主义对中国发动侵略战争后，中华学校高年级的学生每天到校后的第一件大事，就是将自己的零用钱捐献给祖国抗日，这种义举在校内蔚然成风。每逢节日盛会，学校就组织部分高年级学生上街去卖"爱国花"，学生顶着烈日满街走，高喊爱国口号；华侨则激情澎湃，纷纷慷慨解囊，尽表心意。学校还经常在礼堂举行话剧义演，将筹集到的钱款悉数捐助给祖国抗日，每场演出观众都是爆满。一次，学校在礼堂举行一场以抗日为主题的国语演讲比赛，一位身材高大的六年级学生上台演讲，他眼含泪水抑扬顿挫地痛斥了日本帝国主义的侵略野心与残暴罪行，满腔悲愤地诉说了祖国同胞陷于水深火热之中的苦难情景，最后振臂高呼："打倒日本帝国主义！"会场听众同仇敌忾、群情激昂，个个举起铁一般的拳头随声高呼口号，阵阵声浪犹如晴天霹雳，震撼在勿里洋中华学校的上空。又是在礼堂里举行的一次毕业典礼上，一位姓古的青年老师指挥大家引吭高歌，《义勇军进行曲》和《国际歌》在邦加岛的夜空响彻……

勿里洋中华学校师生的爱国热情令我至今念念不忘！

（二）

勿里洋的华侨大多主张后辈应回到唐山（中国）去求学，这样更有利于后辈成才与报效祖国，我的家人自然也不例外。能够回国继续学业，正是我所愿意的，加上当时父亲年老了，要落叶归根，于是我便在1941年3月初，挥泪告别了母校的校长、主任和老师、同学，与父亲一道回到了国内。

回国后，我继续念书，一直念到了高一。但此时，家里经济拮据，我失学了。

正当我无奈地感受失学失业的痛苦之时，1949年12月初，博白解放了。不久，我当上了祖居村上第一任中心小学的校长。我能够抬起头来，有了工作出路，内心之喜委实难以言状。1951年初，我又调往县内凤山中学任教。

但是，好景不长。在1957年那场政治风暴中，我被流放回祖居当农民。没想到，到了1962年春，我又糊里糊涂地被叫到博白中学教初中。在60年代后期，我自然是免不了遭到"横扫"的，1971年年底便再次辗转于农村。直到1973年9月，我忽然接到通知，到县内某高中任教……

别人都这样讲：我是两起两落。确实，我就是这样一个人生道路很坎坷的人。

为什么自己以往遭遇这么多坎坷呢？归结起来原因有二：其一，我在博白中学念初二的时候，在本人并不知晓的情况下，被集体加入了三民主义青年团；其二，是我的华侨身份，在极左路线的影响下，有人视"侨"为洪水猛兽。正因如此，时常有外调人员找来，要我坦白交代。而"肃反"、"反右"、"文革"，我都是首当其冲。我的这两重身份属性，给我招来了很多是非，引来了很多麻烦。

1984 年 9 月，博白县成立政协组织，我被选为副主席。在县政协成立大会期间，有两位大会工作同志特访我，问我参加政协有何感受。我登时老泪横流，回答道："没有党的十一届三中全会以来的路线、方针、政策，我不会有今天！没有政协爱国统一战线的关怀，我也绝不可能有今天的政治待遇！"这是我人生的大转折，没齿难忘！我无数次地流着眼泪思考：我如果是反党反社会主义分子，能当政协任副主席吗？党组织在政治上予以我极大的信任，也就是自己最高的荣誉。这极大地提高了我的社会地位，也激发了我的爱国热情。后来我之所以全身心地投入到侨联、政协的工作当中，做了大量卓有成效的侨务工作，是与此背景有关的。

（三）

解放后，我从事教育事业长达三十多年。自 1982 年起，连任县侨联第五届、六届主席，1984 年后还担任了政协副主席的领导职务，直到 1990 年 66 岁之时才退休（本来在 60 岁时就应退的，是组织上决定我多干一届的）。在这期间，我身兼政协、侨联两职，竭尽绵力做了一些实事。而自己一向有"侨"的思想情感，为侨办实事，也感到其乐无穷。主要工作有：

落实重点侨户政策。沙河镇尤老师的父亲在解放前担任过反动职务，曾亲自带人到博白捉拿过革命人士，是有罪于革命的人。后来，其父亲旅居美国，为休斯顿大学的双语教授；母亲搞翻译工作；弟妹皆为博士、硕士，她家是县重点侨户之一。因受父亲牵连，尤老师于1962年被精简下放。为了更好地沟通海内外，扩大政治影响，我多次与县有关领导联系协商，结果对她予以复职。

帮助寻找亲人。与外出亲人长期失去联络，夜思亲人，日盼团圆，值得同情。为此，我不厌其烦，和香港文汇报取得联系，先后在该报刊登了数十份"寻人启事"。结果，为原县外贸局汽车队队长蓝毅的母亲杨十妹找到了抗战时期失散、至今已经五十多年未见的哥哥、姐姐。三滩镇白中村何某，其叔叔何德胜离乡背井远涉印尼，六十多年没有音讯。经写信通过旅居印尼的熟人帮助，也为他找到了亲属。

与海外重点侨团建立联系。新加坡"三和会馆"是广西在海外历史最悠久的社团，其创办人之一庞敦武就是博白人，然而是博白何地人却难以落实。编写县侨务志时，我下乡广泛了解庞姓人家，浪平、顿谷、那卜、沙河争说庞敦武为其乡人，然而都无足够的证据。"三和会馆"仅仅提供庞敦武的老家在"牛骨岭"的线索，而"牛骨岭"究竟位于何方？倒是个难题。到县城建局地名办公室查阅地名，才知"牛骨岭"在英桥镇的新圩。就这样，即是我县、又是广西侨史上重要人物之一的庞敦武，其祖籍问题终于有了彻底的着落。"三和会馆"百年大庆时，我们赠与"宏开馆业、永结情谊"题词。1987年"三和会馆"获悉县侨务部门成立华侨联合建筑公司时，亦赠送"大业鼎盛"锦旗。

归侨侨眷较集中的县电机厂是我的联系点。我每周都去那里看望，听取归侨侨眷的意见和要求，尽自己的能力帮助他们排忧解难。一位男青年因失恋而精神失常，我知道后到厂请有关领导关照。厂方答应照发工资，并同意送柳州精神病院治疗。归侨侨眷的权益要维护，但也不能放弃原则。一位姓朱的归侨子弟被厂除名，其父母多次投诉，认为处理不公。经与厂领导联系并向群众了解，知道该归侨子弟向来没有组织纪律，经常旷工、不接受批评教育，应该除名。我反复对其父母说明道理，其父母才心悦诚服，承认："我们平时对子女管教不严，也有责任。"

此外，我也很重视宣传，经常撰写和发表一些有关侨情、侨务和侨史的文章，费了不少心思。例如，1987年广西侨务志工作会议在重点侨乡容县召开，我带了《爱国侨领李光前》、《新加坡三和会馆与博白先贤》和《漫谈博白海外侨情》等三篇文章去，后来这些文章有的发表于《八桂侨史》，有的发表于《博白县史志》，有的还在博白的广播电台上全文广播。有一归侨老干部，其子女均以小学毕业的学历先后考上了大学。我认为这事很典型，便为文《有傲骨的归侨后代》，突出其"苦学"的精神，在1989年10月13日的《广西侨报》上宣传，不久《广东侨报》全文转载，北京《侨声报》海外版也予转载，还写了短评。

（四）

1990年我退休了。领导上仍然很关心我，逢年过节县领导都会到家里来慰问，有时还组织老班子领导外出参观、游览。平时我热爱生活，经常读书看报，关心国内外大事及家乡建设，紧跟时代的步伐。虽然已逾七旬，但仍然一直坚持晨练，向100岁进军。"八十不称老。九十年尚小，人生满百岁，真是好风光!"良朋好友见我红光满面、头清脑醒，常常戏谑我为"白发后生"、"老青年"。我生活得很轻松自在。我的大儿子、二儿子，原来初中毕业了不能升高中，但改革开放后都得到了深造，现在都在法院工作，二儿子还是贺州市中级人民法院的院长（副厅级）。另外，我小儿子在深圳电视台工作，女儿在玉林经商，日子都过得很好。

但我并没有歇下来，仍然发挥余热，力所能及地继续为社会、为侨界做一些事。因为我是海外归来的赤子，爱国华侨!

我经常撰写文章，宣传侨界的先进事迹，宣传华侨爱国抗日的英勇历史;有时还撰写纪念文章，宣传侨务工作取得的成就。有一归侨的女儿，12岁即显露出才华来，我便在1999年2月28日在《博白报》上写了《侨界一枝小花》一文予以宣传。2001年5月我旅游马来西亚，在一个景点看到一组大铜像——几个马来亚战士拿着冲锋枪英勇地向日本侵略军扫射，栩栩如生，便心有所感，不禁想起华侨在那个硝烟弥漫的苦难年代所洒下的热血和所付出的牺牲。回国后，我便写了《旅游异域抒怀》，赞颂他们英魂永在，浩气长存!该文2001年6月1日已在《博白报》上登出。

我还仍然不时地帮助海内外侨界人士寻宗觅祖。其中，有归侨寻宗觅祖的，也有侨属寻找外公外婆家的，我都曾写了文章在《博白报》上发表。今年4月，原广东省科学技术领导小组办公室副主任、印尼归侨王祥贤赴印尼饶姓舅舅家探亲时，受托寻找其父饶三庆在广西陆川县的祖居地，回国后便找到了我。于是，我连续写了三封信向陆川县侨联求助，受到重视。在该县侨联、侨办的密切配合和深入访查下，我很快就与该县的饶姓宗亲取得密切的联系。经细致的走访、座谈和绘制族谱、寻找坟地,终于弄清其祖籍在百浪大岭村,并请王祥贤及其印尼亲人前去祭祖。原来,饶三庆年幼时便丧失父母,家徒四壁,十二岁左右就随着其叔父远涉重洋到印尼谋生。他于文岛上岸后即与叔父失散,在华人会馆中干童活,扫地、送茶水等等;以后,又到了烈港,靠打鱼为生;再后,他得到热心人的帮助,在烈港的麻不开垦荒地种植胡椒、橡胶,这样长年勤勤恳恳,终于逐渐发达起来,在麻不小镇上建起了屋子,并成立了一个美满幸福的家庭。饶三庆卒于 1938 年,享年 60 岁,死前留下遗言要后代找到祖国的老祖居。在 66 年后的今天,若饶老先生在天之灵知道其后代已经圆了寻觅祖居的梦,该会心安了。

扎扎实实做事，全心全意为侨

——吴沃飞 口述

被采访者简介： 吴沃飞，男，1935 年 9 月生于广西防城县东兴镇，少时侨居越南芒街。1949 年全国解放前夕第二次从越南回国，定居东兴，就读于东兴中学。学生时期十分活跃，1951 年 10 月加入中国共产主义青年团。1953 年参加工作，长期在基层单位服务，调换过很多工作岗位，兢兢业业工作了 43 年，获得过很多荣誉。1988 年进入侨务系统工作，任防城县侨办主任，直至 1996 年退休。

采访时间： 2004 年 9 月 22 日

采访地点： 广西壮族自治区南宁市鲤湾路被采访人住所

采 访 者： 巫秋玉　张丽琴　陈小云

整 理 者： 陈小云

（一）

1935 年 9 月 3 日我生于广西防城县东兴镇，祖上是清朝官员，但是什么时候、什么原因侨居越南芒街，我也不知道。听老人讲当时芒街几乎四分之一的房屋都是我家的。法国人来了，放火烧芒街，我家被烧光了，全家人才迁回东兴居住。

解放前夕，芒街约有 1 万多人，经济命脉就是陶瓷业，主要就是做碗。碗厂很多，百多年前我家亦操此业。芒街基本上是中国化的，百分之九十以上是中国国人，越南人极少。当时越南已经被法国占领，成为殖民地。芒街上极少汽车，要坐车就坐人力拉的黄包车。拉车的都是越南人，叫"苦力"。法国兵经常毒打越南人，我曾多次看见。这些给我幼小的心灵留下巨大的影响。我从小就盼望我的祖国能强大、富足，不要受人欺凌。

（二）

1949 年东兴解放前夕，我就想回国来，不在芒街读书了。正好我母亲在东兴做小生意以维持生活。我就回来了，在东兴中学读书。当年年底，东兴解放了，不久我参加了工作，在东兴军管会工作队，任务是下乡宣传党的方针政策，发动群众组织农会，协助解放军征集粮草，用以准备解放海南岛；接着就是发动群众捐资捐物，购买飞机、大炮，抗美援朝。为了带头献捐，我将我姐姐留给我的唯一礼物——一支西菲利钢笔和一支派克钢笔卖了，得 9 万元人民币（旧币）捐献出来。此事推动了东兴青年学生抗美援朝的献捐运动。我们还发动青年学生参军参干，我本人也要求到部队去。但是因为我个人小，更因为原来有三百多名学生的东兴中学一下子走了一大半人，特别是学生骨干都走了，镇政府要求把一些学生骨干留下来。这样我参军不成反而要回学校读书。在学校我很快被选为学生会主席，并于 1951 年 10 月光荣地加入中国共产主义青年团。1952 年我还被选为代表出席广西第二届学生代表大会，并被推选为学联执行委员。

高中毕业后我分配到东兴镇任小学教师，兼任县南区小学教师辅导员；1955年县里成立干部业余文化学校（以下称干校），我又调到干校任专职教师，实际上是干校的负责人；1956年我又从干校调到省体委干部训练班培训。结业后回县里到新建的县体委任主办干事。我在县体委工作一年多时间，主办过两次全县性的体育运动会。当时运动会的项目不多，只有田径、篮球、游泳等几个大项目，后来我县涌现了一批在广东、广西两省区兴旺多年的运动强项——游泳项目的优秀运动员。如曾在国内外比赛中夺过五块金牌的游泳名将郑若虚等；1957年防城县分成两个县。其中县府设在东兴的叫"十万山僮族瑶族自治县"，为新建县，我又被调回东兴县工委做建县的筹备工作。当时我还不是党员，而且我父亲系云南讲武堂毕业的旧学员，党却如此信任我，重用我。把我从一个无知的小归侨培养成一个有如此广泛应变技能的干部。我感到自己的责任更大了，我要更热爱我的祖国，为祖国的强大和人民的幸福而倍加努力，奋斗不息！

大跃进时，我先被下放到平龙山砍伐场任团支部书记，后到公社做资料员；1960年回县团委任秘书；"文革"开始后，我调到县革委政工组，期间办了几个展览。其中有一个展览是在京族聚居的万尾海岛上举办的。当时的万尾岛是全国学"毛著"的先进单位，全国各地很多人都来参观，因此我们的展览影响很大。

在万尾期间，我们还做了一件我为之荣耀一生的好事，原来万尾岛与内陆隔着一片海，最近的距离也有7公里多。人们往来必须趟水，极为不便，有时还有险情发生，1969年底我们驻岛工作组在做好展览工作的同时，协助万尾党支部

吴沃飞近照

发动群众兴建跨海大堤，我就是当日兴建海堤肩挑第一担土的其中一员！花了约两年多时间，海堤建成了，京族人民欢天喜地。现在开汽车过海堤只要十多分钟就可以走完过去走半天也走不完的路程。海堤的简称更是大大地加速了万尾经济的高速发展。我亦曾为此写了一首唱响一时的民歌：

　　红太阳，照海疆

　　京家海岛变成鱼米乡

　　银鱼叠上彩云间

　　金谷堆到蓝天上。

　　银山光，金山亮，

　　金银山上放声把歌唱

　　丰收感谢共产党

　　京家心向红太阳。

1971 年我调到县文化馆工作，任《东兴文艺》编辑。

1980年后，东兴、防城两县又合并为一个县——防城各族自治县，不久我任县文化馆副馆长，并光荣地加入了中国共产党，继而任县文化局副局长。正好赶上广西第四届文代会召开，我作为代表出席了这个会议。这可以说是我一生工作最顺手的时期。几年间我身兼我县的政府办公室副主任、台湾事务办公室主任、侨务办公室主任、安置印支难民办公室主任、落实华侨私房办公室主任等五个办公室主任之职，这是我县过去所没有过的。其后到1996年我退休前仍任"侨办"、"安办"和"落办"三个办公室主任。

（三）

1989年后我的主要工作是侨务工作。那年正值全国第四届归侨侨眷代表大会召开，我作为代表出席了此次大会，见到了江泽民总书记，感到非常激动、更加鼓起我做好侨务工作的热情。

我热爱侨务工作，热爱归侨，特别是贫困的难侨。防城十万山华侨林场安置了二千多瑶族归侨。我就任侨办主任时，他们已经是难侨了，经济情况不好。最难的一家7口人仅有5个碗，其中两个还是破的；衣服、被褥是补丁加补丁……我为此而经常上十万山，做好难侨的思想教育和稳定工作，积极帮助他们向上级反映情况，向上级申请补助并及时将补助发到他们手中，做到始终没有饿死一个人。有时候看到难侨的米缸空了，我甚至把身上所带的钱都给了他们，还发动随行的同志向他们献捐。所以十万山的难侨都熟识我，也很信任我，能接受我的意见。

　　十万山难侨最困难的时候，常有各级领导去关心，去调研。一次国务院侨办国外司邱苏达司长离开十万山回北京路过防城时到县侨办找我。我问邱司长要我汇报什么，邱司长说："不要说了，我都知道了，我这次到十万山几天了，情况基本知道了，现在我要回北京了，离开防城之前我来见你一下，就是想对你说一句话，你为十万山归侨侨眷做了好多工作，谢谢！"还有，当时全国侨联副主席黄军军同志到东兴视察，两次路经防城，两次约见我，勉励我继续做好侨务工作！

　　广西全区退还的侨房案共有四千多宗，其中防城县一个县退还的侨房案就有1400多宗。我上任之初就有几个人找到侨办。进门就大骂，责问为什么不退房屋给他们。不是政策不能退，是官员腐败。他们虽然提不出什么官员腐败的证据，但我还是耐心说服教育。在我的任期内，确实有数十人送钱送物上门，约请吃饭、消费，但都被我严词拒绝，并予以批评、教育、警告。十余年的退还侨房工作，1400多个案件，我都做得问心无愧。

　　在国外，尤其是美国，我有好多的亲友、同学，他们都因我的敬业爱侨而敬我爱我信我。洛杉矶的越南华人区传着一句话：你回防城有困难就去找吴沃飞，见了他一定搞掂！我去美国的时候，亲戚说："你来这里，如果能见到我们的彭光甫和李少光两位侨领，你就成功了。"我说："你带我去。"他们说："不要去了，好多人来都敲不开门的。"不久，在一个宴会上，当我步入会场的时候，彭光甫先生（事先有人介绍）立即迎上来，送出名片，自我介绍，称我乡长，与我热情相拥，亲如深交……李少光先生则设专宴招待，席间问我："听说你帮助陈树桓先生（陈济棠三公子）回防城这件事做的很周到，真难得的！我也早就想回去看一下了。"我立即发出邀请，并妥善地帮助他回到了阔别50年之久的故乡——防城县江平镇。

1995年，陈树桓先生从美国回防城祭祖，我帮助他将整个行程安排得很周到，他回美国后立即致函，聘我为美国德明大学驻防城办事处主任；并多次邀我赴美为他掌管一个农场，担任农场经理。我自知无能，不敢受邀；2002年，他再次回到防城参加由他资助30万元人民币在江平中学兴建的伯南图书馆的开幕典礼。当时陈树桓先生曾想在防城投资创办一所大学的，但他返美不久就突然病逝了。

回想起来，我何德何能，这么多的乡亲侨胞都如此地厚爱我，大概是因为我太热爱侨务工作，太热爱归侨，太热爱国家分配给我的工作了吧！

跟党走，是我的信念

——刑干农　口述

被采访者简介：刑干农，男，1928 年 3 月生于柬埔寨金边，后随父返回祖籍海南文昌，1942 年加入中国共产党，1943 年参加琼崖纵队。海南解放后，调到中国人民解放军 30 团、海南军区炮兵团政治处工作，1953 年转业到地方，先后担任广西北海市公安局派出所所长、治安科长、公安局副局长，1957 年后，先后调任北海市涠洲区区委书记、郊区党委书记、西塘公社党委书记、北海市党政机关工委书记、市委组织部副部长、市纪委副书记。1985 年任北海市第九届人大常委会副主任并任法律委员会主任，1991 年离休。

采访时间：2004 年 9 月 25 日

采访地点：广西壮族自治区北海市文明南路被采访人住所

采访者：巫秋玉　张丽琴　周庭雯　陈小云　廖美湘　河庆洲

整理者：陈小云

（一）

1928 年 3 月我生于柬埔寨金边，祖籍在海南文昌，但是祖上很早就去了柬埔寨，母亲在柬埔寨去世了，就在我八九岁时，大约1937年左右，父亲带我回了文昌老家，住了两三年，就去了马来西亚，在那边种橡胶，做一点小生意，现在还有亲戚在那边做事，但是他们的境况不一定比我好。

我父亲有两个老婆，他把我交给后母，所以从柬埔寨回来以后就由后母照顾我，我在文昌读的小学。1939年日本人来了，占领了海南岛。1940年，经文教乡林树朝乡长介绍，我在乡政府交通站做交通员，身份是半公开的，主要是送信到区乡政府。开始时交通站是单线联系的，我以卖香蕉、香烟、糖果作为掩护。

1943年，乡里叫我带了三十多人到部队，送他们参加人民武装，我去了以后也不想回来了，自己就要求留在部队。部队首长对我很关心，叫我做警卫员，后来又做了警卫班班长，警卫排排长。那时，我在部队是经常被调动的，先后在琼崖纵队第一支队、挺进支队、第五总队、粤江支队等担任连队政治指导员工作。1948年秋被编入人民解放军序列，归中央管了，不再叫支队，总队，纵队了，而是有正式的番号了。

1948年同国民党46军打过仗，在东方公路，从早上打到下午，消灭了他们一个师，缴获了很多机关枪。又在乐东县造水村与国民党军战斗，这次战斗极为激烈，打到后来开始拼起了刺刀，当时基本上是我们党员（我1942年入党）、党小组冲在最前面，带领战士们奋勇杀敌。战斗中，我中弹负伤致残。

由于当时在海南岛我们的力量比起国民党来说是弱小的，所以基本上是他们找我们打，偶尔也有我们主动打他们的。那时侯条件是很艰苦的，没有什么粮食，想吃饱饭极为困难，我们有时候两三天才吃一顿饭，但是我们仍然保持着革命主义精神，很乐观。有一次战斗，部队被打散了，我找了六天才找到部队，打散之后我分不清楚方向，不知道部队在哪儿，一天大约晚上五六点钟，看见有几个人在远处茅屋旁，是躲避战争跑到山上的乡民，刚从山上下来准备做饭的，我就喊他们，准备向他们讨一点吃的，哪知他们一看见我就跑，怎么喊也没有用，在这六天里吃了不少苦，没有吃的，就靠吃一点山果、番薯、甘蔗维持生命。三天后，我找到了部队。

邢干农在接受采访

（二）

1950 年，我被调到了海南军区炮兵团第 30 团政治处做组织工作，在这期间曾为中国人民解放军《建军报》写了多篇练兵工作报道，得到海南军区政治部的表彰和奖励。

1951 年—1952 年，我被选派到中国人民解放军华南分校、中南军校、中央高级步兵学校学习，我在家只读到小学五年级，文化不高，在军校学习时较为吃力。学习结束后，回到海南军区炮兵团工作。

1953 年转业，分来广西壮族自治区北海市，一开始到了北海市地角派出所工作，后来又去了西街派出所、高德派出所、水上公安分局，然后又到了北海市公安局治安科任科长，再升为副局长，又做了两三年，因为我的身份比较复杂，有海外关系，所以就不能在公安系统里待下去了，我就被调到涠洲区作区委书记、再调郊区党委书记、西塘公社党委书记，1970 年调到市委管统战工作、知青下乡等，在我手上有一万三千多名青年人下乡。不久又调到支柳铁路工作。1971 年，我先后被调任北海市党政机关工委书记、市委组织部副部长、市纪委副书记。

1985 年，我又调任北海市第九届人大常委会副主任，并任法律委员会主任，在人大工作期间，曾写了多篇有关人大工作的文章，其中《密切同代表的联系、充分发挥代表的作用》一文，被世界学术成果研究院等 15 个单位评为一等奖，并编辑入书，另有多家刊物都作了转载。我本人的成绩也被《中国专家大词典》录用，并得到"中国改革发展丛书编辑委员会"的好评且发给荣誉证书和奖章。

在北海市人大的工作中，我认真贯彻落实中央关于《依法治国、建设社会主义法治国家》和全国人大常委会关于普法教育的有关指示，开展普法教育，经过三年多普法教育的实施，使北海市的广大干部和群众基本掌握了必要的法律知识，进一步提高了法制观念，依法行政、依法办事的水平不

断提高，对于加强我国
社会主义法制建设，促
进改革开放和社会主义
现代化建设的发展起到
了重要的作用。由于我
开展普法教育能联系实
际，解决实际问题，成
效显著，因而得到了上
级机关的好评，1989

邢干农获普法教育先进个人的证书

年，广西自治区宣传部、司法厅和北海市市委、市政府分别
授予我"普法工作先进个人"称号。

我在几十年的工作中做出了一点成绩，但是这些都是党
教育和激励我去工作、去战斗而取得的，我觉得，能为民族
生存、人民解放和国家发展做一点工作，是值得的，也是我
个人的荣耀。

回忆我的几十年革命工作实践，我始终坚信党，没有共
产党的领导就没有今天的中国，做为党组织的一员，在革命
工作实践中，我始终用下面的准则来指导自己的工作：（1）
结合实际，贯彻党在各个时期的路线方针政策，时刻检查自
己的工作是否符合党的政策，如有违背的坚决不做；（2）在
任何时候必须在党的领导下，团结依靠广大干群共同开展工
作，否则将一事无成；（3）努力学习党的有关知识，用马列
主义、毛泽东思想、邓小平理论来武装提高自己的思想认识，
使自己的思想行为适应新时期、新形势的要求，为实现"四
化"而奋斗。

（三）

我年纪大了，记忆力衰退了，现在经常是今晚的事，明早就忘了，所以对以前的事能回忆完整的很有限，下面是我的一点零星的记忆。

在公安局的工作中因表现好，被评了一个三等功。

做公社书记时，我没有浮夸，结果挨过整。1960年代初，全国处于三年困难时期，粮食荒，但是我所在的公社没有饿死人的情况发生，原因是由于靠海，有时出去捕捞海鲜，所以大家基本能填饱肚子。

文革中，我被作为走资派、当权派而受到冲击。当时有一个小水库发生爆炸，本来这件事与我无关，但有人想利用此事来整我，使我受到了一定的冲击。

在做纪检工作中，我塌实肯干，发现一个案子就处理一个，还认真做好被处理人事后的工作、延续工作和他家人的安排。我也做过一些宣传落实侨务政策的工作。

1991年离休，离休后，我基本上没有再做什么事了，虽然也有人请我去做什么顾问，由于身体健康原因，没有去做。

一心为侨，做好侨联事业

——杨恒烈　口述

被采访者简介：杨恒烈，男，1932 年生于越南芒街，1950 年 10 月为读书而回国，后到灵山县人民银行工作，1958 年 "反"右开始后因"特嫌"被赶到农场劳动，1962 年回到人民银行，1968 年又被下放到"五七干校"强制劳动，1973 年到农行工作，1979 年正式平反。1982 年 9 月，任灵山县侨联专职副主席，1984 年 8 月，调为钦州地区侨联专职副主席，1987 年任主席，任上，为钦州地区的侨务工作做了大量实事。

采访时间：2004 年 9 月 24 日

采访地点：广西壮族自治区钦州市新兴路侨办宿舍区被采访人住所

采 访 者：巫秋玉　　张丽琴　　谭伟邦　　陈小云等

整 理 者：陈小云

（一）

　　我的老家在防城，1932 年出生于越南芒街，小时候在芒街群英小学上学。1943 年，小学毕业后，到东兴读中学，1949 年中学毕业后，经人推荐，在母校群英小学教书，其间曾为十万山游击队偷赠过一批衣物和送些情报。1950 年，全国解放了，我想回国读大学，但是没有上成，只好服从安排去灵山县人行工作，在银行的岗位上，我热情地投入工作，当过营业所主任、股长、区青年团书记，做出了一定的成绩，多次被评为县银行先进工作者。1958 年，正当我的工作做的有声有色时，"反右"开始了，因我海外有很多亲友，便被打成"特嫌"，对我由控制使用到开除留用，再由残酷批斗到被赶往农场劳动。在我被平反并回到人行工作后不久，"文革"又开始了，把我又送去了"五七干校"，其间，我爱人过世了，我独自一人带着三个小孩艰难地生活。1973 年，我被调到农行工作，1979 年，我的问题得到彻底平反。1982 年 9 月，因自己有海外关系，领导认为我可以在侨务方面做一点工作，县委决定让我担任县侨联副主席，到任后不久，即发动广大归侨侨眷集资办企业，成立了"灵山县华侨企业联合公司"，我担任总经理，从两块门板起家，发展到已拥有一间四层楼百货商场和一座经营着旅社、商店、餐厅、茶座的七层楼的侨联大厦。1984 年 8 月，我被调到钦州地区侨联任专职副主席，自此在这个岗位上，我努力施展自己的才能，先后做了大量有益的工作。

在银行从事金融工作将近 30 年，撰写了金融专业调查研究文章一百多篇，被印成小册子和登在金融报章杂志上，1987 年被评为高级经济师。

（二）

我到钦州地区侨联工作后的第一件事就是要使侨联工作

适应当前改革开放形式的发展，在全面抓好侨联各项任务的同时，把工作重点放在积极发展和宏观指导地区及所辖各县市侨资企业的兴办和经营管理上来，着手组建钦州地区华侨企业联合公司和沙井养蚝场两个直属企业。

在沙井养蚝场创办前，有很多人已养过蚝，但都是以失败而告终，有人就劝我不要蛮干，但是我经过仔细调查研究，认为成败的关键主要是经营管理的问题，只要加强经营管理，就能把养蚝场办好，所以我抛开了闲言碎语，跑到银行贷款7万元，与沙井村几个专业户联合建立了沙井养蚝场，仅三年时间，就取得了明显的经济效益，1986年产值翻了一番，赢利近7万元。1987年产值又翻了一番，赢利20多万元，不仅还清了贷款，而且还有结余资金用以扩大再生产。

侨联公司发展也很快，在东兴镇（现东兴市）设立了分公司，专做边贸生意。另外还增建了服装加工厂、劳动手套厂和皮手套厂。公司安排了社会劳动力120多人。在地区侨联的带动下，各县市侨联企业的发展也较快，当时就有归侨、侨眷兴办的各类企业六十多个，投资总额达七百多万元，职工两千多人，其中归侨侨眷子女占60%以上。为此，我多次受到各级领导的表扬，《广西侨报》也作了专题报道。

另外，我还积极做好引资工作，为钦州地区经济建设服务。如1992年12月，我作为引线人和地区农行行长张文富一起到海南解决资金问题，通过和美国太平洋国际信贷投资公司总裁杨佑权洽谈，达成了引进1亿元人民币综合开发钦州湾大道的意向，以及拿出1000万元与海南省金陵总公司等15个单位结为伙伴，共同投资开发神州半岛旅游渡假区。

1993年9月，旅居美国和德国的廖俊、廖萱兄弟，通过

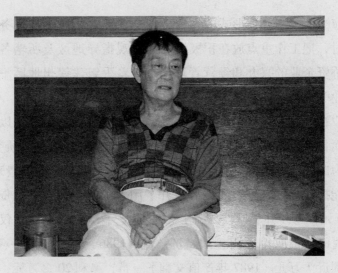

杨恒烈近照

我的引荐，在地区侨联的帮助下，在钦州市注册成立独资企业——德美建材有限公司，以140万元收购昌达砖厂，委托侨联代为管理，委任我为副董事长。

美籍华人，美国印第安那州常安工程企业公司董事会副主席朱汝安意欲回家乡广西参观考察，探讨投资项目，他将这个愿望告诉了我，我立即请示了行署领导用地区侨联的名义向他发出邀请信。1994年元旦，朱汝安和他的董事会主席邱俊常、经理凌格夫（美国人）应邀来到南宁、钦州，我一直陪伴参观访问，介绍洽谈项目，使得他们十分满意，并留下了美好的回忆。

十多年的自主创办企业和招商引资工作，我付出了极大的热情和辛勤的汗水，也取得了一些成绩，我离任时，地区侨联办起了公司、商店、工厂共11间，合计资产达400多万元。地区侨联赚了将近200万元，极大地改善了侨联的经济状况，解决了侨联公司的办公和职工的住房问题，受到了干部和职工的拥护和爱戴。

（三）

除了认真做好国内华侨华人的工作外，我还积极开展海外联谊工作。1986 年 7 月，我应美国洛杉矶华人亚细亚塑胶公司总经理吴成蔚的邀请，以经济专家的身份访问美国。在为期 3 个月的访问时间里，我来往于美国东西海岸之间，先后到了纽约、华盛顿、大西洋城、波士顿、洛杉矶等十多个大、中、小城市，拜访和会见了亲朋故友和社会各界名流达六七百人之多。在洛杉矶，我见到了阔别了三十多年的挚友吴成蔚，当我把政府归还给他的他在国内的房产通知书交到他手上时，他激动得热泪盈眶，直说"邓小平的改革开放好"。第二天，他举行酒会，请来在洛杉矶的经济、文化、新闻等各界知名人士，在酒会上，我趁机给侨胞和美国朋友讲述了中国的四化建设和改革开放政策，使与会者甚感可亲可信，打消了一些侨胞回广西投资的思想顾虑。波特兰市美中友好协会会长张廷业及其夫人得知广西医疗事业亟需现代设备时，当即主动提出，愿代表协会向广西捐献价值十万美元的牙科医疗设备。

1987 年 12 月，我作为广西科技文化考察小组的顾问再次出访美国，在这次考察中，我与美国的厂长、经理、农场主以及有关专家学者达成协议并签订了七项意向书。其中包括广西选派经济管理人员以及农业、环保科技人员分别到思华贸易公司、林树球农场等单位学习进修；组织艺术表演团、书画家、气功师赴美演出、展览和举办学习班等。两度出访美国回来后，我写出了《钦州地区华侨华人现状》等六篇文章分别刊登在全国各种报刊上，并多次在全国学术讨论会上宣读，获得很高评价。《钦州地区华侨华人现状》一文还获得广西社会科学研究优秀成果佳作奖，并被自治区政府定为一等奖。

1992 年，我受自治区国际文化交流中心的委托，到东兴边境约请越南广宁省文化厅厅长为首的代表团到东兴洽谈，签订了互相交流的协议，后来双方的文化、艺术团体都进行了互访，他们看到了中国的发展，表示要向中国学习，并通过我订购了一批电影的拷贝。当时，全国侨联考察团要到越南河内、胡志明市参观考察，我负责联系安排，并派了随行翻译，使得这次考察取得圆满成功。

（四）

侨联是归侨侨眷之家，是一个人民团体，因而在社会公益事业方面也应该有她的作用，我尽我最大的热情和力量去做一些青年人的个人问题，如为了提高和培养人们的文化素质和审美情操，我办起了"中国书画函授大学钦州分校"，请钦州专署王培才副专员来担任校长，自己担任副校长，亲自主持校务，审定教学方案。为了解决一些社会上人找配偶难的问题，我又以致公党的名义办起了"婚姻介绍所"。为帮助家乡培养四化建设人才，鼓励学生勤奋学习，我积极发动曾在东兴中学读书的海外校友莫远东、吴成蔚等人成立"美国洛杉矶东兴中学奖学基金会"，每年对考入大学的东兴中学学生颁发奖学金。我亲自主管基金会的工作，届期到学校颁奖。我为了繁荣本地区的文学创作，让广大青年文学爱好者的作品有发表的园地，我以侨联的名义成立"浪花文学社"，自己担任名誉社长，还资助出版不定期文学刊物《浪花》。此外我还经常发动侨联职工和致公党党员，假日上街开展为群众义务治病、机修、咨询等学雷峰活动，受到社会各界人士的高度评价和赞扬。

（五）

我肩负着地区侨联致公党的两重领导职务，担当的工作较多，但是我迎难而上，兢兢业业地做工作，没有什么畏难的情绪，侨联和致公党的工作都取得的比较好的成绩。致公党方面，在贯彻中央方针政策，维护安定团结，举办公益事业等方面所了大量的实事，受到中共钦州市委多次表扬，我也很快当选为致公党广西壮族自治区委委员，并被推选为致公党中央第九次代表大会代表。侨联方面，我是自治区侨联常委，1989年12月以一名归侨侨眷代表的资格出席全国第四次归侨侨眷代表大会，并被推选为全国侨联委员。平日工作中，我经常走家串户，深入基层，密切干群关系，主动关心、团结同志，遇到同志、归侨、侨眷有困难的地方或者他们提出解决的问题，凡是合理的，有条件的，我都主动帮忙解决，包括海外华侨华人。我解决的华侨私房、职称、调动和冤假错案等问题总共有十几起。

我是钦州市政协常委，我积极参加政协的活动，非不得已很少缺席，我严格要求自己，充分发挥政协委员参政议政的作用，积极向钦州市各有关部门提出建议和议案，受到了中共钦州市委和政府的重视。如1988年6月，我带了一个工作组到丽光华侨农场进行调查，发现该农场就业有困难，工作组据此写了调查报告向市政府提出从新安置的问题，得到了采纳，同意安排该农场300人到钦州市落户就业。另外，我对改革开放、引进三资、廉政、城市建设和多党合作等问题也提出了不少的建议，也引起有关部门和负责人的重视。

漫漫人生路　耿耿赤子情

——杨兆旋　口述

被采访者简介： 杨兆旋，男，1930 年 8 月出生于印尼爪哇，祖籍广东省梅县，1952 年 6 月回国定居。在大连读完高中，并考入大连工学院，1960 年大学毕业后曾在北京钢铁学院、沈阳东北工学院、广西大学任教。1984 年后历任广西壮族自治区政协常委、人大常委、致公党副主委、专职主委、全国政协委员、致公党中央常委。

采访时间： 2004 年 9 月 22 日上午

采访地点： 广西南宁市桃源路自治区政协大院被采访人住所

采访者： 林晓东　苏妙英　周育毅　胡修雷

整理者： 林晓东

　　1930 年 8 月我出生在印尼爪哇泗水。我祖父是当年被卖"猪仔"卖到印尼的，父亲是第二代移民，在印尼做小买卖勉强为生。七岁那年，母亲把我们兄妹五人送回老家广东梅县松口镇桃宝村，我的童年就是在广东农村度过的。当时家里穷，奶奶带不了那么多孩子，我的两个妹妹很小就被先后送了人。日本侵略中国和发动太平洋战争以后，我们和父母的联系就断了，也就没有了经济接济。1943 年我小学毕业后失学了。那个时候生活非常艰难，特别是每年青黄不接的时候，家里的旧粮已经吃光了，新稻子还没有成熟，只能靠稻谷磨成的粉充饥，那种东西人吃了以后解不出大便来，非常痛苦。我从小到初中毕业还没有穿过一双鞋。在村上老师的关心帮助下，我半公半读上完了初中，以后考上了重点省立梅州中学，艰苦地念到高中二年级，又因家庭困难而失学了，在家务农。

（一）

1947 年日本战败投降后，当时印尼要求民族独立。但荷兰人曾在印尼统治了三百多年，作为老殖民主义者，荷兰人还想重温殖民旧梦，就派遣军队又来到印尼。印尼好不容易才把日本人赶走，怎么能容忍荷兰人再来统治他们呢？于是，他们就采取了一种绝对排外的政策，包括实行排华政策，他们不仅抵制荷兰殖民主义者，而且还迫害中国移民。那段时期印尼非常乱，排华的规模也比较大，我父亲就死在那次排华恶潮中。

我父母生活的那个镇子，一共有 192 名 18 岁以上的男性华侨全被活埋了，剩下的妇女和孩子都被赶到深山集中营里，我母亲和弟妹就在其中。集中营里的生活非常惨，一天就是两个苞米，后来连苞米都没得吃了，就只能抓老鼠吃。直到 1948 年底，我母亲和弟弟、妹妹才被解救出来，出来的时候母亲的头发全部掉光了，弟妹满身都是疮疤。

逃出了集中营以后，他们没地方去，就在泗水格帝里（KEDERI 镇）我姑妈那儿停留了一段时间，因为当时印尼的局势很乱，弟妹幼小、母亲的身体也很弱，后来又迁到椰城

杨兆旋近照

雅加达寄居在我舅舅家。

1949 年我又申请回到了印尼谋生。当时华侨仍然受到歧视，直到 1950 年中国与印尼正式建交，情况才有了好转。建交后，我国使领馆与印尼政府交涉，于 1951 年开始寻找 1947 年在排华事件中被害难侨的尸体。当时印尼排华，屠杀华侨时根本不收尸，很多尸体都丢弃在荒山野岭、江河里，很不好找、更没法辨认。我父母所在的那个镇叫泗水勿里打（BLITAR），因为是集体活埋，所以 192 个人的尸体全都找到了。那个时候我从西爪哇到东爪哇泗水，在幸免于难的叔叔、姑妈的协助下，找到了父亲的尸体，因为父亲镶了两颗金牙，特征很明显比较好辨认。找到他们的尸体后，在我驻印尼使领馆和爱国热心的华侨组织关怀下，举行集体祭奠，并把他们进行了总葬，都埋在了一起。我很小就回国了，在印尼的亲身经历并不多，但这件事情是我亲自参加处理的，给我留下了沉痛的印记，对我的打击很大，我们有近二百人的侨胞，包括我的亲人，就这样在异国他乡被涂炭了。

到印尼以后的一段时间内，我主要是靠打工维持生活我在一家五金商店里打工，母亲摆小摊做点小买卖。我祖父是被卖"猪仔"去印尼，到我父亲这一代好不容易生活算是比较稳定了，做起了小生意，但最终还是落得冤死他乡的下场，家庭的遭遇使我深深地意识到，印尼虽是我的出生之地，但不是我久居的地方，我暗下决心一定要回国。新中国成立以后，中国人民真正站起来了，不断从家乡传来土改、农民翻身做主人、祖国建设欣欣向荣的消息，这更坚定了我再次回国求学的决心。我先是把弟弟送到国内，母亲后来也到表哥处当保姆，1952 年 6 月我毅然从印尼回到了祖国。

（二）

回到广州后，我直接被分配到了东北。在我去广州的那条船上有近两千名学生，分别分在哈尔滨、长春、沈阳、大连，我则被分配到了大连。我在大连读的高中，高中毕业后，考上了大连工学院，就是现在的大连理工大学。1960 年我大学毕业，即在东北结了婚，并被分配到北京钢铁学院机械系当教师。因为爱人在东北，1961 年 2 月我重新被分配到东北工学院任教，但两个人还是没有调到一起，她在大连，我在沈阳。1964 年才设法把她调到了沈阳。

我在沈阳东北工学院一呆就是 12 年，这期间大部分时间都是在教书。那时候我非常单纯，从学校门出来又进了学校门，一门心思地想把教学工作搞好。"文化大革命"中，我们归侨受到的冲击是很大的。从 1968 年到 1971 年，我被劳改了三年。

1971 年，毛主席、周总理对归侨问题有一些讲话，说不能把海外关系都看成是"特嫌"、看成是反动的社会关系。由于落实侨务政策，就把我从盘锦劳改处调回了学校，但没有让我搞教学，而是把我分配到校办的水泥厂继续劳动改造。东北工学院在沈阳的南边，我爱人的工作单位在沈阳的北边，她每天上下班骑自行车奔波。就是在这一年，由于交通事故，我爱人被汽车撞死了，留下了两个只有七八岁大的孩子。从此，我既当父亲又当母亲。白天要劳动，晚上又要编教材，压力太大了。我母亲和妹妹都在广西南宁。妹妹和妹夫 1960 年从印尼回国，大学毕业后，都在南宁十一中教书，母亲 1965 年从印尼回国后，原来也在东北和我住在一起，在"文革"中也受到了冲击，东北工学院的归侨太少了，被整得很厉害，我怕母亲跟着我遭罪，就让她到了我妹妹那里。1972 年我到南宁去探亲，看望母亲。母亲看我一个人带着两个未成年的孩子太不容易，举目无亲，东北那个地方又天寒地冻的，生活很困难，就劝我到南宁来。就这样，1973 年我正式调到了广西大学机械系任教，一直到 1987 年。

我在学校工作期间，不论是在北京，还是在东北和广西，我都是尽自己的最大努力把教学做好，我也写过一些文章，获得过"先进教育工作者"的称号和"教学优秀奖"。在学校工作这个阶段，我总是想方设法地把教学搞好，力争不误人子弟。反复熟习教材，多读参考书，多下工厂车间，我想，要给学生一桶水至少自己得有十桶水。在学校我基本上都是上大班课，主要是讲机械原理、机械零件设计。我尽量上课不看讲稿，要达到这种程度，就得利用一切可以利用的时间备课。这样我讲课就能比较灵活生动，能融会贯通、触类旁通、深入浅出地讲解每一个问题。我上课颇受学生的欢迎。我的学生说，听我的课是一种享受，这是对我过奖了，也是对我的鞭策。我还与别人合作写过一本书，该书得过三等奖。

（三）

1987年，由于工作需要我调离了学校。我是1981年参加中国致公党的，当年被选为学校侨联主席。1984年被选为致公党广西壮族自治区兼职副主委。到1987年，被选为专职副主委，以后又被选为自治区侨联常委。从此，我有了更多的机会接触归侨，逐渐对归侨、难侨，特别是华侨农场的情况有了比较深入的了解。1984年到2003年，我任自治区政协委

杨兆旋在洪门民治党成立107周年大会上发言

员、常委、副秘书长。1988 年到 1992 年则被选为自治区人大常委。在人大、政协会上，我根据了解到的有关归侨方面的情况，及时地向有关部门反映，提了一些议案。1992 年到 2003 年我被选为致公党自治区委会主委、全国政协委员和致公党中央常委等职务。

这些年来，我在侨务工作方面做了一些工作，领导给了我很多指导、帮助，全国侨联和自治区侨联也曾给我"优秀归侨工作者"的荣誉。我觉得很惭愧，我并没有做多少工作。自任致公党专职主委后，我围绕党和国家的大政方针与政府的中心任务以及群众普遍关心的问题，结合我们致公党的性质，着眼于维护归侨侨眷和华侨的合法权益进行工作。从 1992 年开始，我就比较注重华侨农场归难侨的生产和生活问题，年年都深入到华侨农场去搞调研。这期间，我走遍了广西每一个华侨农场。

广西的许多华侨农场，如桂林、柳城、百色、崇左、南宁等地的华侨农场的生产经营和职工生活都存在着很大困难。当时广西华侨农场比较突出的问题有以下几方面：一是华侨农场的归难侨退休以后养老保险问题没有得到很好的解决。二是华侨农场的土地纠纷和侵占土地的情况很严重。三是债务问题，过去华侨农场的产品有些可以出口，那时农场的经济效益比较好，日子比较好过。后来受到各种因素的制约，产品出口受到了很大的限制，经济效益严重下滑，银行债务没有办法偿还。四是社会负担沉重，学校、医院等这些社会服务机构都由农场自己开办，人员开支的负担很重。

了解到这些情况以后，我们每年都尽最大的努力向有关部门反映。这些情况中的关键问题，就是农场归难侨干部职工退休以后的养老金问题，这个问题很久没有得到解决。我们曾经几次向自治区党委和政府进行反映，但自治区也解决不了，这些归难侨当年是国家决定把他们安置下来，国家应该更多地把他们管起来，如果把他们只给自治区来管理，自治区承担这个任务相当困难。广西壮族自治区共有22个华侨农林场，占全国华侨农场的四分之一强，另外还有分配到农垦局和林业厅的归难侨，这些都给自治区政府增加了相当沉重的负担。广西本来就是贫困省区，自身已经很困难了，如欲解决归难侨的养老保险问题，全自治区要补交两亿多元的养老保险费，可是这个钱自治区根本拿不出。

广西华侨农场确有很多现实问题不好解决。对此，我在任期间曾代表致公党自治区委员会广泛联系自治区人大侨委、政协港澳台侨委、侨办和侨联等涉侨机构，希望"五侨"联合起来向政府、向社会进行呼吁，意图引起各界的重视。我把了解到的情况反复地进行宣传，不厌其烦地做各方面的工作。我首先把情况反映给自治区政府分管侨务工作的副主席，建议召开自治区五侨联席会议。在会议上我详细地汇报了华侨农场的情况，然后再进一步了解政府在解决这些问题上有些什么实际困难，我再反映到全国政协和致公党中央，我系统地搞了一个关于华侨农场问题的提案，带到了北京全国政协会议上，把情况反映了上去。

后来，由全国政协副主席、致公党中央主席罗豪才牵头组织中央"五侨"相关人员到广西进行了一次联合调研，深入到华侨农场的最基层，到最困难的华侨农场去搞调研，当时到的主要是南边的扶西华侨农场和宁明华侨农场，这些农场在当时是广西最困难的华侨农场之一。"五侨"的领导们调研得都非常认真、非常细致，都亲自进行家访，他们的感触也很深。调研以后，他们集体向国务院的领导做了汇报，并集体到财政部反映情况，最后由国务院、自治区政府制定政策文件，各级财政部门划拨一部分款项，帮这些归难侨补缴了1993年以后每年应缴的养老保险费。这样，广西的归难侨养老保险的问题基本上解决了。这是一个很大的成绩，归难侨们都非常感动，有几位八十多岁的老归侨曾为此给我送锦旗，我深受感动。我说我没有做多少工作，这是党和政府的无限关怀。

在调研的基础上，我还向自治区党委、政府以及地方政府提出了一些地区性经济、社会发展的设想。例如在百色地区调研时，我不仅仅关注华侨农场的问题，对整个百色地区的经济发展我也很关注。通过调研，我从一些大的发展战略问题上对百色地区的经济发展谈了自己的看法、提出了一些建议。对此，百色地区的党委书记和地区专员都非常重视。通过调研，我发现县地一级比较重视人大工作不太重视政协工作，致使政协的干部不安心工作。我把了解到的情况反映到区党委，并建议召开全区的政协工作会议，把各个地区、市，包括自治区分管统战工作的党委、政府领导都召集来，开一个全自治区政协工作会议，通过这种形式来提高全区对政协工作的重视。自治区领导非常重视并同意我的建议，当年就召开了全区政协工作会议，效果非常好，很大地推动了全区的政协工作。有位自治区政协副主席说我立了一大功啊。

在人大、政协会议上，我反映较多的是华侨农场的问题。我曾经得过几次优秀提案奖，还被评为自治区政协"四个一"先进个人。我经常提醒自己，每在写提案前，应先结合自治区的经济发展、社会稳定和海外联谊等工作以及华侨农场的情况，进行调研，尽量亲身深入地去了解情况，写出一些有质量的调研报告，然后提出议案。

我在印尼的时候感受到海外华侨确实很不容易，他们的生活艰苦，其中很多人在海外受到歧视和迫害，很多人都提心吊胆地过日子。2002 年，我到印尼去探亲时到父亲的坟上拜祭，当地华人热心地为当年被迫害致死的罹难华侨修了一座漂亮的公墓。回想当年的那次排华事件对我的刺激是很大的，从那个时候起我决心要回国，当时还不懂得学好本领，更好地为祖国做点工作，为归侨办点实事。参加了致公党后，也涉及到侨务工作，正好给了我这个机会。可以急侨所急，帮侨所需，深入地了解侨情，真实地反映侨情。我不仅从大的方面为归侨这个群体说真话、办实事，对个别归侨的具体困难也是尽可能地帮助他们解决。有一位归侨是在荷兰人统治时期在印尼读书，他一句中国话都不会讲，又没有孩子，孤单单地被安排在一个工厂做工，他们夫妻俩一直想出去找他在国外的亲人，就是不知道怎么出去。我了解到他在国外确实还有亲人，就亲自到他家里去探望。他住在地下室里，我给了他很多帮助，最后帮他出国与亲人团聚了。归侨有很多具体情况都愿意跟我说，我都能及时向有关方面反映，并尽可能地帮助他们解决困难。

海外华侨华人还是很团结的，他们都非常热爱祖国。在国外受歧视和迫害的经历，加深了他们内部的团结。他们中很多人都把自己的孩子送到家乡、送到北京和国内其他地方读书，让他们继承和发扬中华民族的传统文化，教育他们不要忘记自己是中国人。我们的党和政府对海外的华侨华人也是很关心的，对国内的归侨侨眷也尽可能地给予各方面的照顾。中国的外交工作始终在尽力地维护海外中国人的合法权益，这样做，海外华侨华人也更加热爱祖国，这两者是相辅相成的。我们海外华侨华人的爱国心是其他国家比不了的，这确实是中国的一大特色，也是中国能够实现和平崛起的优势之一。国内同胞受灾，海外同胞纷纷捐款，其实他们在海外赚钱并不容易，日子也不是很好过的，但他们对国内的公益慈善事业却很热心，这点我感触很深。华侨华人具有爱国爱乡的传统，过去是这样，现在是这样，将来也是这样。

（四）

我们的党中央、国务院一贯都是很关心海外华侨华人和归侨的，总的说来，侨务工作都不错，但国内侨务工作做得还不够理想。在职的时候我还没有什么感受，退下来以后感触颇深。我们侨务工作的基本思路应该是工作在国内影响在海外，这是我们侨务工作的基本点。侨务工作者对华侨华人和归侨侨眷应该是同样的关心，国内侨务工作是很大的一块，是基础性的工作，因为海外华侨华人更相信国内亲人讲的话。他们回来投资、贸易、观光、探亲很多都是通过亲情、乡情关系来实现的。

我认为，党和政府一定要重视国内侨务工作，一定要支持国内侨务工作，这项工作不是索取而是付出。与其他省的情况相比，广西侨务工作条件比较弱，侨联活动经费确实非常少。没有党和政府的支持，侨联很难开展工作。广西是第三大侨乡，虽不如广东有钱，在物质上不一定像广东那样，但在精神上应该给归侨侨眷以更多的抚慰。我听到不少老归侨反映，希望归侨侨眷们能经常聚会见见面，没有经费，也没有人去组织活动。现在归侨之间很难见面加强联系，交流思想。实际上这也花不了多少钱，就是提供一个场所，就是要有人组织，不要让他们成了被遗忘的角落。

侨务工作要有热心为侨服务的那么一帮人才能干起来。对归侨要关心，把大家组织在一起座谈座谈，可以谈谈各自的看法，把各个界别了解的情况反映上去，反映上去后还要有解决的人和解决的办法，要不辞劳苦地深入到下面去了解情况，很多情况在上面是不知道的。党和国家领导人都是很重视侨务工作的，他们对侨务工作方面的论述也很多，邓小平同志讲华侨是"独特机遇"，江泽民同志讲华侨是"资源宝库"，胡锦涛同志讲侨务工作是"大有可为"。我们的侨务工作都有连续性，从辛亥革命孙中山那个时候起就很重视侨务工作，一直到新中国成立，历届的中央领导都很重视侨务工作。现在归侨侨眷的合法权益是受法律保护的，我们国家有《归侨侨眷权益保护法》，其他国家还没有类似的法律。现在的问题主要是如何落实好中央和国务院的精神。海外华侨华人在中国历史上做过很多的贡献，我们必须要很好地去关心他们。一些年轻的同志上来以后，他们缺乏对侨的认识，缺乏统战意识，也没有侨务意识，他们不太可能主动地想到为侨服务。要通过学习和培训让他们了解侨务知识，相信他们也会逐步树立起侨务意识的。希望广西的侨务工作多多加强。

（五）

我在海外的直系亲属都回国了，印尼那边有两个舅舅、两个叔叔、一个姑妈以及家族的一大群堂、表兄弟姐妹。我们之间联系不断，经常有电话来往。我爱人那边还有很多海外亲戚，1960年她回国时尚有两个姐姐、一个哥哥及一个大家族在印尼。所有这些亲戚，2002年去印尼探亲时全都见到了。

当时我回国，弟弟妹妹都很反对。父亲去世后我应该有维持家庭的责任，我的回国会给他们带来不少经济生活上的困难，但我从小是在国内成长的，后又回到印尼，国内外的情况有切身的对比，尽管家庭有困难，我还是义无返顾地回到祖国。在"文革"中我虽然受到一些不公正的待遇，但现在国内的生活是安定的、和谐的、幸福的，这是实在话。

现在我生活得很好。退休以后我主要是锻炼身体，我的身体不太好，每天锻炼要走很多路。中央电视台每天的《新闻联播》我是必看的，再就是地方党报和《参考消息》也是必看的，香港凤凰台国际时事评论我也喜欢看，从中可以了解一些国内外大事。原来我生活很困难，要抚养三个孩子，还有老母亲要孝养，1960年大学毕业到1978年我的工资一刊直是54块5毛钱，我爱人才22块钱，负担相当重，顿顿都是吃冬瓜，别的东西就不敢吃了，到现在我都怕吃冬瓜。改革开放恢复高考以后，我的两个儿子分别考上了大学。大儿子是学医的，在医科大学当教授，是医科大学附属医院的骨科主任，曾经成功地进行了肢体异体移植，这项技术移植成功的全世界才有七例，中国就占两例。还有一个儿子在深圳，他是中共党员，华侨大学毕业后参军，在福建某炮兵部队，1998 年转业到深圳公安交通管理局工作，负责交警大队的人事和纪检工作。我再婚后又生了一个女儿，是农行储蓄所分理处的主任，女儿现跟我们住在一起。现在我什么负担都没有，就是治病医疗费多一点，日子过得一天比一天好。2002年我们老俩口到印尼去探亲，阔别 50 年后再重逢，畅叙离情，百感交集。祖国的强大，使他们也扬眉吐气了。

我在东北呆了 21 年，平时基本上不讲印尼话，只是偶尔在家里与爱人讲一些。我爱人是她家族中唯一回国定居的人，她四岁时父母双亡，是她二姐把她养大的。二姐家是福建闽南人，她跟她二姐在一起生活就学会了闽南话。

华侨农场的一些归侨来南宁办事或看病什么的，都喜欢到我家里来，他们来了我们就给他们做印尼饭菜吃。归侨在一起讲话有共同语言，不少人都愿意到我们家来聚一聚，我们家是一个归侨聚会的场所，大家在一起讲印尼话、唱印尼歌、吃印尼饭，很是亲热。

回首这几十年的归侨生涯，我最深的感悟就是作为归侨要有一颗爱国心。党和国家一直在关心我们海外的侨胞和我们归侨，这是我们最大的幸福和愿望。华侨和归侨爱国爱乡是共同的特点、共同的品格，这种感情叫赤子情怀。如果其中有什么规律的话，规律就是：爱国。在"文革"中他们受到迫害，却依然爱国，爱国的赤子情怀是渗透在他们骨子里面的。我们这些从海外归来的人，从旧社会过来的人，深深地体会到，如果没有一个强大的祖国，就没有我们华侨和归侨的幸福生活。中国一定要强盛，不强盛不仅国家要挨打，海外华侨华人也会跟着被歧视和侮辱。我们国家现在强大了，经济建设搞上去了，国家在国际上的地位提高了，我们在海外的侨胞的腰杆子也直了、硬了。当然，国家的强大也需要海外华侨华人的帮助和支持，这是相辅相成的关系。我们这些在海外呆过的人特别希望祖国强大，祖国强大就是我们牢固的靠山。只有把经济建设搞上去，把综合国力搞上去，国家才能强大，这也是华侨华人纷纷回来投资和赚钱的好机遇。

在科技战线上报效祖国

——张秀越　口述

被采访者简介：张秀越，男，1934 年 10 月出生于广西东兴市，后随父母侨居越南。1945 年回国后在家乡上完中学，1952 年考入中山大学数学系。毕业后，1956 年 9 月至 1973 年在北京航空学院任教，1973 年 11 月至今在广西大学任教。一直从事大学数学和计算机研究与技术应用工作，先后任广西大学数学系总支书记、计算机系主任、校侨联主席等职，曾荣获林业部科技进步奖、广西科技进步奖、广西计算机成果奖以及广西大学科技教学优秀奖等，其中一项列入国家级成果。中国侨联颁发的"爱国奉献奖"，享受国务院颁发的政府津贴，广西自治区党委和政府颁发的"荣誉勋章"等。

采访时间：2004 年 9 月 20 日下午

采访地点：广西大学西园北区被采访人住所

采 访 者：林晓东　苏妙英　周育毅　胡修雷　李上福

整 理 者：林晓东

（一）

1934 年 10 月，我出生在与越南隔河相望的广西东兴市。在我们家族中，我父亲是第一个去越南的华侨。为了谋生，

1904 年父亲到越南打工，后来做陶瓷生意。我出生后不久即随父母去了越南，之后常随父母往来于越南和中国之间。

张秀越近照

直到抗战胜利，我们才回东兴市定居。当时回国定居的主要原因是国内生意好做，而在越南生意比较难做。当时越南还是法国的殖民地，对华侨，法国人还算温和，但当地的"绿衣"、"暗查"（即警察与特务）则比较凶狠，我们都很怕他们。我们家住在东兴市的边境口岸上，过境来往的人都要经过我们家门口，做生意很方便。但是越南的教育却不太好，水平不如国内高。原来在越南居住的时候，我为了上学，每周都要出入境几次。当时，小孩子穿越中越边境无需身份证或护照，成年人也只需办理简单的证件。

我在国外的经历与中国的命运是联系在一起的。越南最初由法国人统治，后来又被日本人占领。帝国主义的凶恶给我留下了很深的印象，特别是日本人，烧杀抢掠无恶不作。那个时候我的感觉就是，作为中国人在国外总是受人欺侮。在日本统治时期，我们四处逃难。

1945 年我正式回国，那年我 11 岁。当时，在越南我还有一个哥哥两姐姐。我妈是我父亲相继丧偶后娶的第四个老婆，她先后生了七个孩子，存活下来的只有四个，我、一个哥哥、一个姐姐和一个弟弟。我父亲其他的老婆也生了不少孩子。我们兄弟姐妹，夭折的不算，存活下来并且长大的共有七个人，我排行老六。我的同父异母的姐姐和二哥原来住在西贡，后来二哥回国了，姐姐也去了美国，定居在洛杉矶，目前她还在着。现在越南的亲人不多了，只有一个侄子和一个外甥女还在那儿，其他人基本上都出来了。

在日本占领之前和投降之后，我们在越南的生活还算不错，家境也比较好，置有房子和一些财产。

越南海宁省百分之九十九的居民都是华侨，那里是华侨聚居区，广东话非常流行。我很小就回国了，但现在我还会讲一点越南话。过去越南没有文字，用的都是中国字。越南受中国的影响非常深。在十九世纪以前，那里的不少官员都是清朝派去的，到十九世纪末以后就没有这样的事了。越南的生活习俗我非常熟悉，回国后我又去过很多次，越南和我们的生活习惯基本一样，如果穿上同样的衣服，就分不出谁是越南人，谁是广东人、广西人。现在，越南唯一保持的民族服装就是女式旗袍，女青年穿起来很漂亮，样式和中国的旗袍基本一样。再就是穿着习惯上有些许区别，中国人穿旗袍时里面穿的是短裤，而越南人穿的却是长裤。越南人的传统节日和中国基本一样，只是吃的东西有一些自己的特点。

张秀越获得的荣誉证书

刚解放时，因为我们有家产在越南，所以我两边都得跑。后来，边境管理得比较严，两边的人民就不能随便来往了。新中国刚成立的时候，越南还处于法国人统治之下。一方面法国对我们刚刚成立的新中国实施封锁；另一方面我国政府也必须加强边境管理，防止帝国主义对我国进行破坏。所以当时中越边境管理得愈来愈严。到1952年以后两边人民就完全不能来往了，我们一家人不得不分在两地生活，妈妈和弟弟在越南，我和哥哥在中国，长期这样生活造成诸多困难，于是，妈妈带着弟弟也回来了。

（二）

回国以后，我就定居在东兴市。总结这一辈子，我还算比较幸运，大的风浪没有碰上，小的颠簸时有发生。中越断绝来往以后，东兴人全部移民到内地，整个城市都空了。1952 年中学毕业后，我考上了广东中山大学数学系，从此离开了东兴市。

中越两国断绝来往以后，我家在越南的财产没有办法再收回，在东兴也没有生意可做，家庭生活顿时拮据起来。幸运的是，我考上了大学，在大学的一切费用都是国家负担的，所以从上大学的那刻起，我就感到我的命运已和整个国家联系在一起。1956 年大学毕业后，我被分配到北京航空学院，也就是现在的北京航空航天大学，直到 1973 年底才调到广西大学。"文化大革命"时期，我基本上是在北京度过的。按那个年代的常规来说，我有海外关系，在各方面都会受到限制。但事实不然，北航是很难进的，组织上知道我是归侨，我的档案上写得清清楚楚，但我的海外关系身份并没有成为我进入北航的障碍。所以，我还算是比较幸运的吧。

由于我学习比较勤奋，工作也很努力，组织上很信任我，也很重视我。1958 年中国的计算机事业刚刚起步，非常需要人才，组织上就派我到中国科学院计算机技术研究所进修。当时计算机是很神秘的，被称为高精尖的技术。我算是新中国第一批计算机技术人员，中国第一台计算机就是供我们使用的。那个时候学计算机技术的人要求是很严格的，政审要查三代，条件要求很高。我们上学的研究所大门都有解放军站岗，两个研究室之间的业务不能沟通，搞得很神秘。接触这门技术后我就认定，这项技术的发展是前途无量的。一天，我提出，这么好的技术为何不推广呢？用不着搞得那么神秘嘛。于是，有人抓住我这句话"上纲上线"，说我反对党的保密政策。那时"反右"运动刚过，人们的政治神经都比较敏感，幸好，我没被扣上帽子。在中国科学院学了一年，1959 年我又回到了北航。因为计算机和航空导航有很大的关系，学校很快就开始设立计算机专业，直到现在北航的计算机专业都很有名。1956 年我大学毕业的时候，我国还没有计算机专业，但国家已经开始筹备成立计算机研究所，华罗庚教授是第一任所长，我们大学同班有一同学被分配到该所。

张秀越土陶作品

回到北航以后，我接受的第一个任务就是编写计算机教材。我的工作热情非常高，总想尽快地做出成绩来，但工作气氛、工作环境很不好，"反右"结束后不久，人人都在喊"政治挂帅"的口号，钻研业务、专心科研不但得不到鼓励和奖励，还很容易被扣上走白专道路的帽子。美国人是 1945 年研究成功及使用计算机的，而且以后一直没有放松。我国的起点就比美国人晚了十多年，中间又遇到"文化大革命"，致使我国计算机技术的各个方面与世界先进水平的差距越拉越大。如果从1956年开始，我们就一步一个脚印扎扎实实地钻研计算机技术，我们一定能很快地赶上美国。可惜的是，我们不仅起步比美国晚了十多年，而且还耽误了二十年。我国真正开始大力研究计算机技术，是1978年邓小平同志主持召开科学技术大会以后的事了。在此之前，我国科学界虽零零星星地做了一些工作，但完全谈不上创新和发展。

我在北航一边教数学，一边进行计算机科学研究。1970年前，计算机硬件还很落后，连键盘都没有，只能用开关控制。好不容易编出一个程序来，检查起来又非常辛苦，别人看上去就像看天书一样。改革开放以后，计算机技术才逐步发展起来，现在发展得非常快，而且越来越快。计算机科学，既是年轻的学科，又是最活跃的学科，同时还是最有前途的学科。

"文革"这几年我心情比较压抑，所学的知识没有机会施展，抱负不能实现，不仅业务不能搞，政治上的压力也很大，所幸我没有受到太大的冲击。"文革"中北航的各种政治运动闹得非常厉害，但受冲击的主要是那些"当权派"，对学术界的冲击也主要限于一些老专家。当时我还年轻，才二十多岁，我的工作就是教书和科研。我与学生的关系都很好，所以他们也没有对我进行批斗。

但我毕竟是归侨，有海外关系，很多同事不知道华侨到国外去谋生是怎么回事。我就跟他们讲，华侨很多都是被"卖猪仔"卖出去的，或为谋生计漂洋过海的，他们出去后生活很辛苦，创业也很艰难，但对祖国的感情却很深。我还跟他们讲东兴市和越南在地理位置上的关系，说在那个地方过境就像上海的浦西到浦东一样，出国是谋生的需要，甚至每天都要出国回国好几次。在当时一般人的想象中，华侨在资本主义国家就一定具有资产阶级意识形态。我跟他们进行了这些宣传，部分人对华侨都有了初步的认识。他们就不会凭想象来处理问题了。"文革"中也有人写我的大字报，但专门拉我出去批斗的事却没有发生，"文革"中我没有因为海外关系而受到太大的冲击。组织上对我一直很信任，我能接触一些保密程度很高的工作，是很幸运的。经过党组织长期培养、教育、考验，我终于于1973年1月光荣地加入了中国共产党。到今年为止，我离开北航已经有31年了，现在我还经常与当年的同事通电话，回到北航看望那些老同事、老朋友，像见到亲人一样。

（三）

我是1962年在北京结婚的，我爱人也是归侨，在中国林业研究院工作。后来，由于工作的需要她调到了广西。1973年，为了照顾家庭孩子我也调到广西来了。说实在的，当时我是很不愿意来的，七十年代初是我事业发展比较好的时期，我想，到广西又能做什么呢？当时广西大学没有计算机专业，更没有航空专业。我刚到广西大学的时候，这个学校是很不像样的，甚至连一座像样的教学楼都没有，我一来报到心里就凉了半截。我的人事档案是1973年初调到广西来的，由于在北航尚有工作丢不开，我又回去工作了半年多，真正到广西大学工作的时间是1973年底。

到广西大学工作之初，我原来的研究项目全丢了，只在数学系里教书。但我总是不甘心，我早就预见到计算机技术会成为科学的主流技术，这么好的技术在广西怎么能没有呢！不可能没有，这只是个时间问题。所以，我一直想推广计算机技术。很快，就遇到了一次机会。当时自治区党委副书记兼计委主任周光春同志非常重视计算机技术，有一次做报告的时候他就讲到了计算机，说他到过很多国家，了解到计算机是很重要、很有用的技术，在广西要尽快地把这个专业办起来。就在周光春副书记做报告的当天晚上，广西大学的校长和书记把我找了去，说今天你也听了周书记的报告，他要求在广西发展计算机事业，你怎么看？我说，"周光春书记的意见很正确，计算机应该搞，越快越好。我就是搞这个专业的，我到广西大学来了以后就一直主张要尽快地把这项技术搞起来。"他们听我这么说非常高兴，当即表态，就由我来负责，尽快地把该事业发展起来。当时广西大学这方面的人才只有七八个，量尚不足，我就从数学系里多挑了几个人转学计算机，这项事业就算在广西大学启动了。但不久，全国发生了"反击右倾翻案风"，有人说工农兵不需要尖端技术，大学搞尖端技术会影响正常教学，刚刚起步的计算机项目就这样夭折了，直到1978年全国科学技术大会在北京召开后，广西大学才恢复了计算机技术的研究。时任区委副书记的周光春同志特别重视和支持这件事，一次就批给我们85万元用来购买机器设备。当时广西是很穷的，地方财政收入在全国各省中常常位居最后一两名。在这种情况下，自治区能拿出八十多万搞科研项目是非常不容易的。

　　1979年，我又重新组织一批人进行培训，并开始招生，但进展并不顺利，人为的干扰也导致1981年、1982年停招两年。我1973年到广西大学，1993年才把计算机专业在学科里中独立出来——从数学系中单独把计算机专业拉出来成立了计算机系。这个过程花了二十年的时间。1997年计算机系改称为计算机学院，我为第一任院长也是广泛听取群众意见民主推举的，目前广西大学计算机专业的发展非常不错。我现在还没有退休，但已不带研究生。我是1990年评上教授的，当了二十几年讲师，在恢复职称评定后，我才被评上高级职称。我曾得过省部级的科技进步奖（有一项被国家科委列为国家级重大科研成果），并获多项学校科技教学优秀奖。1993年开始享受政府特殊津贴，1998年获广西壮族自治区党委与人民政府授予的荣誉勋章。

我的科研贡献，主要是在计算机的应用上。比如对林业资源数据信息卡的研究，我采用了一种自动光电输入的数据处理方法，搞得很成功，效益非常好。现在很多地方都在用这项技术，它大大节省了人力物力财力，原来半年才能做完的工作，现在一个月就解决问题了。过去调查来的数据要用很多人、很多设备、很多时间才能计算出结果来，现在不用了，把我研究的数据信息卡拿到野外去打数据点，通过光电数据输入的办法，就可以自动处理各种数据，效率非常高，很有实用价值。这项科研成果完成于1987年。

我还做过洪水预报的科研项目，当时叫洪水演进研究，就是用计算机技术来进行洪水预报，预报某一条河的某一河段洪水的水量有多大、水位有多高。这项技术现在已经很成熟了。我还做过飞机模拟飞行各种数据的研究，即飞机在飞行中，某一部分受了多大气流、压力的研究。我还研究过用计算机进行中医诊疗的技术，即用计算机来给病人看病，诊断病人患了什么病，吃什么药等等。这项技术难以推广，主要是医疗责任的问题，让机器来诊断，出了问题到底谁负责呢？机器诊断不可能万无一失，万一出了问题责任无法认定！

以前在北航搞科研项目很多都是保密的，在那段时间里，即使成功了也不能刊登获奖。当时我在科研上是比较受信任的，但压力也很大，如果出现了资料丢失事故，怀疑失密，问题就大了。我编写过很多书和教材，有数学方面的，也有计算机方面的。在北航工作的时候我就编辑了有关计算机编程方面的书。在北京理工大学的计算机教学刚刚起步时，我还帮助过他们培训干部和教师。我所编的书目、所做的科研课题都有记载，在一些介绍中国科学家的书上，如《中华名人录》等，也可以查到我的有关情况，一些网站的网页上对我也有介绍。

我这辈子多次被抽调出来派到农村、工厂搞运动或劳动。在年轻的时候耽误了很多科研时间，如果这些时间都用来搞科研的话，业绩也许更多些。

1958 年国家进行知识分子改造，要求知识分子一定要和工农在一起，当时我对这个问题想不通。我认为，我们这些搞业务的人可以下放锻炼，在一段时间里去磨炼思想和意志，这是可以的，也是应该的。但要把我们放到与所学业务无关的工厂里，或把我们弄到农村去长期劳动，那就什么事情也干不成了，业务全丢了，所学的东西都浪费了，想捡起来是很难的。当时我的这个思想在团组织内受到了批评，但没给我扣什么帽子。"文化大革命"中知识分子要接受贫下中农再教育，我带头报名到干校去劳动，在农村很积极地和贫下中农一起搞"三同"，大家都说我这个归侨做到这个份上很不简单，下大雨抢收抢种庄稼，和农民一块干、学着干争着干。

很长一段时间内，我所学的知识用不上，现在想起来都很可惜，那正是我年轻力壮的时候，在科研上本可以做很多的事情。不过，现在回想起来这对我也有好处，年轻的时候与工农一起劳动练就了一副好身板，直到现在我的身体还很不错。

（四）

我认为，一个人在工作上一定要尽心尽力，力争做到最好，这样的人生才有意义。我现在已经步入老年了，也就不能像年轻时候那样拼搏了。到了什么岁数就得做什么岁数应该做的事儿，一些出头露脸的事儿就让年轻人去做吧。我从来没有什么失落感，也没有什么思想情绪需要转弯子的问题。我对官位看得非常淡薄，在各种待遇上，国家已给了我不少，我知足了。我喜欢打网球，每周要打两三次。我也喜欢做一些泥塑艺术品，还指导学生来做，借此提高他们的文化素质。绘画、书法、大提琴、吉他我都很喜欢，我的兴趣很广泛，我的性格开朗、平和、外向，我和我的朋友、学生经常是在说说笑笑中相处，绝没有什么架子，很开心！很惬意！身心很健康！

我有三个孩子，两个儿子、一个女儿，最小的参加工作也已有 11 年了。他们都是在国内读的大学和研究生，每个人都有固定的工作。以前我很希望他们出国，因为我有很多亲戚在国外，亲戚们也希望他们出去。但孩子们都不太想出去，认为在自己的国家也能搞出名堂来，他们三个大学毕了业，工作都很努力，收入都还不错，房子、车子都有了，生活过得还挺好。

我曾先后担任广西大学侨联的第二、第三届副主席、第四届主席，去年换届时我辞去了主席职务。我也是中国侨联第六届委员，今年换届后我就不当了。我们侨联的工作，就是利用归侨侨眷与海外华侨华人亲缘、血缘的关系，争取海外亲人能够回国多做一些事情。侨联起的是桥梁和纽带的作用。侨联没有什么实权，我们发挥作用的方式不是用我们手上的权力，而是靠工作活力去起作用。在经费上，自治区侨联及学校统战部门能给我们一些支持，但更多的是靠我们自己想办法开展工作。我们有一位归侨是搞企业经营的，他每年会给我们几千块钱作为活动经费，用这些钱搞一些聚会、小规模的旅游、吃顿饭、搞点参观什么的。

过去的老华侨多数文化水平不高，学者不多。现在出去的新华侨华人很多都是知识型的，做侨务工作发挥这些人的作用非常重要。但要走出去做这些人的工作，我们的条件达不到，只能顺其自然地做，遇到出国访问、探亲的机会时就顺便地做做他们的工作。把这些人请回来，我们也做不到，因为我们没有这方面的专项经费。在引资引智方面，侨联本可以发挥更大作用的，但我们侨联没有活动经费，只有尽力而为。侨联干部也没有工作量和报酬，多年来我们都是在半义务地工作。

我这一生，不论是在解放前还是在解放后，作为海外华侨或归国华侨，都是和自己的国家同命运、共呼吸。我长期受党和国家的培养，我应该为我们党和国家的事业尽一份拳拳之心。我真诚地希望归侨侨眷通过血缘、亲缘关系，利用各种渠道把我们在海外的亲戚朋友都团结起来，与他们建立更加密切的联系，促使他们关心和帮助我们的国家，尽我们的最大努力来为中华民族的伟大复兴贡献自己的一份力量。

老牛自知夕阳短，不用扬鞭自奋蹄

——张振钿　口述

被采访者简介：男，1930 年生于广西合浦，后随父去了越南芒街，在群英小学读书。日寇侵占越南后，为躲避战乱，随全家人一起回到合浦，后在合浦读书、工作、生活。"文革"中，因为归侨身份，遭受冲击。十一届三中全会后被平反，此后，一直任教师，工作兢兢业业。1991 年退休后，在组织老年人业余生活方面，做了很多有益的工作，获得了各方面的一致好评。

采访时间：2004 年 9 月 26 日

采访地点：广西区北海市合浦县红林大酒店大堂

采 访 者：巫秋玉　张丽琴　周庭雯　陈小云　廖美湘　何庆洲

整 理 者：陈小云

（一）

1930 年我生于广西合浦，年少时，参加合浦县少年抗日先锋队，宣传抗日救亡，募集捐献金。后来随父母侨居在越南海宁省省会芒街，住在"裕盛隆"碗厂（这是上世纪二十年代我父亲张午轩在海防"裕和隆"商号做佣工时老板邹希颜的儿子邹建荣开设的），我在芒街"中华会馆"隔壁的华侨私立群英小学上学，读了三、四、五三个年级。在芒街时，我看到了法帝国主义殖民统治下的越南人及华侨生活贫苦，经济落后，文化不发达，看到了国际铁桥芒街桥头开设的赌场对当地人民的毒害，看到了许多许多社会的不平事……

1939年冬，日本鬼子在防城企沙、龙门登陆，侵占了钦州、防城的沿海，许多同胞在战火中流离失所，纷纷逃难到东兴、芒街一带。日本军队进一步扩大侵略，攻占了广西南宁大片地区。我和几位同学走过国际铁桥，在东兴桥头和街头上向群众宣传抗日救亡（法帝国主义不准我们在芒街宣传），因为我们的个子不高，所以就向附近的店铺借来高凳子，我们站在凳子上讲演，唱抗日救亡歌曲，许多群众围拢过来听我们讲演；我们还高喊口号，大声宣讲："同胞们，我们要团结一条心，大家都去抗日，不抗日就会被侵略，被奴役，沦为亡国奴。"当时群情激奋的场景，给我留下了深刻的印象，至今记忆犹新。

1940年6月，纳粹德国在欧洲打败了法国，法国被占领，因而在法国殖民统治下的越南也就成了日本觊觎的一块肥肉，日本企图封锁外国援助中国的滇越铁路交通线，便于当年9月在越南海防登陆，一时战云密布，越南局势顿显紧张，我们家也就在这时逃离越南。9月22日清晨，我们一家从芒街出发，过国际铁桥，在中越边境的北仑河口乘帆船回合浦（当时钦州、防城还被日寇占领着），经过一夜的风浪，第二天一早，我们的船到了钦县犀牛脚（乡镇地名）船舶站，我们就上岸，到犀牛脚的街上去买点吃的。就在这时，突然几艘日本鬼子的快艇靠岸了，他们一上岸就开始抢劫，烧杀掳

张振钿近照

掠，经我抗日自卫军奋勇打击后，日本鬼子退走，所幸我们的帆船没有受到损伤。在犀牛脚待了一天后，第二天在仍心有余悸的情况下继续乘船，到了合浦的党屋（今党江镇），再乘洋包车（一种人力拉的车）回到合浦廉州缸瓦街（今惠爱西路）我的祖居地。

<h2 style="text-align:center">（二）</h2>

在我几十年的生活和工作中，我记忆犹深的是那场至今还难以忘却的史无前例的十年"荒诞岁月"，"四人帮"横行霸道，是非颠倒，黑白不分，一时真是万马齐喑，阴霾密布。我被"红卫兵"造反派迫害，非法拘禁了半年，不得回家，在禁闭期间，被他们捆绑起来吊着打，九死一生。我家里的东西也被抄掠扫荡一空，现在回想起当时的一幕幕，回想当

年的煎熬，真是感慨万千，不堪回首。

"乌云过后艳阳天"，打倒"四人帮"真是大快人心，十一届三中全会拨乱反正，把中国从一片混乱中拉回了正轨，就我个人而言，也是换了个新天地似的，在政治生活上，我被选为合浦县进而北海市政协委员，加入了中国民主建国会，并参加了民建广西壮族自治区"三大"，及民建北海市"六大"、"七大"及"八大"，参加了合浦县第五届归侨侨眷代表大会，参加了广西社会主义学院第 16 期干部培训班和第 19 期干部进修班的学习，使我进一步认识了中国共产党的英明伟大，以及改革开放、走中国特色社会主义道路的正确，全面建设小康社会的宏伟。其间，我曾在"学习园地"上抒发学习感言：八桂学员，邕江聚社院。勤读篇章深钻研，理论联系实践。党领导，齐合作，长坚持，求完善。承先启后兴邦，共图"四化"实现。

（三）

我随父母回国定居后，继续求学，从小学、初中到高中，然后在工商企业工作多年，一直都是平平淡淡的。十一届三中全会后，拨乱反正，给了我新的生命，激发了我的工作积极性，特别是参加过广西社会主义学院两次学习后，认为自己已经年届花甲，接近黄昏，"老牛自知夕阳短，不用扬鞭自奋蹄"。

八十年代中，我在合浦县爆竹厂经营办工作。1987 年春节过后，组织上抽调我协同离休老干部陈铭璧（合浦县老县长）、张世瑶等人一起向社会募资开办合浦廉阳中学（2002

年改为合浦县八中，2004年并入合浦华侨中学），当年4月，合浦县人民政府发文件增补我为合浦华侨中学筹备委员，正式参与筹建工作，我以我父亲创业的"张广声"的名义捐资3000元，这是第一、第二批捐款中最多的个人。学校建成开学后，成立了校董事会，我任董事，此后我就在华侨中学任教师及会计工作。

1989年2月到10月，我被抽调去县侨务办公室工作，主要是去各难侨安置点搜集资料，编写《1978—1988合浦县安置印支难民纪实》一书，并去南宁参加广西区侨办安置印支难民审稿工作会议。

由于在八十年代中期起我担任一些与老年人体育相关的工作，先后任老年人体育协会的副秘书长、秘书长、主席，现任分管行政副主席。我写了一篇《老年人参加体育锻炼促进健康长寿》的论文，被编入健身养生长寿文集选编《锻炼身体，健康长寿》及《当代专家学者优秀论文集》、《广州合浦学会年会论文选集》等书中，并经中华全国管理创新研究会全国理论创新奖论文评选委员会审核，被评为"特等奖"。另一篇论文《谈谈养生——抗衰老的有效途径》被编入《中国国情报告建设小康社会的伟大实践创新思想文库》文献，并被评为一等奖。我撰写的关于奉献爱心的格言，被人民日报《人民文摘》杂志社及中国大众文学会选编入《人生格言经典》，该书已由人民日报出版社出版。

我先后获得合浦县水产公司、县水产局的"水产先进工作者"奖；中国民主建国会广西区委员会、广西区工商业联合会的"为四化服务成绩显著"奖、民建北海市先进会员奖，民建广西区优秀会员奖和"五个一"活动成绩显著奖，红十字模范志愿工作者奖，合浦县全民健身工作委员会的老年人体育先进工作者，多次获得中国、广西、合浦老年人体育协会的全国、自治区、县先进工作者，我所主理的县老年体协也多次被评为广西区老年体育先进单位，被国

张振细获得北海市老有
所为好典型的荣誉证书

家体育总局授予"全国群众体育先进单位"荣誉称号。我所主理的县老年人红十字会也被广西壮族自治区区红十字会系统授予"先进集体"荣誉称号。

1999 年国际老年人年，中共北海市委老干部局、老龄工作委员会、市总工会等 13 家单位联合授予我"老有所为好典型"称号，北海市科学技术协会、市老科技工作者协会授予我"老科技先进工作者"奖。此外，还有合浦县诗词创作奖、诗词比赛佳作奖等。

"文革"后，我把收藏多年的，距今四百多年的明代隆庆六年（公元 1572 年）廉州古城砖捐献给广西区博物馆及合浦县博物馆珍藏，分别获得区博物馆和县博物馆发给的"感谢对国家博物馆事业的支持"的荣誉证书。

（四）

1991 年冬，我在合浦华侨中学退休。第二年，我发挥余

热，先后到合浦县就业培训中心定向专业技术培训班、合浦汽车客运中心岗前培训班、县劳动局岗前培训班、北海市技工学校及钦州地区技工学校合浦教学班、北海市合浦电子技校成人高中、合浦（北海）经济技术职业学校职高和中专班任教。此外，我还在合浦县老年人体育协会、合浦县老年人红十字会、合浦县老科学技术工作者协会等三个部门义务奉献。

现在，祖国各方面突飞猛进，欣欣向荣，国力空前强大，人民生活富裕，这些都是在中国共产党英明领导下所取得的伟大成就，没有共产党，就没有我今天退休"老有所养"、"老有所为"的幸福生活。

继承父志，走上革命道路

——钟礼和　口述

被采访者简介：钟礼和，男，1930 年 8 月 27 日出生，越南归国华侨，祖籍广西北海市，1966 年 9 月回国。1947 年秋参加中共海外支部西堤众声文艺研究会，任副会长。1949 年祖国解放后，被越南劳动党派回中国读书，就读于南方军政大学。1966 年秋回国，被南宁侨委安排到贵县糖厂工作，1972 年调贵糖中学担任英语教师。1979 年任贵县侨联首届主席，县人大、政协常委。退休后搞翻译工作，协助越南商人和缅甸华商搞边境贸易，为地方的外经贸工作作出了很大贡献。

采访时间：2004 年 9 月 23 日上午

采访地点：广西贵港市侨联会议室

采 访 者：黄小坚　牛秀梅　谭光盛　封深云　李汉生

整 理 者：牛秀梅

（一）

我父亲钟声是中山大学毕业生，双重党籍的抗日志士，到越南砂巴矿区搞工运，被日寇捕获，牺牲于狱中。我养父通过当时越南河内华联会李佐臣领出父亲的尸首，才使我和父亲生离死别见了最后一面。我永远难忘父亲愤恨的怒颜，我满腔悲痛，发誓报此仇。我离开养父，流浪颠沛，回国寻找抗日组织。

我越过边境流落东兴，时值南宁沦陷，只好暂时于东兴求乞街头。由于我父亲是双重党籍的烈士，双方组织都在找我。在东兴街头，碰上我父亲生前战友杜兴廉叔叔，他收留了我，而且通知黄若飞叔叔把我领走，安排在抗日救亡爱国宣传队，一群孤儿在杨衡芬阿姨的带领下，穿上了宽大的灰军服，深入左右江的农村、工厂、学校，演唱救亡歌曲，宣传抗日，雪我国耻，还我河山。"满江红"是父亲教给我唱的，岳飞的民族气节鼓舞了我，此曲伴随我革命一生。

抗战胜利了，抗日救亡爱国宣传队北上，我表姑丈吴乃应领取我，他也是双重党籍，驻越抗日越北站站长，组织上安排化名吴南山。他把我送到广州，就读于广雅中学。我参加了进步学生组织。由于北京沈崇事件，燃起了全国学子愤怒之焰，我们示威大游行，反动特务借此之机捣毁了广州新华社，我们学生随后以牙还牙捣毁了国民党特务驻广州"原子报社"。我和一些同学们因此被捕，关在广州市公安局的监狱中。

此时，我表姑丈吴乃应闻讯，即电告他的堂兄吴乃宪（当时的上海警备司令），随即与广州市长兼公安局长陈策（国民党海军少将）联系，决定把我以归侨学生的名义，驱逐出境。

我到了香港，吴乃应的堂弟吴民光（香港汇丰银行高级职员）帮助我返回越南西贡市，并介绍我到西贡总领事尹凤藻处。尹叔叔是我父亲的战友，妻子是法国人，无儿无女，认我作了干儿子，安排我在中法学校印支分校就读。

钟礼和

　　1947 年秋，堤岸福建中学女学生陈佩姬在校门边被法国士兵强奸后活活烧死。此事激起了民愤，激起了学子的愤怒。当时，由于我干爹是总领事，便推荐我为西堤联区学联主席；并参加了中共海外支部许大力领导下的西堤众声文艺研究会，我任该会的副会长。我们和许诺老师（许大力化名许诺老师）交换了意见，决定以学联名义集合各学校学生会代表，发动两万多中、法、越籍的学生，组织抗议大游行，冲击保大皇府，要求严惩凶手，保障人权，保护学生正当权利。

　　事后，法联邦调查局追捕我，组织让我转移到寮越边境高台管辖区的薄寮市，我于 1948 年秋，参加越南南方解放联合会，在华侨自治委员会工作，并正式参加了革命组织。

　　1949 年秋，祖国解放了，组织拟送我回国，就读南方军政大学。通过中越边境独立游击纵团的关系，我回到了东兴。当时，林彪、陈赓率顾问团赴越援越，动员我们返回越南，并让我们参加了武装特训班。结业后，我回到海防市，先后担任地下党市委华运委员会的青学运工作团团长，兼任海防市华侨新民主主义联合会副会长、地下交通站站长及赤卫队政治员。我曾参加执刑枪杀海防市伪市长，用枪警告国民党驻越特务头子黄之伍，进行地下抗站宣传活动，于1950年5月1日参加越南劳动党。

由于市委地下交通员黄国俊被捕变节，出卖了我。敌人包围了我的住处，我被捕了。严刑无法迫供，伪军事法庭开庭审讯，我作为政治犯代表与同志们唱着《国际歌》，戴着链锁，昂首步入法庭，不怕头颅抛，唯有主义真。我为信仰自由辩护，控诉殖民主义的血腥罪行。他们判我终身流放富国岛。

《日内瓦条约》订下了战俘交换公约，几经斗争，我和中圻圻委阮青山，首都忠勇军团政委阮英勇，中越边境独立中团政委巫侠最后一批回到第四军区司令部。当时我的身体很虚弱，全身水肿，躺在担架上，只穿一条短裤，战士们把我狱中的衣服全抛到海里去。从军舰把我抬到岸上，他们拿扇子给我打扇，拿毛巾给我擦汗，拿姜糖水给我喝。他们喊着："人民的儿子！英雄的儿子回来了！"战士们一直陪伴着我，把我送到司令部，司令员让我亲吻党旗和国旗，并郑重地把"三等功奖章"挂在我脖子上，我感动得热泪盈眶，像孩子般的哭了。战士母亲也哭了，战士姐妹都哭了。司令员把我送到军医院，他说："你们为了革命伤了身体，我们会治好你们的伤，让你们健康长寿！"到了军医院，医生、护士人员排队迎接，敲锣打鼓把我们送到病房。我感到有说不尽的情，有说不尽的爱。半年治愈后，我恢复了健康，回到越南首都河内，中央华运工作委员会颁发给我"二级行政抗战勋章"。

<h1 style="text-align:center">（二）</h1>

苏联第二位航天英雄狄多夫访问越南，胡伯伯陪同他到海防市。市委召集万人大会，隆重欢迎。会场设置三重警卫线，第一重接近群众的是持警棍的警员，第二重是持匕首的武警，第三重是持手枪的抗战干部岗哨。我被分配站在中央首长车位，不料车门打开我看到的却是白胡子、白头发着中山服的胡伯伯。顿时，场上人群中响起了欢呼声"胡伯伯健康长寿！胡伯伯万岁，万万岁！"胡伯伯站在车门旁，左手搭在我的左肩上，右手挥动着说："你们好！你们身体健康！"想不到，我竟成了胡伯伯的临时警卫，我的心跳动得非常激烈，把手伸进上了膛的手枪套里，眼睛注视着四周的人群，小心警惕地担当起了中央首长的警卫工作。这是我第三次见到胡伯伯了，第一次在根据地越北的北坡洞里听他老人家演讲《团结的船》指出抗战必胜的信心；第二次是北越解放了，在河内中央党校的草坪上，席地而坐听他老人家讲《谈谈阶级》的革命道理。今天，胡伯伯的手搭在我的肩膀上，留下深刻的印象使我终生难忘！

1956 年夏，周总理和陈毅元帅在越北解放后，首次赴越南访问，周总理在中国大使馆接见我们这些曾经参加越南抗战的华人干部，同我们一起联欢。他说："你们给祖国增添了光彩，不愧为人民的儿子，不愧为炎黄子孙！你们是光荣的！"他和陈毅元帅走过来和我们一一握手。当我握着他老人家的那温暖的手时，一股不可言喻的感情涌上心头，我真想高呼："祖国万岁！"

　　1966年秋，我回到南宁侨委，接待处黄主任亲切地接见和安置我的工作，他询问我是否愿意到上海法国联络处工作，但目前是不能带家眷的，我认为不带家眷我是去不成的。第二个安排方案是自治区外事办，我表示同意，便在区侨委招待所住下来。谁知第三天晚上，黄主任被揪斗了。我对"文化大革命"的急风骤雨式斗争很不理解。我找了侨委夺权委员会主任李少华（印尼归侨），他说由我选择北海或贵县两地暂居下来再说，"文化大革命"不知道搞到什么时候，先工作和解决吃饭问题为要，我同意返贵县。

　　县委拟安排我到贵县达开高中或贵县高中，当我拿介绍信到学校，却见到红小兵在揪斗校长，我的确无法接受这样的现实，到侨委夺权委员会及县委反映意见后，才被安排到贵县糖厂。厂长黄兴仁很关心和重视，安排我到成品仓库，经过两个月担任管理员的考验，厂里成立造纸原料组（贵糖原料处的前身），提拔我为组长，原四野炮兵团长黄玉山任指导员。我立下了采购军令状，坚决完成四万吨芒杆毛主席著作造纸原料的供应，结果超额完成任务。可是第一批干部下放名单却有了我，到新筹建的水泥车间去劳动，担任水泥车间临时负责人，代理主任。该车间全是牛鬼蛇神和日工，故人们称我为牛鬼蛇神队长。我很不理解，便写信给区党委侨务小组书记宋森及侨委夺权委员会主任李少华。不久，区党委公函发至贵糖党委，驻军代表刘年丰书记在干部会上公开宣读，公函内容是：第一，钟礼和的政历由区党委定性，基层不宜下结论。第二，批斗钟礼和应报区侨委夺权委员会，宜文斗不许武斗。第三，地方党政军群民等有责任保护他的人身安全。我深深感激党和祖国对我的体贴和关怀,心里无比慰籍。以后除了大字报不断出现,却无人理会我了。抱着感恩之心,我埋头苦干,用辛勤汗水以报答党和国家的关照。

1972年邓小平上指示,一切知识分子都应归队,特别是外语人才不许用作其他岗位。我调到贵糖中学担任英语教师。

(三)

"四人帮"打倒后,贵县宣传部部长梁先业找我谈话,拟将我调离贵糖另有任用,我同意服从安排。贵县城镇教育辅导站成立,我被任命为负责人,专业培训初中英语老师。玉林地区推荐我出席1976年10月"全国外语教育座谈会",回到桂林作传达报告会,引起了桂林师范学院曾书记的关注,中秋邀请我于校内的独秀峰上赏月,老教授一人一页诗稿,我却毫无准备。曾书记说,"钟老师轮到你啦,吟一首即兴诗吧!"面对锦绣河山,满怀豪情,即景吟了《秀峰抒怀》:"举目青山郁葱葱,眺望碧水情融融。春秋几度朱颜改,一峰独秀古苑中。十年寒窗热血盈,廿载革命汉马功。桑田沧

钟礼和近照

海皆历阅，惟爱晚景夕阳红。"曾书记和老教授们都鼓掌称赞好诗。然后，曾书记表示，拟聘任我为"印支史料研究室"主任。

桂林师范学院多次派出组织干部到贵县组织干部商调，正赶上当时自治区人事部门又给贵县人事部门打招呼，拟调我到宁明自卫还击前线司令部任职。县组织部长黄永品，人事局长吕新荣分别找我谈话。目前，去留问题就靠我表态。于是，我表态留下来，被任命为县教师进修学校筹建负责人。学校之后并入县师范成立进修处，我为主任，并担任师范工会主席，被推荐为县工会副主席，玉林地区大中专命题组英语研究员，玉林地区英语教研组长，贵县外语教研学会常务副理事长兼秘书长。

1979年10月，我在桂林参加大中专命题工作回来，县委副书记韦守杰和统战部长王锡荫找我谈话。贵县侨代会即将召开，旨在成立贵县侨联，才以推荐由我出任侨联主席。当时我有点担心，自己能否胜任。韦副书记说选得上，你就挑重担；王部长说统战和侨办一定鼎力支持和帮助你。县侨联成立以后，我任首届主席，在统战部、侨办和工商联的大力支持下，我顺利地开展了工作。首先，我搞侨情调查，摸底建立档案。跟着成立乡镇侨联小组，并在贵城镇和糖厂展开侨联小组及归侨相聚的联谊活动，县委批准了我的建议，设置乡镇统战侨务专干，形成县内联谊网。在归侨、侨眷属的拥护和支持下，成立侨资企业机构共创办了华建、侨资、侨属三个公司，成立一个侨资联络处，由我担任侨资联络处理事长兼侨资企业总经理。贵县侨资企业工作受到中国侨委及全国侨联的褒奖。我们还搞不定期的《贵县侨讯》内刊，发至基层小组，各级侨联，以及海外联谊机构。通过自我宣传，侨联名气大振，县侨联获得港侨赠车三部，捐款35万元，赠福利院20万元。赠给侨联礼品价值两万多元和现金一万多元，我均指定由县行政科科长梁永和收取，拨归县委统一安置。大家还一致认为应筹办华侨教育事业，并拟将联谊会扩展到台湾，吸收贵县籍同胞，以利于外引内联，牵线搭桥，利于经济建设以及为统一大业作出贡献。当时我已届退休之年，便把旅港贵县同胞的设想向统战部长甘玉麟同志作了汇报。我则申办退休，希望寄托于后人。

我曾向县委及统战部书面报告，拟成立"旅港贵县同仁联谊会"，获县委批准，任命我为出访团团长，副书记徐炳松及县长陈信泽为顾问，统战部副部长甘玉麟，侨办主任李作良及县公安局外事科副科长李铭高为常务助理，县行政科科长梁永和为后勤总管。会议由我召集和主持，香港的贵县籍和玉林籍同胞到会48人，随团港属15人。到会的香港同胞，一旦回到祖国母亲的怀抱，大家抱头流泪痛哭，我也哭了。他们说："我们终于得到祖国母亲的温暖，终于回到亲人身边。"文化大革命"是一场浩劫，没有邓小平就没有我们侨字号今天的重聚！"我们畅叙座谈，炎黄子孙相聚会在一起，成立了联谊会。这次会议结束，梁永和同志代表出访团收下了价值两万多元的礼物，现金一万多元，我统统上交县委处理。海外孤儿的痛苦，我也亲身体验过，因此，作为侨务工作者，为多做一点为侨服务的工作，力使侨心温暖！1982年冬，我参加了中国致公党，担任县致公党筹委会主任，成立县致公党工委会。

退休后，我主要是搞翻译工作，协助越南商人，缅甸华商等搞边境贸易。协助市贸促会搞涉外贸易业务联系，协助地方国营贵港钢铁厂、贵港西化厂、市动力机器厂及螺钉厂等搞中越边境贸易联系，获得了可观的经济效益。

再者，我还协助市收容所、市公安局外事及刑侦、市检察院、市中级法院等搞涉外案件的审讯翻译，收容遣送非法入境的外国人，刑事审理判决等涉外翻译工作。

我喜爱外语专业，特别喜欢干外文翻译工作，有空我就埋头编写《汉越双解词典》，愿以余年的毕生精力，来完成这本书。

嬉笑怒骂皆由情

——钟求璠　口述

被采访者简介：钟求璠，1918 年 5 月 14 日生，出生于广东梅县，侨居于毛里求斯，1941 年 5 月回国。

采访时间：2004 年 9 月 26 日上午

采访地点：广西梧州市新世纪宾馆

采 访 者：黄小坚　牛秀梅　谭光盛　黄任来　梁少坚　龚炽杰

整 理 者：黄小坚

（一）

我叫钟求璠，1918 年 5 月 14 日出生于广东梅县。1936 年，我从广东省立第五中学（即现在的梅州中学）初中毕业后，就去了毛里求斯。

最早去毛里求斯的是我爷爷，他是在一百多年前从香港坐木船去的。以前华侨不带家属、老婆出去，几年回一趟家，所以我爸爸和我都是在国内出生的。

当时，我爸已死，只有堂兄弟在那里。我实际上是卖身出洋的。别人买的船票，花了 200 块光洋，船是荷兰的邮船。我跟着水客走，整整坐了 26 天的船，身上只揣着 20 元钱。

当时，我姐姐在新加坡岛外面的勿里洞小岛，但太平洋战争后便失去了联系；比我大6岁的哥哥没有出洋，现在是长沙中南大学教授，已经退休。

到了毛里求斯后，我做起了店员。从煮饭做起，有很多事情要做，跟当地人接触得比较多。因此，不到一年，我就可以应付当地的土话了，而且还比较流利、法语。一年后，不仅会听会说，而且还可以和别人吵架。但做了四五年，到了1941年时，我就决定回国了。

我为什么在那里很消极呢？事情经过很简单。我有一个堂兄死了，按当地习俗，年轻的人要为亲人抬棺材。我抬后哭成了一个泪人，觉得在那小岛没什么发展，死在那里不合算，所以要回国。再者，当时我哥哥钟永璿在国内桂林的国立广西大学当助教，成了家，我想投靠他。

回国的时候，我没有什么钱，连买船票的钱都不够。很多人送钱给我才得以成行。

（二）

我是在1941年3月份动身回国的。那时汕头、广州沦陷了，我便从广州湾（现湛江）上岸，然后坐轿子走5天到玉林，再坐船到柳州，换火车到桂林，到达桂林时已经是5月份了。后头我就再也没有出去过。

找到哥哥后，我就住在哥哥的家里。不久，我盘算着也要考大学。当时，我学历还不够高中的要求，于是我就弄虚作假，把我哥哥的高中毕业文凭拿来，将钟永王睿的"永"字改为"求"字，便以此为名报考大学，结果一举成功。

钟求瑧在接受采访

我先在物理系读了一年，后来又改读经济系。1944 年，日本鬼子来了，我们搬了行李从桂林撤到贵州，从柳州到贵州整整走了半个月。好在那时候年轻腿长，走得快。

刚开始，我还靠着侨汇外援，但后来侨汇因太平洋战事爆发而断绝，国内又通货膨胀，我的生活陷入窘境，就只好自己去半工半读了。那时对华侨学生政府有救济，但仍然不够吃饭，连照毕业照的钱都没有。也有一个好处，就是锻炼了自己（后来桂林沦陷时，我就是整天背着行李走路的）。直到 1946 年，我终于毕业，但却又立即失业了。

但这时正是内战时期，没法与外边联系。没有事情可做，我就在桂林呆着。正好这时广西银行招人，我就考进去了。接着不久，我被派到梧州来做业务，直到解放的前一个月，银行遣散了所有的人员。

（三）

解放后，1950年1月我由旧时的校友介绍，转到梧州市人民政府工作。开始在工商局工商行政管理科当科员、副科长、科长。但一审查就不行了：是归侨——海外关系弄不清，虽然没撤我的职，但信任当然成了问题，我想。无论如何，我还是靠工作吃饭，我会写、会做。50年代那阵子，梧州市的大字招牌一半以上是我写的。我也写一些豆腐块的文章在报纸上发表。

后来，我在1958年被下放劳动，接着又转到了商业单位。

所有这些变故，都可能仅仅因为我是归侨。为什么外边那么好你还回来？他们又没有办法去调查，却楞说我是里通外国的特务！我就这样背上了几十年的黑锅。但他们也没法给我戴上帽子，于是我就成了不戴帽的"黑五类"分子。也有叫"黑六类"的，即"地、富、反、坏、右、侨"。就是因为背了这黑锅，我不能在行政单位工作，进了商业部门做一个普通的国企干部。我有3个小孩，读了初中就不能读高中。我爱人是桂林人，现在还跟我呆在梧州，相依为命。

改革开放后，我的政治问题解决了，如释重负。1982年，我加入了致公党。我还是梧州市第五届人大代表。

8年前，我堂哥到香港，给我打了一个电话，说要回国看看。回国后，我陪他到了乡下老家。这次他带了3个侄女来，两个会讲白话、客家话和普通话，最小的不会讲。他有7个儿子，3个女儿，其中4个孩子有博士学位。有一个儿子在香港做生意，但不会说中国话。

（四）

现在，我已经退休二十多年，每月才拿六百多块钱的退休金。大学同学中，待遇最低的就是我了。

但我还是想得开。思想开通了，嬉笑怒骂皆由情，看得开了。别人问我拿多少，我不谈这些。退休金虽少，生活却不见得比别人差。我一个月喝茶100块钱就够了，跳舞每月也只需30块钱。

还好，下一代不需要我去负担，负担的时期已经过去了，"半生儿女债"已经还清了。我三个小孩以前都是初中毕业，现在都考得了大专文凭。儿子是体育局的副局长，孙女的工资比我多出好几倍。

我的人生路

——朱尚生　口述

被采访者简介：朱尚生，男，1927 年 11 月生，祖籍广西平南，出生于马来西亚，1949 年 3 月回国。回国后，先后做小学教师、校长、副乡长。1962 年平南县侨联成立后，任侨联主席。至 1989 年退休，兼任五届侨联主席，第六届任名誉主席，曾当选为三、四、五、六、七届县人大代表，三、四、五届县委会委员，县六、七届人大委员（常委），县政协一、二届委员（常委），第三届委员，当选为中共平南县第六次代表大会代表。自治区侨联第四届委员，玉林地区侨联第一、二届委员（常委）等。

采访时间：2004 年 9 月 23 日下午

采访地点：广西贵港市平南宾馆

采　访　者：黄小坚　牛秀梅　谭光盛　封浑云

整　理　者：牛秀梅

（一）

我于 1927 年 11 月出生于马来亚，1949 年 3 月回国定居，在这段时间里，最有历史价值，最值得回忆的经历是：芭荛广西同乡会成立时曾当选为执委，为同乡服务。日本侵占马来亚后，我于 1949 年参加抗日宣传队，进行抗日宣传工作。1945 年参加抗日军，在第 3 独立队 3 中队 2 小队当政治兵，接收军事干部训练，日本投降之后，复员回原地。日本投降后，成立了胶工会，当选为常委，开展工运工作。

1945 年日本投降后，英殖民统治者接管了马来亚，英殖民者对马共的活动进行了镇压，大批搜捕共产党员，派出大批军警到山区围剿解放军，并把居住靠近山区的居民集中到圩镇，以此割断群众与马共的联系，形势十分紧张。

当时我一家有父母，兄弟，妻儿共 10 口人，靠在山区种木薯，插水稻，割橡胶维持生计。如果撤离此地，今后就无法维持生活了，因此，父亲决定返回祖国，另找活路。回国时曾向支部书记李民打过招呼，便离开原居地，办理护照，于 1949 年 3 月回祖国平南县定居。

（二）

回国后，我靠卖米粉、打散工维持生活，不久登明中心校需要一名代课老师，我经人介绍到该校当了一期代课老师。平南 1949 年底解放，我回到本村小学当校长。不久解放军经过，要征集粮草，但乡里没有人懂普通话，乡里就叫我去当翻译协助征集粮草。不久登明乡政府成立，委任我当村长，并调我到乡当农干，副乡长，分小乡后当小乡乡长。1952 年我参加土地改革。1953 年 3 月我被安排在县青年团当秘书，1953 年 8 月被调到县人民法院当书记员，1954 年 7 月调我去民政科当科员，1960 年 3 月被提为副科长，一直到文化大革命。文化大革命期间成立水利搬迁小组，我当副组长，搞搬迁移民工作。1973 年 3 月成立民政局，任副局长。1978 年 11 月，县成立侨务办公室，任副主任。1980 年 9 月被提为主任，到 1989 年 6 月退休。从 1962 年平南县归国华侨联合会成立后，我一直兼任了五届侨联主席，到第六届为名誉主席。

参加工作后 30 多年来，我曾当选为三、四、五、六、七届县人大代表，三、四、五届县委员会委员，县六、七届人大委员（常委），县政协一、二届委员（常委），第三届委员。自治区侨联第四届委员，玉林地区侨联第一、二届委员（常委）。

朱尚生近照

（三）

我参加近 40 年的革命工作，最值得反思的一段经历，是在工作做了一些现在回想起来，十分可笑的事：

在搞生产方面，盲目学习环江县水稻亩产13万斤的违反科学的做法，把7、8亩高产的水稻并到一块田中，结果由于不通风，禾苗全部烂了，造成了损失。

盲目搞深耕改土，把田里的生土全部翻上来，结果插下的禾苗因缺肥而不生长，造成了减产。

盲目搞密植，所谓"蚂蚁出洞"，结果也造成了减产。

在大办食堂时由于缺粮，搞双蒸饭，饭量是增加了，但营养却遭到破坏了，结果很多人吃了都患营养性浮肿。

我回国后不久，祖国解放了，又有了工作，心情愉快，对工作比较积极，在工作中关心群众生活，经常深入灾区了解灾情，督促检查乡村及时做好救济粮款的发放，解决群众的生活困难；关心归侨，侨眷的生产生活，经常到归侨、侨眷比较多的乡村召开归侨、侨眷座谈会，了解他们的生产生活情况，对生活有困难的归侨、侨眷及时给予救济解决。由于我的工作深入扎实，得到群众的好评，重灾区大安的群众还编了山歌进行表扬。在海外工作方面，平时海外侨胞回来探亲，我都会同有关部门进行热情接待，广交朋友，鼓励他们积极支援家乡建设。从1979年至1988年10年间共吸引侨汇2016097元，另外收到捐赠款467520元，其中华侨捐资10650元，给云陈侨中捐资13000元。修建平南大桥，港胞捐资226870元。侨胞还捐资兴办了丹竹幼儿园和兴建平南医院康复楼，捐资100000元给平南大桥。另捐赠丰田车一辆，电视机一台，电冰箱一个给侨联。由于工作中取得了一些成绩，我得到组织奖励。土改时，评为三月等功，得土改奖章一枚。1958年被评为"先进生产者"，获二级奖章一枚。于1973

年、1977 年、1983 年都被评为"先进工作者"，1982 年被评为"玉林地区侨联先进工作者"，1982 年被自治区评为"区侨务先进工作者"，1991 年中华全国归国华侨联合会、国务院侨办发给我从事侨务工作三十年的荣誉证书各一份。

（四）

1989 年退休，当时我还是侨联主席，由于未改选，新的主席未选出，为了侨联工作，我每天还是坚持上班，一直做到 1993 年侨联改选才真正退休。

在生活方面，主要是搞些家务劳动，老年大学开学了，就去听保健课，早晚散散步运动运动。

在归国的几十年中，我虽然只做了一些为侨服务、报效祖国的工作，但党和政府却给了我很大的荣誉，对我的工作给予了充分的肯定，并给了我全家踏实祥和的生活。我内心非常感激，觉得自己归国的路算是走对了。

我的科研人生

——庄应烘 口述

被采访者简介： 庄应烘，男，1933 年 1 月出生，祖籍广东省梅县，曾侨居新加坡，1938 年 11 月回国。在家乡读完中学，1955 年考入武汉大学。毕业后长期从事物理教学和凝聚态物理与材料物理的研究工作，在国内外发表论文 150 多篇，多次荣获广西壮族自治区科技进步奖，并获得国家自然科学奖以及全国"五一"劳动奖章和国家有突出贡献科技人员、"全国归侨侨眷先进个人"等称号，先后担任致公党中央委员，致公党广西壮族自治区副主委、广西壮族自治区政协常委、人大常委、人大外事华侨委副主任、中国侨联委员等职，现任广西大学材料研究所所长、教授。

采访时间： 2004 年 9 月 20 日上午

采访地点： 广西南宁市大学路广西大学西校园被采访人住所

采 访 者： 林晓东　苏妙英　周育毅　胡修雷　李上福

整 理 者： 林晓东

　　我父亲是当年十九路军蔡廷锴将军的部下。1933 年我出生在福建，不到一岁就随父亲去新加坡，1938 年又随父亲回国。我回国至今已经有 66 年了，这么多年实际上我只做了上学、教书、搞科研这三件事。现在我还没有退休，还有一些科研任务需要我去完成，这几年还是比较忙的。

（一）

我在海外居住的时间非常短暂，前后不到五年。

回国之后，我最初是在家乡广东梅县上的小学，后来转学到父亲驻地的学校。从二十世纪三十年代初期，父亲就追随蔡廷锴将军抗日，所以抗日战争一爆发父亲就义无返顾地回国了。回国后父亲随部队最先驻扎在广西柳州，柳州当时属于国民党的第四战区，后来转战到广东的门户韶关。我就是在韶关上的小学五年级。韶关沦陷以后，父亲就带着我母亲和我回到了梅县老家。父亲在美国教会学校梅县广益中学谋了份教书的差事，而我也随着他到该校继续求学。我上高一的时候梅县解放了，又过了两年，也就是 1951 年时我获得了高中毕业证书。解放初期考大学是比较容易的，但我没有去上，原因是我父亲当时得了胃溃疡吐血，需要人照顾。梅兴中学的校长让我去教书，我同意了。到了 1953 年，我被调到了省重点中学梅州中学，也就是原来的广东省立第五中学。这是个很有名的学校，到今天已有一百年的历史了，它是叶剑英元帅中学时代的母校，谢晋元将军、曾宪梓等名人都出自这个学校。这个中学很了不起，到目前为止已经出了八个院士。我在这个中学教书教到 1955 年。当时国家要培养高级人才，就动员一些在职的教师、干部参加高考，于是我参加了高考并考取了武汉大学，在武汉大学物理系读了四年，1959 年毕业。

大学毕业后，我被分配到中国科学院沈阳金属研究所。

当时我爱人在桂林广西师范学院，也就是现在的广西师范大学学习。1962年初为了解决我们两地分居的问题，组织上把我调到了广西。那个时候的调动，只能从大城市往中小城市调，从中小城市是不能调往大城市的。我当时也不敢暴露我的归侨身份，因为在北方归侨很少，有归侨身份的人一般都是要挨整的，我的两个同学就是因为这种身份被整得很厉害。当时中国科学院的副院长是英国雪菲尔德大学毕业的博士，他建议我到广西大学去工作，说他和广西大学副校长在英国时就认识，他是曼彻斯特大学的研究生，广西大学那里非常需要人。我就这样来到了广西大学。当时华侨大学也要调我去，但为了避免暴露自己的归侨身份而把这个机会让给了我一个同学。这个同学是归侨，他现在还在华侨大学工作。

（二）

广西大学从开始建立到现在已经有近八十年的历史，上世纪五十年代全国高等学校院系调整时曾停办了五年，1958年恢复办学。我到广西大学的时候正是学校需要人的时候。随后，我爱人也从桂林调到了南宁。我爱人是泰国归侨，从小就在泰国长大。我们是在梅县工作的时候认识的。自到广西大学以后我就一直没有离开，从六十年代初到现在已经有四十多年了。我在学校教物理，我这个人和学生的关系一向很好，讲课也比较用功，在1962年到1966年间的每次评比中我都被评为最受欢迎的老师。

由于郑建宣副校长的原因，广西大学一直非常重视我，省里面对我也很重视。

当时广西大学副校长郑建宣
的专业和我是一样的，我来了以
后，他就有意识地用我来发展这
个专业。郑建宣号称"壮王"
（壮族的顶尖人物），英国曼彻斯
特大学留学回国的，是当时壮族
人中学识水平最高的，于是就被
尊称为"壮王"。他曾做过广西
政协的副主席，也当过人大常委
会的副主任。他意图培养我做他
的接班人，很多事情都叫我去
办，甚至他家里的事情都叫我帮他。我到了广西以后，由于

庄应烘近照

"壮王"培养和器重，我对周围环境很快就熟悉了。有了这
一层关系，我的工作也就比较容易地开展起来了。文革中我
虽然靠边站了，但没有受到太多的冲击。

1978 年国家搞全国科学规划，当时定了 108 项国家重大
科研项目，其中第 91 项是材料学科规划。要搞材料学科就用
上郑老先生了，他原来在英国是搞合金相图的，而国家重点
项目材料学科规划与相图密切相关。当时科学院的李薰副院
长负责搞规划，他首先想到的就是郑老先生。那个时候郑老
先生已经 76 岁了，身体非常不好，差不多三天两头就会有病
危通知。但当时国家人才奇缺，国内搞相图研究的人为数不
多。因而，李副院长要求郑教授参加这项工作，他说，广西
那里的情况我清楚，庄应烘在那里，挂上郑建宣的名，一些
具体工作由庄应烘去做。这样，中国科学院就指定郑建宣先
生担纲组织全国的相图研究工作，具体的事儿由我来做。

1987年郑老先生去世，享年84岁。

当时有关方面通知广西大学的时候，指定我到中国科学院去接受任务，并要求学校派一位领导陪我去。这位领导叫杨宝珑，是广西大学革委会副主任。到了北京后，我们就一起住在科学院的招待所。中国科学院非常重视这个事儿，将会议安排在4月底，准备开完会就安排我们上天安门城楼看五一劳动节的焰火晚会。从北京回来后，我就开始准备合金相图研究。1979年，我开始组织协调全国的相图研究工作。也就是从那个时候起，国家科委每年都拨钱给我们。从1982年开始直到现在，国家自然科学基金委员会都在给课题，每三年一个。上世纪八十年代初每个课题给五万元左右的经费，五万块钱搞三年。发展到现在每个课题已经有二十几万了。我的科研工作一直就没有停过，国家科委非常支持我的工作。到目前为止我已经发表了150多篇论文，一多半是在国际上发表的，在国内发表的大概有50篇左右。1988年我得了一个国家自然科学奖，是国家级的奖励。

我们负责的项目主要是合金相图研究，这个项目为什么重要呢？我们现在搞材料科学没有相图是不行的。钢就是铁和碳组成的合金，如欲生产不锈钢的话再加一些镍和铬，那么，要炼不锈钢，应该加多少镍、多少铬、多少碳合适呢？这就需要用合金相图来指导，要炼成钢加进多少碳是有一定比例的，加多了就变成生铁了。相图就是要弄明白什么样的元素加进去所产生的物质是什么结构，性质怎么样，这就像打仗要有军用地图一样，军用地图拿在手上，打起仗来才能心中有数。我们搞相图就是起这个作用。比如搞超导体，什么成份配比，什么温度下合成，就会有什么结构，就可以指导去做超导体，相图就是以要给出个说法来。像高强磁性材料也是这样，多少铁、多少钕、多少硼加进去，在多少温度下合成，它就会有什么样的结构，因而具有什么样的性能。我们把各种材料的成分、结构标在一张图上，一看这个图就知道，要制作什么东西，成份是什么，其比例是多少、温度是多少，弄明白这些才能制作出相应的材料。因此相图研究是探索制备新材料和制定材料加工工艺的重要基础。

美国当年发射卫星，第一颗卫星发射失败了。那是五十年代中期的事，我才刚刚读大学。但 1956 年苏联发射成功了。这个时候美国着急了，要解决卫星上天的问题就必须首先解决高强耐热合金材料的问题，为此，美国立刻开始了钛合金的研究，因为只有钛合金才能满足性能的要求，他们动员冶金材料方面的研究生，开展钛合金相图研究，搞一个钛合金项目的研究就给一万美金，当时的一万美金是很多的。美国很快就解决了钛合金的技术难题，没有多长时间就把苏联抛在了后面。只有把相图搞出来以后，才能解决新材料的问题。所以，发达国家都非常重视这方面的研究工作。

我们国家 1978 年全国科学大会以后，也很重视相图的研究工作。在国家科委的领导下，成立了全国相图工作规划协调组，由广西大学负责组织协调工作。中国物理学会下设一个相图专业委员会，挂靠广西大学。我们这个材料研究所是以合金相图、材料晶体结构以及功能材料为主要研究对象。我们两年进行一次全国相图研究的学术交流活动，今年 10 月份在深圳开了会，由我在深圳的研究生具体负责会议的组织工作，有六个外国专家团参加了这次会议。从 1981 年开始到现在，这样的会议已经是第十五届了，我在其中起到承前启后的作用。

郑老先生上个世纪三十年代从英国学成回来，开创了我国合金相图的研究，但后来由于各种原因，很多专业技术断代了。我的作用就是想尽各种办法组织一套人马来把原来的研究继续下去，要继续就要有发展。到目前为止，我们研究所仍然是国家合金相图研究方面的主体力量之一。我写的一百多篇文章，得过国家级的奖励，也得过广西壮族自治区区级奖励，其中，三等奖一项，二等奖四项，一等奖一项，我是第一批获得国务院政府特殊津贴者之一。我在科研方面获得的荣誉是很多的。

广西是少数民族聚居区，由于种种原因，少数民族地区在科研上的力量比较薄弱，因此我比较重视培养少数民族人才，对他们有重点地加以辅导，尽可能地多培养少数民族研究生。我前后招了五个壮族、两个瑶族和一个苗族的研究生。我有目的、有方向地培养他们，他们学出来以后表现得也相当不错，现在他们大部分都已经是博士了。在民族团结方面，我也是模范。自治区给了我两次奖励，国家民委奖励我一次，国务院还授予我"民族团结进步模范"称号。我还被评为广西自治区优秀教师、全国优秀教师等，类似的荣誉我获得不少。

在国家"211"工程建设中、在建设国家重点实验室方面，我也做了一些工作。我今年已经71岁了，依然是重点学科的负责人、带头人，负责的项目是稀土有色金属材料加工工程，这是广西大学国家"211"重点建设工程中的项目。这项工程第一期建设是1998年开始的，得到了资金1100万元，现已完成，并通过了验收。第二期建设现在已经开始，得到了资金3000万元。课题组就设在我们研究所，现在我们所的科研骨干共 11 个人，我是带头人。全校共有六个重点学科建设组，我们是其中之一。教育部有一个重点实验室，名叫"有色金属材料及其加工新技术教育部重点实验室"，我也是这个项目的学科带头人。现在，我正逐渐摆脱实验室的具体工作，由年轻人去做。这几年来，我一直在忙着教育部重点实验室的事儿。我现在还挂着两个实验室的工作，一个是教育部重点实验室，另一个是自治区重点实验室。但我毕竟是71 岁的人了，很多事情已感到力不从心了。我现在每天早上八点半左右才到实验室，下午就不一定去了，有什么事情他们打电话过来。我们研究室的这个工作班子还不错，科研任务完成的很好。

我这几年的工作就是搞一个重点学科、两个重点实验室，现在广西大学的教育部重点实验室有两个，我们是其中的一个。我们的研究属于基础研究，在广西，基础研究的力量还比较薄弱。我们今年有一个项目可能要得二等奖。我们研究所有两套人马，一套是搞有色金属，一套是在搞合金相图，搞合金相图和物质晶体结构研究是国内的主要单位之一，在国际上也是有影响的。

我们之所以能够做出一些成绩，应该归功于"211"工程建设，"211"工程是有资金拨下来的。搞科研必须要有资金做保证，我们在广西独自搞研究非常困难。广西大学是地方学校，这一点上我们没有办法和清华、北大比，清华、北大是全国名校，在世界上也有地位。地方学校搞科研经费没保证，过去的研究靠我原来在科学院的关系和郑老先生在科技界的名声，我到广西大学以后，中国科学院李副院长跟我说，你们搞个题目吧，由郑老先生挂名，直接把报告递给我，但经费不要超过五万元，在五万块钱以下我可以直接批给你们，当初的经费就是这么解决的。当时广西大学很可怜，我负责的课题能拿到钱，其它课题就拿不到钱了。在八十年代，我们能拿到五万块钱已经很了不起了。搞课题研究，没有设备是不行的，要设备就必须有钱。那个时候我们就是靠郑老先生那块牌子向政府要钱买了点设备，他是自治区政协副主席，又是自治区人大常委会副主任。一套设备十几万美元，能买来是个很了不起的事情。现在回想起来，刚开始的时候是非常困难的。

后来我们拿到了国家重点学科的项目，就有了较充足的科研经费，1100万元的资金下来真是不一样了，现在我们的工作环境已经是大变样了。有了经费，重点实验室搞起来了，我们现在的设备在全国来讲可以说是有一定的基础了。现在我们国家的建设正一步一步地往前走，很多事情没有经验，但只要有经费的支持，把科研扎扎实实地搞下去，就一定能够成功。我们经费有了，科研用房有了，设备也有了，条件比过去强多了。

（三）

我这一辈子感到较欣慰的事情之一是对青年人的培养，我非常注重对年轻教师的培养。我在中国学术界也算是做过一些实际工作的人，有些杂志的编辑部常常会寄一些稿子来让我审阅，并让我拿出能不能发表的意见。一些学者向国家申请课题、申请项目时，有关部门也会征求我的意见。这些材料到我手上以后，我首先让相关的中青年老师看。他们看完写出意见后我再看，最后由我来定调。这是从业务上培养年轻人的一种好方法。

我和年轻人一起搞工作做论文，第一篇我的名字都要挂在前面，因为一般杂志社对我是认可的，把我的名字放在前面有助于把文章推出去。但第二篇以后我就让年轻人放在前面了。这样做对培养年轻人有很重要的意义，有利于年轻人的成长。

为什么我们这个摊子能够凝聚一些精英人才，长期地做下去呢？我有自己的一套培养年轻人的办法，年轻人都比较愿意跟着我干。在学校里，有些老的学者事业有成，但却难以为继，搞到中间就断了，原因是凝聚不了年轻的精英人才。我培养年轻人不但在学术上严格要求他们，放手让他们干，还有一些特殊的关照，不断地给他们创造条件。在我的带领下，年轻人进步都比较快。

写文章我都是先给年轻人提出思路让他们先写，他们写完以后我再来改，在改的过程中，一点一点地给他们提出要求。包括搞项目，我都把他们的名字挂上，让他们有名有利，有责任、有奔头，他们通过具体的实践能学到很多东西。我们研究所先后破格提了六个教授，广西没有第二个单位有这种情况的，这些学者都是我们研究所培养出来的。有些老先生有这样的担心，怕学生超过自己。这种担心是很狭隘的，我认为学生超过老师是老师的荣耀。如果我的学生超过我了，我会感到非常欣慰的。我有两个破格当教授的学生已经是厅级干部了。恰恰是这些学生是最记得住老师的，他们天各一方，但过年过节都要问候老师。看来，并不是像有些人想象的那么可怕，好像年轻人上来以后就会把老师给踩了，不是这样的。

我们这一行的学者都很团结，可以说我们相图专业委员会，是全国专业委员会中团结得比较好的。在行内大家都互相支持，这一点要做到不容易，有些专业委员会往往是同行相斥的，这种情况在学术界并不鲜见。但相图委员会这个学术组织同行之间是互相团结、互相支持的，年年上的项目都比较多，所以，国家科协对我们也比较重视。这是因为国家科委、科协和我们学界中的老先生们，如李薰、陆学善、柯俊、庄育智、梁敬魁等院士，郑建宣、张维敬、乔芝郁、郝士明等老教授们对专业委员会的重视、支持、指导和帮助，他们的工作和模范行为对专业委员会的工作起了关键性的作用。我1981年筹建专业委员会时任秘书长工作，二十多年里，先后任秘书长、副主任、主任，现任名誉主任，为相图界做过一些具体的服务性工作。感谢老一辈的培养、指导和广大同行们的支持和帮助

1993年我60岁生日的时候，我的学生都回来给我做寿。去年70岁的生日，正赶上相图专业委员会在南宁开会，大家给我搞了一个简单的70岁生日的纪念活动。2001年相图委员会在桂林开会的时候，恰好梁敬魁院士、张维敬和叶于浦教授70岁，大家也搞了一个简单的祝寿纪念活动。我们这个专业委员会团结合作得非常好，这是很难得的。

我总认为，在自己能力的范围内做好本职工作是最重要的，我做工作并不是想得到什么具体的回报，只是想尽力把事情做好就行了。如果大家都是这样来考虑问题，来做好自己那份工作，事情就好办了。我们搞学术的人有这样的体会，人们往往对一个科学家寄予很大的希望，但有些看法是片面

的，如觉得科学家应该是什么都能做，而且应该做出很多成果来。实际上科学家就是一般人，不管是谁，只要长期琢磨一件事情，总会做出自己的特色来，总会在某一个方面有所贡献。并不是科学家与其他人有什么特别不同的地方，任何人专心去学知识，并认真地去做某一件事情，都会有所贡献，都会获得成功的。实际上，科学家的一辈子如果能够做出一两项了不起的事情，就很不错了。如果我们每一个人都用毕生的精力做成一两件事的话，我们这个社会就兴旺发达了。如果要求科学家什么都能做，什么都做得很好，那是不可能的。我的老师是世界知名的大科学家，一辈子主要搞了内耗理论，闻名于世的也就是这项成果。郑老先生一辈子也就是研究合金相图这一件事儿。我的科研人生和郑老先生一样，也主要是搞了相图研究这件事儿。我相信，只要在某一个问题上深钻细研，就一定能作出成就来。

我做过全国侨联委员、自治区侨联常委，由于工作太忙，所以没做多少具体工作。我觉得，全国侨联应该研究侨务工作在市场经济条件下如何开展的问题，研究一些比较突出的问题，并集中加以解决，全面解决问题要一步一步来。比如华侨农场的问题，近几年来国家重视了，就解决了一些问题。这个事情要专门抽出人来管，一般地去抓我看是很难解决问题的。

我连续二十几年当选为广西壮族自治区政协委员和人大代表，曾任自治区政协常委和人大外事华侨委员会副主任。我在人大政协任职时，曾专门带队到华侨农林场搞过调查，我们的提案还获过奖。

广西生活水平现在还不算高，但高等院校的教职工应该说已经不错了，现在我们什么都不缺了。

后 记

　　中国有几千万华侨华人，遍布世界各地。早在辛亥革命时期，就有许多爱国青年华侨参加了推翻满清王朝的武装斗争。在新民主主义革命和抗日战争时期，也有无数爱国华侨回国投身于祖国民主斗争和民族解放事业之中。在新中国成立之初，更有成千上万的海外侨胞放弃国外优越的生活，冲破重重阻力，回到祖国的怀抱，参加社会主义建设。作为一个特殊的社会群体，这些归侨的经历是侨史研究和侨务理论研究的宝贵财富。通过对他们的口述访谈，既可能了解我国侨务政策的历史沿革，也可以了解祖国几十年来的发展变化。

　　口述历史是当今历史学研究中方兴未艾的一门研究手段。口述资料具有独特的亲历性，它可以使人们了解许多没有见诸于历史文献的资料和细节，以弥补历史文献的不足。为了记录老归侨的心路历程，弘扬他们的爱国情怀，中国华侨华人历史研究所在两年前提出并制定了"老归侨口述历史"的规划，拟在全国各省、自治区、直辖市，特别是重点侨乡有计划、有步骤的开展老归侨采访活动。2004年下半年开始，在中国侨联主席林兆枢和各位副主席的关心和支持下，采访老归侨的活动先后在山西、天津、广西、海南、广东和福建展开。本书是采访广西壮族自治区老归侨活动的成果。

2004 年 9 月 19 日—9 月 28 日，中国华侨华人历史研究所副所长林晓东带领该所研究人员黄小坚、巫秋玉、胡修雷、陈小云、周毓毅、牛秀梅等同志赴广西壮族自治区进行老归侨采访活动。我们先后采访了 41 名老归侨（其中陈昌榜同志由于口音重及老人身体原因，而采访时间过短，李育筹同志没有谈及本人的经历，故未能完成他们的录音整理）。我们采访的内容主要包括老归侨在国外的生活经历，归国历程，以及他们学习、生活和工作的情况。

本书是依据前往广西壮族自治区采访老归侨的录音整理而成的，我们在整理过程中尽可能保持采访内容的原始性。但是为了文本的连贯性和逻辑性，我们也对访谈资料做了必要的调整和处理，然后又把整理的内容发给被采访者审核，除归侨朱尚生因出国未归而不能核实整理材料外，其余都经本人、家属或地方侨联领导（因病去世者）核校并表态同意公开出版。这次采访活动大多在被采访者家中进行，但为了尊重被采访者隐私，我们没有公开被采访者的详细地址。本书体例按被采访者姓氏首字拼音顺序排列。

本书的编辑、出版工作得到了多方面的支持。我们十分感谢广西壮族自治区侨联和地方各级侨联的大力支持。没有他们的大力支持，我们的采访工作无法顺利地进行。从被采访人员的确定、联络，到采访日程安排，采访组成员的食宿交通，广西壮族自治区侨联和地方各级侨联的都做了周密的安排。广西自治区侨联副主席王永朗亲自过问采访工作，自治区侨联副秘书长、办公室主任谭光盛、经济联络部副部长张丽琴和办公室副调研员苏妙英等同志全程参加了老归侨的采访工作。特别需要提到的是苏妙英女士，她在本书编辑过程中，帮助我们做了大量资料核实的工作。

　　我们也十分感谢被采访的老归侨，他们大多年逾古稀，很多人身体欠佳，但都非常认真做了准备，更有的专门备了文字稿。在采访过程中，他们不仅满怀热情地接待我们，而且详细述说他们的峥嵘岁月，不厌其烦地回答我们提出的问题。他们还将自己的保存和收藏的老照片、奖章、获奖证书等许多具有历史价值的资料供我们拍照。他们丰富的人生经历和满腔的爱国热诚将永远激励和鼓舞着我们。

　　本书能够顺利出版，我们还要感谢中国华侨出版社的领导和编辑。他们对录音整理的文稿进行了认真的审核、修改，并提出了中肯的建议。

　　本书是继《回首依旧赤子情》、《风雨人生报国路》之后出版的又一部老归侨口述历史，由于编者水平有限，不足之处在所难免，恳请读者及关心此书的同仁、朋友批评指正。

编者

2007 年 12 月

图书在版编目（CIP）数据

蹈海赴国丹心志/中国华侨历史学会编. —北京：中国华侨出版社，
2008. 4

（中国华侨历史学会文库；9）

ISBN 978 - 7 - 80222 - 601 - 2

Ⅰ. 蹈… Ⅱ. 中… Ⅲ. 归国华侨—访问记—广西 Ⅳ. K828. 8

中国版本图书馆 CIP 数据核字（2008）第 051628 号

蹈海赴国丹心志

主　　编／林晓东

副 主 编／陈永升

责任编辑／高文喆

经　　销／新华书店

开　　本／880×1230 毫米　1/32 开　印张/12. 5　字数/286 千

印　　刷／北京嘉恒彩色印刷有限公司

版　　次／2008 年 5 月第 1 版　2008 年 5 月第 1 次印刷

书　　号／ISBN 978 - 7 - 80222 - 601 - 2/Z·18

定　　价／28. 00 元

中国华侨出版社　　北京市安定路 20 号院 3 号楼　邮编 100029

法律顾问：陈鹰律师事务所

编辑部：(010) 64443056　　64443979

发行部：(010) 64443051　　传真：(010) 64439708

网　　址：www. oveaschin. com

E - mail：oveaschin@ sina. com